十倍風暴

自強儲蓄

富家強國

王駿 著

鏡文學

推薦序

哨音嘹亮的歷史小說

◎司法院前院長　賴英照

王駿的新書《十信風暴》，以小說的筆法敘說十信事件，有真實的歷史，也有自創的故事。他旁徵博引，不僅交代十信案的始末，更生動刻劃時代的政經流變，以及相關人、事、物的背景脈絡。不論是十信負責人的政商人脈、十信和國信特殊的企業文化，或是來來飯店、國民黨中央黨部、調查局、馬偕醫院，及故事的相關場景，都有精采的描述。對於負責善後處理的行政院長和央行副總裁，王駿幾筆素描就展現獨到的寫作功力：

「俞國華一直當著老強人貼身機要祕書。西安事變，他住老強人隔壁房間；開羅會議，他站在大會議室外，看著老強人與美國羅斯福總統、英國邱吉爾首相開會。」

「早些年，強人喜與部隊基層官兵拚酒，爽快豪語不斷，還能見真性情。這幾年，深居簡出，與黨國高幹對談，心思既細且深，當然談不上聊天扯淡。對俞國華，他卻十分放心。」；「強人這一陣子，為了江南案，心力交瘁，也沒個講閒話的人，故而要與他話話家常。」

「哪怕是大型銀行董事長，見了俞國華，都是老老實實，……也沒哪個人敢在俞國華面前，蹺著腳抽菸。唯獨，錢純是例外。……他待錢純有如子姪，也只有錢純有這種特權，能在俞國華面前，行止輕鬆，言談隨興。」

十信案是當時台灣社會最受矚目的焦點。事件的處理牽涉錯綜複雜的政商關係，主其事者必須有穩固的政治權力。王駿寥寥幾筆就讓讀者看見行政院長和兩蔣深厚的兩代關係，看見行政院長對第一線發號施令的副總裁的充分信任。

王駿是第一線採訪十信事件的記者。他博學多聞，對風暴的前因後果，用心研究，經常有精采的獨家新聞。數十年的記者生涯，他獲獎無數，包括行政院新聞局的金鼎獎，是一位傑出資深的記者。王駿同時是才華洋溢的作家。他早期寫《紅頂商人關係學》及《紅頂商人成功學》，暢銷多時，在商界頗著口碑。後來寫俞國華的傳記：《財經巨擘——俞國華生涯行腳》，他除了上天入地的蒐集各方資料，還長時間當面訪談俞國華院長。他的用心盡力加上極為特殊的機遇，成就這一部價值極高的傳記。去年剛出版武俠小說《江湖無招》，獲得很高的評價。這次提筆再寫歷史小說《十信風暴》，駕輕就熟，可讀性極高。

十信案發生的時候，我在財政部關政司工作，每天近距離觀察事件的發展。那時候，陸潤康部長召開部務會報，聽完各部門主管的工作報告之後，最常講的一句話是：「現在十信案最要緊。」由陸部長、李洪鰲次長和金融司戴立寧司長領導的團隊，頂著社會龐大的壓力，全心全力處理十信的善後，每天跟時間賽跑，幾至廢寢忘食的地步。斯情斯景，至今仍有深刻的印象。

十信案在當時是台灣歷年來規模最大的金融事件，沒有現成的處理先例可以援用，《銀行法》也缺乏處理金融風暴的機制，更沒有適當的財源預算可以支用。在這樣的條件下處理十信的善後，其艱難辛苦，外人恐難以完全體會。

一九八五年二月九日，財政部下令十信停業三天，並自二月十一日起由合庫派員監管，當時《銀行法》雖有勒令停業的規定，但沒有監管接管的條文。合庫進駐監管之後，可以行使什麼權力？負擔何種義務？十信的存款人能不能從合庫提領存款？合庫能不能向十信的債務人（借款人）行使債權？十信的房地產又如何變成合庫的財產？這些問題，《銀行法》都沒有答案。財政部的團隊後來想出《民法》第三〇五條有關「債權債務概括承受」的規定，由合庫概括承受十信的債權債務，才勉強解決問題。當時法制的缺陋，顯而易見。法律問題之外，處理十信善後的成本費用，也只能靠合庫幫忙；政府沒有處理金融風暴的預算。

十信案之後，政府開始亡羊補牢的工作，陸續修正《銀行法》，《存款保險條例》，補足處理金融風暴的法律基礎，並制訂全新的《信用合作社法》，把信用合作社的管理進一步法制化。財源方面，一九八五年二月八日，十信的存、放款各約一五〇億元，規模尚小，由合庫概括承受，固然游刃有餘，但畢竟不是可長可久的制度。二〇〇一年七月制定《行政院金融重建基金設置及管理條例》，以金融營業稅及存款保險費的收入，成立「金融重建基金」，專款支應處理問題金融機構所需的費用。財源問題至此步上正軌。

十信案除了促成法制的變革，今天重溫這個事件，對台灣未來的金融發展，更具有積極的意義。第一，一九九一年政府開放商業銀行大量設立之後，這三十年間，台灣的金融版圖發生本質的變化。過去公營銀行掌控金融業的局面已經完全翻轉。當年民營銀行出問題，由公營銀行接管的模式，不再可用。如果大型金控不幸發生擠兌，公營銀行固然無能為力，「金融重建基金」的財源也遠遠不足。屆時政府面對的窘境，恐更甚於十信風暴，主事者必須未雨綢繆。

第二，要金控不出問題，政府的監理當然重要，但業者堅持正派經營的自覺，毋寧更為關鍵。銀行搞垮了，社會固然付出重大代價，但相關業者也難得善終。十信殷鑑未遠，值得深思。

從這個角度回望三十五年前的舊案，王駿的《十信風暴》別具新意。這本書不只是引人入勝的歷史小說，它還發出清楚嘹亮的哨音。

推薦序　以治待亂，以靜待嘩

◎行政院前院長　陳冲

王駿，人稱駿哥，名記者，名主筆，名作家，更是說故事的高手。記者，自然耳聽四面，眼觀八方；主筆，剖析事理，四平八穩；作家，縝密布局，前後呼應。至於說故事，則必須博聞強記，掌握細節，烘托氣氛，引人入勝。不過故事倘又涉及時事，除盡量貼近事實外，恆須採訪關鍵人物，如果恰係政壇重量級人物，則採訪者trustworthy的人格特質，就非常重要，否則掌握不到關鍵的資訊。駿哥，就是許多受訪者心目中可信賴的記者。

十信風暴，三十五年前的舊事，通常早已逐漸淡忘，但是一但發生Financial turmoil，總是驚心動魄，牽動多少人的神經，往往也難依常理常情處理。猶記一九九七亞洲金融危機，我時任財政部金融局長；二〇〇八年世界金融海嘯，我臨危出任金管會主委，均躬逢其盛。前者引發各國Why Taiwan can weather Asian financial crisis的討論，甚至應邀赴美分享經驗；後者造成所謂全球性數量寬鬆，而台灣經驗亦促成我現任部長級官員首次以官銜赴港演講，進而形塑兩岸金融破冰的契機。當時國人對外常說，中文講crisis其中有玄機，Where there is risk, there is opportunity，有危機就有轉機。九七年金融危機前，主管機關利用基層金融多次擠兌風波，整併國內體質不良的金融機構，拆解不少地雷，及至一九九七年夏季，東亞烽火連天，台灣卻已無本土危機可爆，非全然是所謂國內經濟體質良好所致。

十信是不幸的事件，但是不是可以避免發生？暴風圈可否縮小？以當時時空而論，誠如本書中所點出，民國三十八年前的上海教訓，餘悸猶存，難免杯弓蛇影，瞻前顧後。政府官員唯恐影響金融安定，民心不寧；不肖業者利用此種心理，取巧奪利，可以理解。有人怪罪當時主管官員，其實除非確有貪贓枉法，否則只是投鼠忌器、心存僥倖，不想竟一拖再拖，釀成大禍。知名古諺 *The road to hell is paved with good intentions* 可為佐證。在本書，作者應無意討論十信案的曲直是非，例如事件中戴陳二人有無電話指示之爭，作者只是技巧地展現雙方的說法而已，真相不過是一個謎，大家都在努力善後罷了。

二○○八年世界金融海嘯席捲全球，事後美國有許多出版品紀錄這一段歷史，其中有一本《大到不能倒》（*Too Big to Fail*），不論是書名，或是內容，都掌握到故事中每一個人不想釀災的微妙心理，上到總統、議長，下到部長、行長，看來都是 good intentions，此諺不幸言中，結果變成全球海嘯。同時間，有一部入圍奧斯卡獎的紀錄片《小到剛好關》（*Small Enough to Jail*），敘述海嘯中金融巨鱷無一遭受訟累，結果是唐人街上的中型銀行，卻被虛構起訴，纏訟多年的慘痛教訓。十信案中，不少被告，看到這些書籍或影片，恐怕會覺得有點眼熟，心中勢有所感。

十信事件發生時，我在金融機構服務，對該案的了解，也僅止於媒體報導，或道聽塗說。年前聞駿哥有意寫成小說，說實話當時有點存疑，不認為會具有可讀性，簡單的說，就是不看好。及至看到初稿，對作者的能耐，不得不表示佩服。駿哥對場景的鋪陳，氣氛的塑造，有其一套。例如書中談到調查局長奉命查辦後，找主祕密商一節，原不足為奇，但作者避開一般辦公室，找上更神祕的展抱山莊為場景，又加上一段請司機到附近店家買一碗小羊肉的橋段，氣氛就全然不同，臨場感十足，故事的溫度就躍然紙上。

講到臨場感，我尤其欣賞作者談到錢副總裁居家生活，描述副總裁背後一幅字，是胡適親筆的陸放翁詩句：漲水入我廬，萍葉黏半扉，日出水返壑，念汝何由歸。輕輕鬆鬆勾繪出副總裁的心境與出身，其後與立法委員的周旋，就顯得非常自然，也為日後出任部長留下伏筆。

駿哥聰明絕頂，在人物的安排上，也可看出他的細膩。《十信風暴》為書名，許多人物，自然行不改名，坐不改姓，全用真名，但是非官方人士，尤其是新聞同業，則不乏化名出場，即使談到兒女私情，亦無傷大雅，也增添全書的趣味。

回到序文的題目：「以治待亂，以靜待嘩」，是論者談《孫子兵法》必然引述的一段，處理金融事件（危機），並不一定就是兵來將擋，水來土掩。而應以己之嚴整待敵之混亂，以己之鎮靜待敵之躁嘩，謀定而後動，知止而有得。至於十信案件的處理，是否合乎此等原則，時機分寸的拿捏，子非魚，安知魚的意向，讀者心中自有公斷。本書之所以深具教育意義，發人深省，即在於此。

推薦序

這是我們一起見證的大時代

◎財信傳媒集團董事長　謝金河

一九八〇年代是我們一生中最豐富的年代，對於一個從校園走入社會的年輕人來說，這是世界巨變，也是機會最多的年代；我在一九八四年到《財訊》雜誌社上班，也目擊了人生最刺激，也是最具變化的年代。

一九八四年，我到《財訊》上班，一面在政大東亞研究所上課。我從政大企管系畢業，沒有報考政大企研所，卻考入了政大東亞所，當年只有一個衝動，是為了追逐鄧小平在一九七八年改革開放的「中國夢」，我預知從文革解放出來的中國必有一場巨大變化。

那個時候，我騎著摩托車到政大國關中心上課，每天去圖書館閱讀《文匯報》、《大公報》，甚至是《人民日報》，也看了很多被禁的雜誌，而且，也借出了馬列思想、毛澤東思想的簡體字版禁書，拿出來到外頭影印。我沒有出國唸書，卻埋首在中國改革開放的浪潮，思索著中國的出路。在八〇年代，我心中有一個意識，相信中國經濟的大浪一定會起來。

另一邊，我目睹台灣社會的巨大變化，八〇年代的精彩是台灣走過一段「台灣錢淹腳目」的時代。我在一九八四年到《財訊》上班，一九八五年日本與美國簽了《廣場協議》，這個協議一簽，日圓開始步上漫長升值之路。我一直都記得，在《財訊》上班的那一天，日圓兌美元是二六三．五比一，從這一刻開始，日圓一直不斷的升值，到了一九八九年日本發生泡沫經濟，日圓已升至七九．七五兌一美元。

在這個日圓升值的年代，新台幣也出現了精彩絕倫的巨大變化。當時的中央銀行總裁俞國華讓台幣每天升一分，在八〇年代初期，新台幣兌美元從四〇．六兌一美元，到了九〇年新台幣居然升到二五．五六兌一美元。在這個台幣「一天升一分」的升值軌道下，熱錢湧入了台灣，於是台灣錢從淹膝蓋、淹肚臍、淹鼻孔，等錢淹到了鼻孔，台灣經濟也走完最美好的主升段。台商出走，台灣進入蟄伏的三十年，留在台灣的人只能眼睜睜看著中國的巨浪。

八〇年代的前期還是蔣經國在執政，台灣爆發了美麗島事件後，一連串的要求政治民主化的開放浪潮一直沒有停止過，台灣也在開放黨禁、報禁中被巨浪推著走向民主化的道路。而在這個社會、政治、經濟巨變的重要一刻，台灣爆發了十信風暴，這是國泰蔡家金融版圖掀起的巨浪，《財訊》也因為十信的深入報導，從此奠定了在媒體業的地位，也是我跟王駿一起見證大時代的最重要交集。

一九八四年底，《財訊》有一篇十分重要的文章，我記得這篇文章的標題是〈蔡辰洲何去何從？國泰塑膠的過去、現在與未來！〉這篇文章分析了蔡辰洲的政商關係，也從國泰塑膠高負債，蔡辰洲從市場上借高利應急，預料國泰蔡家很可能出大事。

這篇文章在一九八四年十一月底出刊，沒想到在一九八五年農曆過年前夕，我記得是二月七日，十信出現擠兌風暴，這場金融大火燒向國泰信託、國泰人壽，那時候的財金經大檔頭是俞國華，在蔣經國充分操權下，俞國華從央行總裁到行政院長，央行由張繼正接棒，財長從徐立德，到陸潤康，再加上當時央行副總裁錢純，財政部次長何顯重，這些財經官員都成了《財訊》雜誌報導最熱門的人物。

那個時候王駿在工商時報採訪財政部新聞，李孟洲跑央行，一起跑財政部的還有中國時報的俞允之、新生報的吳克剛、中央日報的陳正毅，還有聯合報的林雨鑫，我們經常相約一起喝咖啡，一起跑十信的機關，這是我們一起見證的大時代。

十信風暴擠兌掀起台灣政經大鍋蓋，蔡辰洲那時是商業團體立委，他組成了十三兄弟幫，縱橫政壇，在立法院形成一股很大的政治勢力，連政戰系統的蕭政之、王昇都捲入其中，逼得蔣經國下令調查。

在十信風暴的吹襲下，台灣經濟面臨巨大傷害，那一年台灣的股市跌到六三六點，台灣的經濟前景看起來岌岌可危，很多人積極辦理移民，覺得台灣看不到明天的太陽，十信的擠兌風暴帶給台灣很大的信心危機。沒想到大危機也是大轉機，誰也沒想到一九八五年台股跌到六三六點，不到五年內，台股居然靠著熱錢推升房市與股市。

我記得在一九八五年底的《財訊》社論上，邱永漢先生信心十足地告訴大家「股市與房市，無論景氣好壞，將不斷的漲升！」我看到這個標題，內心覺得十分不可思議，那個時候台灣社會人心惶惶，大家對前途看法都很悲觀，股市、房市怎麼可能不論景氣好壞繼續漲升？

那個時候，我還是初出茅廬的實習生，卻這麼見識了一個大時代，大水淹台灣，也讓台灣創造出一個充滿巨大活力的蓬勃大時代。不過水漲，也會有水退的時候，到了一九八九年中國大陸發生六四天安門事件，這時台灣股市已漲到萬點，正朝著一二六八二邁進，此時經濟發展基期很高的台灣，開始有人把目光轉向結束文革，經過十幾年改革開放奠下良好基礎的中國大陸，這是台灣過去三十年的巨大變化。

十信是台灣經濟與政治發展中，非常重要起承轉合的點，那個時候，我們都是還不到三十歲的小夥子。王駿筆鋒銳利靈活，他每天駐守在財政部，永遠都有第一手的新聞，那個時候的《財訊》也很搶手，很多官員座車後都放著一本《財訊》，從這當中，大家也可以感受到當時《財訊》的威力。

這次王駿，又把那個時代他親眼目睹的十信寫成了小說，《財訊》與我也都入鏡了，讓我們一起重回一九八五年的熱鬧時代，大家捧著王駿的巨著，一起憶當年，這是很棒的享受。感謝王駿帶給我們滿滿的回憶，大家可以感受到那個時代的俞國華、徐立德、陸潤康、何顯重、張繼正、錢純，還有蔡辰洲、蔡辰男等國泰蔡家成員在風暴巨浪中的神靈活現，這是我們一起見證的大時代。

《十信風暴》事件相關位置

松山機場
松山菸廠
財稅人員訓練所
寶通大樓
聯合報
國父紀念館
信義成園
台北市調處
展抱山莊

北投別墅
美僑俱樂部
七海官
中山足球場預定地
第
行天宮
馬偕醫院
南陽街一號
來來飯店
世華銀行
台北新公園
交銀總行
經建會
杭州南路
總統府
中央黨部
工商時報
財政大樓
南昌白宮
京兆尹餐廳
新生南
福州街口
台灣大

《十信風暴》大事記

- 民73 12/29 蔣經國下令徹查十信案
- 民74 1/5 央行金檢處前往十信各分行突襲檢查
  蔡辰洲率「十三兄弟幫」立委夜闖央行副總裁錢純住宅關說
- 民74 1/22 蔡辰洲與財政部達成援助協議
- 民74 2/4 合作金庫同意蔡辰洲請求，融資十億
- 民74 2/5 蔡辰洲再度請求融資
  財政部與合作金庫訂定放款三原則
- 民74 2/6 總統府祕書長蔣彥士因十信案遭撤換
  十信明顯不符三原則，合作金庫先拒絕，後同意融資十億
- 民74 2/7 財政部專案會議要求蔡辰洲提改善計畫
- 民74 2/8 合作金庫再度融資十億
- 民74 2/9 蔡辰洲再度告急，財政部下令十信停止營業三日，合作金庫進駐代管
- 民74 2/11 十信從停業改為僅停止放款，擠兌潮爆發
- 民74 2/12 十信營業部經理葉煌良捲款潛逃消息曝光
  財政部召開十信案說明記者會
- 民74 3/1 蔡辰洲收押
- 民74 3/3 財政部臨時宣布銀行團進駐國泰信託
- 民74 3/11 經濟部長徐立德辭職
- 民74 4/24 合作金庫金檢室主任李春來、組長許祖吉、北市財政局第三科科長
  彭祖稼、十信主任祕書徐政夫收押
- 民74 8/14 財政部長陸潤康辭職

民74 8/26 錢純就任財政部長，戴立寧轉任財政部參事
蔡辰洲判刑確定

民75 12 十信併入合作金庫

民76 1 蔡辰洲家屬申請保外就醫遭駁回

民76 1/21 立法委員蕭瑞徵被槍殺

民76 4/22 蔡辰洲住進台大醫院

民76 5/14 蔡辰洲送往國泰醫院，同日過世

民78 5 行政院長俞國華辭職

＊大事記時間序以《十信風暴》小說爲基準，部分時序與事件實情稍有出入。

目次

推薦序 哨音嘹亮的歷史小說 司法院前院長 賴英照 003
以治待亂，以靜待嘩 行政院前院長 陳冲 007
這是我們一起見證的大時代 財信傳媒集團董事長 謝金河 011
《十信風暴》事件相關位置 016
《十信風暴》大事記 018
前言 023
一 七海官邸 029
二 展抱山莊 053
三 隆記菜館 071
四 大安分社 083
五 來來飯店 089
六 信義成園 107
七 杭州南路 117
八 南昌白宮 125
九 北投別墅 133
十 財稅人員訓練所 147
十一 中央黨部 155
十二 成功嶺上 167
十三 《工商時報》 175
十四 寶通大樓 185

十五 財政大樓 203
十六 千里馬偵防車 213
十七 財政大樓 225
十八 南陽街一號 241
十九 福州街口 253
二十 交銀總行 263
二十一 台北市調處 271
二十二 京兆尹餐廳 281
二十三 馬偕醫院 293
二十四 經建會 301
二十五 世華銀行 311
二十六 財政大樓 321
二十七 新生南路 339
二十八 第一殯儀館 355
二十九 餘緒 363

前言

民國七十四年春，台北市第十信用合作社發生擠兌風潮，台灣金融史上稱之為「十信事件」。事件爆發後，舉國震動，社會不安，政局板蕩，全案內情複雜，牽連極廣，國民黨祕書長、財政部長、經濟部長因本案去職，黨國大老因本案氣急而亡。

十信案至今，已有三十五年，其間台灣歷經各式金融風暴，舉凡銀行、信用合作社、農會信用部、漁會信用部、保險公司、證券公司，出事者不知凡幾，台灣社會對金融弊案已見怪不怪。然而，十信案連帶同一時期併發之國泰信託案，卻是之後三十餘年來諸般金融事件鼻祖，其規模尺寸、風暴半徑、震撼強度，遠大於日後同類事件。

本書作者為資深新聞工作者，當年全程參與報導十信、國信事件新聞，事隔三十五年之後，以小說形式，全方位講述十信案、國信案來龍去脈。本書既是小說，也是紀實。因是小說，書中場景、對話，未必與實情相符。但此書也是紀實，其中劇情骨幹皆有所本，以當年報紙新聞、雜誌報導、行政院與監察院調查報告為張本，佐以筆者採訪記錄、當事人口述，組成全文。其中，對於全案當事人，所有臧否評斷，均有書面根據。

尤其，本書作者曾長期訪談已故行政院長俞國華，並為俞氏撰寫回憶錄。俞國華於民國七十三年六月至七十八年六月，擔任行政院長，任內爆發江南案、十信與國信案。俞氏接受訪談時，對上述諸巨案，縷述個中內幕、處理方式、場景經歷。本書內容，亦包含俞氏回憶。

文中絕大多數人物，均以真實姓名呈現，僅有少數人物，改以化名登場。

十信事件起源，為民國七十四年初，有十信員工寄發檢舉信予總統府、行政院，最高當局決定徹底查辦。隨後，行政院長俞國華指示祕書長王章清，將檢舉信轉交財政部長陸潤康。檢舉信內容詳實，指控十信各分社庫存現金不足，每次合作金庫金融檢查，十信事前都預獲通報，連夜搬錢，補足虧空。

七十四年元月四日星期五，陸氏與金融司長戴立寧商議，決定繞過合作金庫，改請中央銀行金融業務檢查處出手。商量妥當後，陸潤康指示戴立寧親自辦稿，擬出一份機密公文，交予中央銀行，協調央行金檢處，在第二天星期六上午，十信開門營業前，派員同時突襲檢查十信七家分社，以收措手不及之效。

戴立寧親自辦稿，擬妥公文，並獲陸潤康批示後，由戴立寧親自攜行該份公文，直接趕赴中央銀行，交予央行金融業務檢查處處長程光蘅，並口頭洽定一切檢查程序。該份機密公文，在財政部只有部長陸潤康、政次李洪鰲、金融司長戴立寧三人知曉。在中央銀行，知情者也只有寥寥數人。然而，十信老闆蔡辰洲本事奇大無比，居然在當天晚上，就得悉情報。

當天夜裡，蔡辰洲動員十三兄弟幫立委，外帶若干終身職資深立委，趕赴央行副總裁錢純住宅，要求暫停第二天大規模檢查。錢純嚴峻拒絕蔡辰洲所求，言明央行已經答覆財政部，同意行動。儘管突襲金檢事前走漏風聲，但因同時檢查七家分社，十信已無力搬錢補救。第二天，七十四年元月五日星期六，一大早十信各分社尚未開門營業前，央行金檢處人員即趕抵十信七家分社，遂行嚴厲金檢，戳破十信假相。就此，十信風暴揭開序幕。

為求小說戲劇效果，本書對十信案爆發前央行金檢過程，另有不同描述，與實情不同，但不影響後續劇情發展。小說劇情，將檢查行動描述為央行祕密行動，財政部蒙在鼓裡；央行金檢行動係於十信結束營業後為之；十三兄弟幫立委，則於金檢結束後，才趕赴錢純私宅關說；央行同時檢查十信十七家分社，以及總社營業部，共十八個營業據點。凡此種種，皆異於實情，但不影響十信風暴本質。

十信案牽連極廣，案中所涉各方，對全案常有不同解讀，猶如蘇軾〈題西林壁〉一文中所言，橫看成嶺側成峰，遠近高低各不同。其中，眾受懲處十信災官，當年頗有人認為，當局掀起十信風暴，係刻意移轉媒體與社會大眾注意力，為「江南案」分憂解勞。十信案行政處分名單出爐後，財政部金融司長戴立寧即語重心長，忿忿不平，對筆者言道：「沒有江南案，就沒有十信案。」

事隔三十五年，筆者重新爬梳整理當年資料，以小說形式，有系統重建當年氛圍，重現十信、國信「兩信事件」場景。尤其，全書每一章，均以「場景定格」方式開場，立體塑建當年台北市特定地點、機構、建築、餐廳景致，全書描述金融風暴之餘，尚額外投射懷舊情韻。

1

七海官邸

民國七十三年十二月二十九日，這年最後一個星期六，台北連日冬雨，雨絲忽大忽小，有時疏有時密，死纏爛打，已經下了超過半個月。這日子，既濕且寒，一派陰霾，天氣不好，連帶讓人心情跟著往下沉。時辰是週末午後，這會兒工夫，台北市忠孝東路、中山北路口這一塊地方，行政院早已下班，門庭冷落車馬稀。院長辦公室裡，俞國華先是草草吃了盤工友所送來客飯，繼而稍稍打了個盹。睜開眼，站起身，俞國華穿上西裝外套，抓起公事包，推門而出。辦公室外頭，女祕書見老闆出來，趕忙按鈴，通知樓下備車。黑頭車頂著毛毛細雨，自忠孝東路向右轉了個彎，滑上了中山北路復興橋。自六月間出任閣揆以來，俞國華每週六中午下班後，稍事休息，即驅車往強人大直七海官邸而去。這幾年，強人糖尿病嚴重，未必每天都去總統府，至於每週三上午國民黨中常會，也經常缺席，改由中常委輪流主持。

強人即便出席主持中常會，亦飽受糖尿病折磨。老規矩，每次開中常會前，強人須宣讀總理遺囑。強人當行政院長時，身強體健，四處下鄉；之後，第一任六年總統任期，身體就明顯變差。這一年五月，強人連任總統，體力更加衰落，受糖尿病影響，視力急遽惡化，每次開中常會，宣讀總理遺囑，往往看不清遺囑文字。為此，中央黨部特別放大總理遺囑字體。沒過多久，強人視力更加模糊，還是看不清放大後文字，於是，只好再度放大遺囑字體。如今，那總理遺囑字體，每個字已經大如核桃，強人勉力而為，讀起總理遺囑，還是難免吃螺絲。

強人體力日衰，老眼昏花，但腦力絲毫不受影響，依舊是周密嚴實，只因不耐文牘之苦，故而每週週六下午，必與俞國華面談，聽取一週大事簡報，並為下週之事，預作綢繆。

黑頭車下了復興橋，順著中山北路，向北而行。俞國華年歲不小，實歲已過七十，這天上午，去總統府開江南案專案會議，折騰一上午，頗覺疲憊。這時，仰靠在車後座布套沙發上，閤眼養神。江南案，爆發至今兩個多月，他雖為行政院長，但對此案內情，其實無從置喙。他自二十歲北平清華大學畢業以來，追隨強人父子半世紀，深受強人父子器重，擔任中央銀行總裁，前後十五年半，緊緊掌控財經金領域。

這年三月，國民大會改選總統，強人為平衡省籍，提名李登輝為副總統，並由孫運璿續任行政院長。照強人構想，孫運璿雖是行政院長，但已等同「備位儲君」，日後總統大位，將傳予孫運璿。詎料，就在選前不久，春節過後，孫運璿中風，人雖然救了回來，卻已不復原先模樣，難以再擔當重任。於是，強人改以央行總裁俞國華，接任行政院長。俞雖當院長，管的主要還是財經金這一塊，其他領域，還是強人如臂使指，直接調度。就說這江南命案，事發之後，由國安局出頭扛鼎，底下八大情治機構聯手作業，他這行政院長，其實插不上手，也不容他插手。

不過，做此官，行此禮，檯面體制上，他還是行政院長，故而每次開江南案專案會議，他都得列席。這天上午，國安局又在總統府開專案會議，他在那兒枯坐兩個多小時，聽了案情，曉得事情全貌，如此而已。

江南案，震動國本，卻不關俞國華什麼事。車上，俞國華凝神細想，想著前天傍晚，七海官邸那通電話。電話裡，強人侍從祕書親口轉述強人指示，要俞院長週末下午前往面談時，務必準備台北第十信用合作社歷年相關檔案資料。為此，俞國華特別指示央行舊屬，窮一日工夫，備妥詳盡資料，並撰寫案由摘要。昨天晚上，俞國華在家，連夜徹底看過這份檔案。

其實，台北市信用合作社主管官署並非中央銀行，信合社中央主管官署為財政部，地方主管官署為臺北市政府財政局，而業務檢查、督導單位，則是台灣省政府合作金庫。十信自民國六十五年以來，連年弊端不斷，財政部、財政局公文往返頻繁。所有這些公文，往返之際，都另外錄有副本，轉知中央銀行。俞國華接到七海官邸密令，說是強人要親自過問十信之事，心想，這裡頭不知有何疙瘩關節，為求謹慎，就沒驚動財政部、財政局，而是悄然要央行舊屬，蒐羅過去數年間有關文件副本。

畢竟，自己當過十五年央行總裁，又是現任行政院長，央行舊屬仍是俯首貼耳，奉命唯謹，一天之內，就把事情辦好。如今，這一整套十信歷年弊端卷宗，就裝在手提公事包裡，等著向強人簡報。

俞國華右手幾根指頭，輕輕摩挲那公事皮包，眼睛瞧著窗外。此時，黑頭車在中山北路、民族東西路口，碰到紅燈，稍停片刻。俞國華瞧著前方，由民族東路、民族西路，向北面延伸，以迄基隆河，中山北路東西兩側，大片美軍遺留營房，猶兀自矗立，尚未改建。六年前，美國宣布與中華民國斷交，駐台美軍悉數撤離，在台北市精華地區，就留下幾處大面積營區。

這裡頭，信義路師大附中對面，是美軍顧問團。這地盤，現在已成美國在台協會。而中山北路這兒，東西兩側各有營區，當年是美軍後勤供應總部（Headquarters Support Activity, HSA），這供應總部由海軍掌管，故而又稱「海軍供應處」。ＨＳＡ西營區，是由民族西路往北，直到民防廣播電台、圓山動物園。東營區，則由民族東路往北，直抵基隆河。

還有一處營區，位於ＨＳＡ東營區北邊，瀕臨基隆河這一片，以前是美軍協防司令部。這兩處大面積營區，美軍撤離後，至今六年，迄未開發。

上星期，經建會報了個公事上來，說是要在昔日美國海軍供應處西營區，蓋個足球場；東營區面積大，除了蓋個美術館之外，另外還把新生南路憲兵司令部遷過去。

美術館，得其所哉，沒多大問題。至於足球場，俞國華很清楚，這地方正是松山機場降落航道，飛機打這兒降落，噪音必多。如蓋足球場，比賽起來，裁判哨音都聽不清楚，實在不適合。問題是，強人那弟弟，不斷奔走爭取，非要在這兒蓋足球場不可。幾個月前，他曾為此專程向強人報告。那天，他向強人細數此事原委，說是那地方條件差，不適合蓋足球場，但架不住強人弟弟壓力，實在難為，因而，要由強人決定。

俞國華記得很清楚，那天面見強人，強人聽聞此事，表情複雜，夾雜傷心、苦楚之色，勉強揮揮手道：「隨他去吧，就是個足球場，讓他蓋去吧！這還是小事，他還打算要鬧更大的事。」

俞國華聞言，當場頗覺詫異，但假作沒聽見，更不敢往下追問。後來，俞國華才聽聞，政壇上口耳相傳，說是強人這弟弟，寫了本回憶錄，打算出版。這回憶錄，自爆身世，說自己並非老強人所親生。多少年來，上自政壇要人，下至平頭百姓，人人皆知，強人與他弟弟，是同父異母兄弟。一般說法，都說是老強人年輕時，另有小妾，生了次子。然而，強人這弟弟所寫回憶錄卻說，自己生父為黨國大老戴季陶，戴氏與日本護士私通，生下自己，因元配不答應，故而委託老強人撫養，就成了老強人次子。

強人這弟弟，生性粗疏，常有驚人之語。這人當中將多少年，都當出了老繭，卻始終升不上去。為此，此君常在飲宴場合，大唱「哥哥、爸爸真偉大」。旁人笑曰，他爸爸、他哥哥，前後兩任總統，卻不讓此人晉升上將。為此，這人拿中藥「王將一陣風」與「中將湯」作文章，飯局當中，談到無法晉升上將，這人總是擊杯嘆道：「王將不過一陣風，中將不過一碗湯，上將又算得了什麼？」

後來，鬧久了，強人也耳聞此事，總算讓他老弟晉升上將。如今，強人這老弟又打算出自傳，說他與強人既不同父，也不同母，壓根沒血緣關係。政壇祕聞指出，強人對這弟弟十分頭大，眼下，就是硬壓著這老弟，不准這寶貝弟弟出回憶錄。俞國華心想，下週一上班，得記得，把足球場那案子給批了，讓強人老弟如願，蓋成足球場，別再給強人哥哥找麻煩。

想到這兒，車子早已過了圓山中山橋，向右疾駛，走北安路。路左邊，是當年駐台美軍士官俱樂部「China Sea」，現在則是「美僑俱樂部」。繼續往前，未久，黑頭車一個大轉彎，激起柏油路上一窪子積水，駛進大直海軍總部營區。原本，強人在長安東路住了將近二十年，民國五十八年夏天，他當了行政院副院長，這才搬到七海官邸。

大陸時期，強人父親當軍事委員會委員長，官邸就在南京黃埔路中央陸軍軍官學校裡。如今，強人總統官邸，則在海軍總部裡。如此安排，原因簡單，就是為了警衛方便，軍營本來就戒備森嚴，官邸在軍營裡，不必另外多費外圍警衛周章。

這「七海官邸」，佔地不大，房子簡單。原本，就是一棟主樓，這幾年，才在主樓後面，另外加蓋了兩間房，一間是書房，另一間則是臥房。之所以另外加蓋這兩間房，是因為官邸正門有台階，無論出門，還是回家，都得上下台階。強人糖尿病病情嚴重，雙腿不良於行，連上下台階，都艱苦難行。於是，這才在後面加蓋兩間房，房門口沒有台階，強人可以直接在後面上車、下車，不必爬台階就直接進屋裡。

自這一年六月，俞國華擔任行政院長後，幾乎每星期六下午，都會輕車簡從，座車直駛七海官邸後門，由後面直接進入強人寢室。每星期六下午的會面很少中斷，除了俞國華出國訪問，或者強人剛好身體不適，兩人通常都會在星期六下午，在強人寢室會面。

這一天，俞國華座車緩緩駛進七海官邸，剛往後門那兒繞過去，不巧，同樣一輛黑頭車，卻從官邸後頭，往外開出。兩輛車，那輛出，俞國華這輛進，兩車交會之際，車速同時放慢，俞國華朝那車細看，前頭司機是個禿子，後座坐的是誰，卻看不清楚。這時，就聽司機老卞自顧自說：「那是翁局長的車。」俞國華一時不解，操著浙江奉化腔問道：「哪個翁局長？」

老卞答道：「調查局，翁文維，翁局長。我沒看到翁局長，但我認識他司機，羅光頭，腦袋上沒一根毛，以前在五十二軍，和我在駕訓隊睡上下舖，熟朋友。」

說話之際，老卞已把車子穩穩停在七海官邸後頭，侍從開了門，俞國華熟門熟路，進了強人臥房。強人身體大不如前，只要回到官邸，多數時間，都是躺在床上。那張床，可以搖起來，睡覺時放平；睡醒了，搖起來，半坐半躺。此時，調查局長翁文維剛走，侍從人員送進一碗銀耳蓮子湯，強人斜倚搖起床上，一口口細細啜著蓮子湯。見俞國華進來，強人放下碗，輕輕嘆了口氣：「唁，連碗甜湯都不讓喝。這蓮子湯，竟然是平淡無味，難吃啊！」

俞國華笑了笑，拉了張椅子，逕自坐在強人床旁。強人抹抹嘴，繼續言道：「你看到沒有？電視台晚上歌舞節目，胡攪瞎搞，弄出個什麼七先生，戴副大眼鏡，嘴裡撐了大暴牙，提著把雨傘，拎個公事包，穿著雙黑雨鞋，裝瘋賣傻，胡言亂語。這和當年那大俠歐陽德，有什麼差別？」

幾年前，有家電視台播個連續劇，裡頭有個角色，叫怪俠歐陽德，反穿羊皮襖，蓄兩撇八字鬍，戴個黑框眼鏡，手裡拿根旱煙管，言語滑稽，動作古怪，收視率頗高。當時，強人正值盛年，當著行政院長，不高興這角色，一聲令下，就禁了這檔連續劇。幾年之後，電視上又出了個「七先生」，也是風靡一時，強人看了，頗不高興。俞國華見強人生氣，趕忙接碴道：「我待會兒要新聞局給電視公司打電話，關照一聲，要他們收斂點。」

強人輕輕彈嗽兩聲，喊來侍從，把床再搖高點，並收走半碗沒喝完蓮子湯。強人瞧著俞國華道：「我要他們告訴你，準備十信卷宗，說明案情。你準備好了吧？」

俞國華聞言，彎身伸手，提起椅旁公事包，取出厚厚一疊卷宗。重要內容，在卷宗最上面，央行舊屬寫了一份簡要節略。俞國華不知強人為何追究十信，更不知是哪位耳報神，向強人通了訊息，說是十信污七八糟爛帳一堆。他曉得，強人御下有方，情治網絡綿密，機要訊息來源不拘路數，四面八方，都有匯報管道。他為強人父子當差半世紀，向來奉命唯謹，低調小心辦事，強人要他說明十信案情，他就按部就班，老老實實，報告十信景況。

這台北十信，為蔡家產業，眼前由第二代蔡辰洲當家。這人手裡頭除了十信之外，還有眾多事業，自六十八年以降，十信弊端百出，行徑離譜，囂張至極。主管官署財政部、台北市財政局不是沒處置，不過，處分太輕，彷彿就是給十信撓撓癢、搔搔胳肢窩、抓抓手指頭，公文來，公文往，一堆處置辦法，卻從來不曾認真嚴辦。以致於，遷延日久，養癰貽患，膿包愈腫愈大，只差沒戳破。要是真戳破，則必然膿血四溢，潰爛一片。

俞國華細說從頭，把十信人頭貸款、超額貸款、估價不實、重複抵押、挪用社款諸般症狀，一一向強人報告。

總結來說，蔡辰洲除了掌管十信之外，還有個企業集團，統稱為「國泰塑膠關係企業」。這一大家子企業，許多並非蔡辰洲自創，而是以「吃倒帳」方式，所併吞納入。這些企業，當初就經營不善，向十信借款後，還不出貸款，加上體質虛弱，虧損嚴重，就被蔡辰洲吃下，納入自家旗下集團。

這些企業先天不良，後天失調，很難經營。蔡辰洲為了維持這些企業，想方設法蒐羅資金。一開始，是用國泰塑膠公司名義，向民間調度頭寸，以高利吸收存款，年利率高達二四％，而一般銀行定期存款利率，則為六％左右。蔡家家大業大，民間游資見是蔡辰洲吸收存款，認為蔡家招牌夠硬，不會倒帳，故而資金蜂擁而來。

說到這兒，俞國華稍微遲疑，停頓了幾秒鐘，瞧瞧強人臉色，之後，慢吞吞低聲言道：「外頭一直有傳言，說是有黨政軍高級幹部家眷，貪圖高利息，在國泰塑膠那兒，存放了大筆資金。只不過，到底是哪些人？存放了多少資金？還沒有掌握明細名單，也沒有明確證據，就是傳言而已。」

強人聞言，面色如常，看不出喜怒。於是，俞國華繼續往下稟報。

蔡辰洲經由國泰塑膠，以高利吸收民間游資，挹注集團企業所需，等於是飲鴆止渴。大環境不好，景氣差，拿這些資金輸血救命，源源不絕投入各關係企業，只能勉強續命，無法改善體質。時間一久，不但關係企業依舊需要資金挹注，已投入資金更須支付鉅額利息。如此這般，兩頭壓擠，蔡辰洲兩三年內，即告捉襟見肘。

之後，蔡辰洲就把十信當成聚寶盆，不斷將十信資金往外挪移，持續掏空十信。挪用、掏空方法很簡單，就是利用國泰塑膠集團旗下各家企業員工，當作人頭，再拿不值錢土地當抵押品，向十信套出大量資金。甚至，到了後來，連抵押品都省了，直接勾結舞弊，搬運十信現金。十信違規放款存在多年，但這幾年急遽加劇，原因就是蔡辰洲拿十信當活水源頭，去救那一籮筐無底洞關係企業。

俞國華說得明白，強人聽得清楚。強人愈聽，眉頭愈皺，待俞國華告一段落，強人問道：「一家信用合作社，這樣胡弄瞎搞，難道沒王法了，怎麼主管單位沒出手制止？」

就此，俞國華又細細解釋信用合作社管理制度，說是財政部、台北市政府財政局為行政主管官署，而台灣省合作金庫，則是上級業務督導單位。因而，這裡頭就扯上了財政部、省政府、市政府，大家都有分。

強人沉默片刻，想了想，張口就問到了要害：「是誰去檢查？」

俞國華答道：「財政部與台北市財政局，雖然是主管官署，但都沒有檢查人力。我們中央銀行，有個金融業務檢查處，有專人負責檢查銀行與保險公司，如果查到弊病，就行文財政部金融司，由財政部做處分。至於信用合作社，則是委託台灣省合作金庫，派人檢查。查到弊病，也是行文財政部、財政局，由這兩單位去處分。」

強人皺著眉頭道：「怎麼亂七八糟的，檢查與處分竟然由不同單位管？」

俞國華有點尷尬道：「說得也是，這是多少年傳下來的制度，的確不合理。」

強人續問：「那麼，就說說這幾年來，查到了什麼問題？」

俞國華定了定神，低頭看著卷宗節略，慢慢唸了幾段。

「七十一年八月，台北市財政局建請財政部，勒令十信停辦非社員存款業務半年。財政部金融司同意，簽報部長，卻被退回。又簽報，又退回。前後，金融司簽報三次，遷延達四個月，財政部長徐立德才勉強判准。」

「七十一年十月，中央銀行與財政部聯手檢查十信，發現違規放款繼續增加。嗣後，財政部金融司上簽呈，建議改組十信理事會，責令蔡辰洲不得代行理事主席職位。簽呈送上去，部長室退回。又送，又退回。幾經周折，最後決定，不改組十信理事會。」

「七十二年三月一日至五日，合作金庫檢查十信業務，發現違規放款繼續暴增，輾轉呈報財政部，部長徐立德依舊束手，未採取必要措施。」

「七十二年四月九日，台北市財政局以機密函件，稟報財政部，言及十信違規行徑愈發猖狂，肆無忌憚，財政局已無力以常規法令，約束十信。故而，台北市財政局擬具四項方案，建請財政部擇取採行。這四項方案包括：一、解除十信全體理事職權。二、解除現任理事主席職權。三、勒令十信停止無擔保放款業務。四、由財政部派員，進駐十信，強制接收放款業務，防止違規放款繼續惡化。」

「嗣後，財政部金融司根據財政局密文，擬具公文，呈報部長徐立德，建議採取第三、第四兩項措施，同時，也解除十信理事蔡辰洲職務。財政部金融司是項建議，往上呈報之後，為部長徐立德否決，未採行任何處置，放任十信情勢繼續惡化。」

俞國華連讀數宗檔案，還要繼續往下唸，卻為強人伸手止住：「夠了，曉得了，這就是五鬼搬運。當年，我在上海打老虎，打的就是這類金融老虎。那時，局面艱困危險，奸商囤積居奇，打不勝打。沒想到，如今台灣局面安定，竟也有這種五鬼搬運。聽你連續講了幾件公文，這徐立德，他是怎麼搞的？真的可惡，要是照財政局、金融司所擬方案，早早下辣手，重辦十信，現在怎麼會搞成這樣局面？」

俞國華見強人發脾氣，噤聲不語，緩了緩，稍待片刻，這才又長話短說，做出總結道：「概略而言，十信從民國六十八年就有重大違規行為，在那之後，直到現在，五年之間，包括財政部、中央銀行、台北市財政局、台灣省合作金庫，都知道有問題，也都揭發了問題，也都勒令十信改進。不過，十信依然故我，犯行愈來愈嚴重，而各財金部門始終沒有採取強硬決斷措施，徹底阻止十信犯行。」

講到這兒，俞國華想到，他長期擔任央行總裁，現在又是行政院長，這事情，自己怎麼樣都脫不了干係。因而，他接著自責道：「當然，我長期擔任央行總裁，也須擔負部分責任。」

沒等他說完，強人搖搖手道：「不關你的事，你在阿爹與我身邊，待了幾十年時間，我曉得你乾淨。」

強人接著又道：「三年前，民國七十年底，碰上第二次能源危機，局面有點悶，所以，我同時換掉財政、經濟兩部部長。其實，原來那兩個部長，都是誠篤老實之輩，只因作風刻板，墨守成規，為了弄點新氣象，所以，換掉二人。徐立德這人，聰明伶俐，那時，為了培養國家幹部，辦了國家建設研究班，他是第一期第一名畢業，能力、學養都出色，因而，那次派他去當財政部長。」

「聽你這樣說，來來飯店俱樂部的事情，應該是真的了。早知如此，去年內閣改組，就該把他換下去，不該讓他當完財政部長，又去經濟部，當經濟部長。」

強人所言，來來飯店俱樂部之事，俞國華也早有耳聞，此時聽強人提起，曉得徐立德這下要倒楣了。俞國華心裡還是不明白，為何強人今天要算十信總帳？看樣子，強人打算戳破這膿包。

俞國華悶然不語，腦海裡卻驀然靈光乍現，想到剛才進來之際，調查局長翁文維才離開，莫非，強人已有布置，打算徹底割掉十信這毒瘤？

正想著，就聽見強人又嘆了口氣：「唔，我也有責任。去年十二月選立委，他們提名的時候，台北市提了七個人。這裡面，就有蔡辰洲。我還記得，那時特別找你來，問過你意見。當時你說，這人選不妥，倘若提名並當選，恐怕會生出事情，以後很難處理。現在看來，都被你說中了。」

「去年那次選舉，處境比較艱難，黨外勢力已經有了苗頭。因而，我幾次在黨部主持會議，中央黨部祕書長蔣彥士、台北市黨部主委關中都說，一定要提這人，說他家根基厚實，一定選得上。那時，關中還提了個英文口號，叫『Seven-up』。後來，七個人果然都選上，沒想到，請鬼入門，不過一年時間，這人就在立法院成了氣候，拉幫結派，弄出了一個什麼十三兄弟幫。我那時要是立場堅定，拒絕關中、蔣彥士，今天這事情會比較好處理。」

「這裡面，還有個差別。關中比較簡單，就是為黨爭席次。至於，蔣彥士，嘿，又另當別論了。」

見強人如此自怨自艾，俞國華只好安慰道：「事情都已經發生了，去處理就是，您別太自責了。」

俞國華記得，那時他還是央行總裁，但也是中常委，強人找他來，說是中央黨部祕書長蔣彥士、台北市黨部主委關中，聯手力薦蔡辰洲。當時，強人問他，對此有何看法？他向來行事含蓄，雖對強人說了反對看法，用字遣辭卻溫吞緩和。後來，強人禁不住中央黨部與台北市黨部央求，終於點頭，提名蔡辰洲。那次選舉，國民黨在台北市提名七人，全部當選，關中一戰成名，取「七喜汽水」英文諧音，號稱「Seven-up」。

就此，俞國華曉得，除了經濟部長徐立德之外，中央黨部祕書長蔣彥士，位子也岌岌可危。可歎，這兩人都是強人一手提拔，不次拔擢，才有今日地位。沒想到，二人與財團走得太近，如今山雨欲來，眼看著，就要東窗事發。

強人頓了頓，略略抬頭，凝視俞國華道：「這年輕人，闖這樣大禍事，他今年多大歲數？」

俞國華愣了愣，有點丈二金剛摸不著腦：「哪個？」

強人道：「蔡辰洲，他幾歲？年紀輕輕，怎麼手伸得這麼長？」

蔡辰洲底細，俞國華倒是事先仔細查閱過，當即不加思索回道：「民國三十五年出生，現在三十八歲。」

強人瞇著眼睛道：「才三十八歲啊？這不是他一個人的本事，而是一家子勢力擺在那兒，他也就是仗著家裡勢力。不敢相信，小小年紀就黨、政、軍通吃。你知道是誰介紹他入黨的？」

俞國華當然知道，蔡辰洲本不是國民黨員，但為了選立委，才臨時入黨。入黨介紹人，一個是國防部總政治作戰部主任王昇，另一個，則是國民黨中央黨部祕書長蔣彥士。金無赤足，人無完善，蒼蠅專盯有縫的蛋，蔡家鈔票多，國民黨政府黨、政、軍三領域，頗多大員，就如有縫之蛋，被蔡辰洲盯上。有錢都能使鬼推磨，更何況收買黨政軍大員人心。這蔡辰洲，三十來歲，竟然連國防部總政戰部都打通關節，先走了副主任兼執行官蕭政之門路，繼而結識主任王昇。外頭黨外雜誌言之鑿鑿，說是蔡辰洲還拜了王昇當乾爹。

末了，蔡辰洲更直接將蕭政之納入門下，聘為國泰塑膠關係企業董事長。三十啷噹一個年少商人，竟然把堂堂國防部總政治作戰部副主任兼執行官，裝進口袋，納為手下，本事之大，呼風喚雨能量之強，在台北官場成了熱門話題。

俞國華行事素來謹言慎行，心想，強人明知蔡辰洲入黨，是由王昇、蔣彥士介紹，何必再問？因而，聽強人如此問話，俞國華沒吭氣，嘿然無語。

強人自顧自接著往下說：「王化行志大才疏，野心衝過了頭，不安分，所以，我要他先去聯訓部待著，後來把他放出去，去巴拉圭當大使。現在看來，十信會這樣腐爛，關鍵在蔡辰洲能當立委。而蔡辰洲當立委，不但蔣彥士要負責，王化行也脫不了關係。那蔡辰洲，連金防部都勾搭上了。」
官場上，作此官，行此禮，大人先生們，無論文武，都喜歡在本名之外，另外取個「字」。與人相處，往往以「字」做名，直呼其「字」，而不道其名。俞國華不來這套，沒有另取「字」。而那王昇，則是字化行，官場上人稱「王化行」或「王化公」。這人從贛南時期，就跟著強人，一路升發，前幾年最盛時期，弄了個「劉少康辦公室」，無所不管，號稱「地下行政院」。蔡辰洲就在王昇主持「劉少康辦公室」時，搭上了王。透過王，進一步，往軍方延伸，與國軍若干高級將領時有往還。

俞國華悶不吭聲，聽著強人發牢騷。邊聽，心裡邊納悶，不曉得這裡頭，為何又扯上了金防部？他曉得，強人緊密掌控情治機構，嚴密監控黨政軍大員，這必然是某路情治機構，傳上來機密情資，顯示蔡辰洲勾搭軍方高級將領。轉念至此，俞國華曉得，蔡辰洲要玩完，強人絕不容許三十多歲多金奸商，勾搭軍界高層。

強人一陣發作，滴滴答答，牢騷成串，從蔡辰洲講起，繼而把王昇、蕭政之也罵在裡面。罵著，罵著，強人又繞了回來，拉高了聲調，數落起蔡家：「你當他們這一家子，是什麼出身？這不是現在才玩花樣，三十五年前，他家就聲名在外，公然抗命，唱政府反調。兒子蔡辰洲現在搞五鬼搬運，阿爸蔡萬春則是當年拒買公債。」

強人御下有術，召見手下，向來多聽少說，深藏喜怒，不顯顏色。然而，俞國華是入室弟子，與家臣無異，強人在俞國華面前，殊少顧忌，就此顯現怒色。俞國華見強人口氣明顯激動，竟提及三十五年前舊事，心裡打鼓，不知強人葫蘆裡賣的是哪門子膏藥，故而悶不吭聲，等著強人繼續發作。

強人端起保溫杯，喝了口溫吞茶水，喘了幾口氣，繼續言道：「政府剛遷到台灣，民國三十九年上半年，韓戰還沒爆發，美國那邊軍經兩途都吝於馳援。那時候，府庫空虛，全台灣八百萬軍民，日子要過下去，政府卻是財政短絀，必須以強硬手段徵集財源，強制派售公債，挹注所需。那時候，你在哪兒？」

民國三十九年間，俞國華還在美國華府，擔任中華民國派駐國際復興開發銀行、國際貨幣基金副執行董事，對政府遷台初期諸事，其實不甚了了。因而，強人問他，民國三十九年人在哪兒，俞國華溫順答道：「那時我在美國，在國際貨幣基金與國際復興開發銀行。」

強人聞言道：「是了，那時你不在台灣，不曉得那段日子，那真是艱辛啊！」

說到這兒，強人抬起左手，伸出食指，朝俞國華身旁不遠處，一張小茶几，連點幾下：「那兒，有張報紙，你拿來看看。」

俞國華進這屋子老半天了，與強人談話之餘，竟未發現茶几上有報紙。於是，俞國華稍微抬起上半身，伸手拿過那張報紙。待揭起了報紙，俞國華赫然發現，報紙底下，竟是鼓鼓一包檔案卷宗。俞國華不敢多事，強人沒提卷宗，他就假作不知，單單只拿起報紙。

俞國華定定神，掏出老花眼鏡，定眼一看，心裡不禁詫異。原來，那是張《中央日報》。這報紙，顏色淺淡，紙張平整，外表簇新，就好像是今天報紙，但報頭上日期，竟然是民國三十九年四月四日。這報紙上，顯著標題印著斗大九個字：〈大戶蔡萬春決予處罰〉。

往下看，這則新聞內容為：

「台北市勸募愛國公債委員會副主任委員鄭行飛局長，於昨日下午三時，對記者發表談話稱：

本市籌募愛國公債工作，截至目前為止，由於各方人員不能集中，以及種種實際上困難，故成績不如理想。惟可以保證，絕無任何不公平之處。鄭氏並表示，日內即可將全部名單，根據之前所發出通知單，分為全部認繳、部份認繳、分文不繳三部份，對外公布。然後，由反共保民動員委員會開始嚴格執行催繳。」

「鄭局長最後特別提出本市衡陽街一位大戶蔡萬春，說蔡氏在衡陽街開了一個大萬旅社，又兼營百貨公司，還有大萬商行，以及許多房產。公債會依此四條件，發給蔡萬春四張勸債通知單。其中，旅館業一千兩百元；百貨業兩千四百元；房產額八百元；財產類一千八百元，共計六千兩百元。」

「鄭局長說，政府派給大戶蔡萬春六千兩百元公債額度，可謂天公地道。不過，該大戶竟一直不予理會，亦不到會申明。迄昨天四月三日，蔡萬春始來公債會，申明複查。經公債會調查，依蔡氏財力，應該照上述額度認購。因而，公債會決定依照規定，對蔡氏予以處罰，除財產類加罰一倍認購額之外，其餘三項則決定增罰五成認購額。」

俞國華看完這則新聞，手上捏著那張報紙，心中驚疑不定，不知為何這樣一張三十五年前老報紙，保存完整，模樣嶄新，卻擺在強人臥房小茶几上？更詭譎的是，這張報紙底下，竟然蓋著一大包檔案卷宗。

這事透著詭異，俞國華實在猜不出，這報紙到底是何來路？為何在此？心中狐疑之際，俞國華驀然間靈光乍現，腦袋裡突然亮了燈泡：「剛才座車往裡開之際，裡頭有輛車往外開，司機老卞說，那是調查局長翁文維座車。難道，這報紙與檔案卷宗是翁文維帶來？」

想到這兒，俞國華不禁有點脊梁發麻，這才醒悟，曉得強人已是鐵了心，要徹底查辦十信弊案。

顯然，調查局向強人簡報十信案情，內容鉅細靡遺，連民國三十九年中央日報上，蔡萬春那點事情，都翻了出來。莫說財政部、台北市財政局、台灣省合作金庫等三級財政主管官署了，光是調查局，就能把蔡家祖宗三代查個明白，能把蔡家產業翻過來數個清楚。

想到這兒，俞國華定定神，緩緩把報紙放回茶几上，又摘下老花眼鏡，對強人溫言恭順回道：「看來，積弊存在多年，冰凍三尺，非一日之寒。這事情，我會好好處理，總之，要徹底剷除十信積弊。」

談話至此，已過個把鐘頭，日影漸漸西斜，竟有細碎陽光灑進強人這臥房。俞國華這才發現，雨早就停了，老天爺竟然轉晴，陽光露臉。

強人咳嗽幾聲，又拿起床旁小桌上保溫杯，喝了幾口茶水，看著俞國華問道：「最近有什麼重要事情嗎？」

俞國華答道：「這個星期，算是比較平靜，沒什麼大事。對了，今天上午國安局開江南案專案小組會議，我去了，列席了解狀況。」

強人聞言，又嘆了口氣，抬起右手，伸出食指，漫無目標，虛虛點了幾下道：「這還多虧了你，距今半年前，今年六月，內閣改組，本來還是打算由孫運璿挑這副擔子，誰知道，他身體出了事情，這真是國家不幸。所以，才讓你當院長，你是書生，一直抓財經金這一塊，要你當院長，的確難為了。沒想到，你竟有遠見，提議整頓治安，我才要他們弄一清專案，這才抓到那個姓陳的兇手，才追出江南案真兇。他們這一串單位，管著治安，見識還沒你強。」

「為了這事情，美國方面給了很大壓力，吃了美國人多少排頭。我們這兒，也受了委屈，外頭都說，這是為了抓江南案兇手，才發動一清專案。這根本是倒果為因，這都是你提了建議，我要他們弄一清專案，才抓到江南案兇手。」

說到這兒，強人語氣激動，不住咳嗽，俞國華趕忙幾步走出房間，招手喚來侍從，給強人服了一小茶匙川貝琵琶膏。強人吞了琵琶膏，還要，侍從恭順答道：「報告教育長，大夫說了，琵琶膏糖分多，您不能多服用。」

這侍從，打從重慶中央幹部學校時期，就跟著強人。故而，對強人還是用著中央幹校時期老稱呼，喊強人為「教育長」。

侍從退出，強人又喝了口茶水，上半身頹然躺下，靜了幾秒，幽幽言道：「這病，折磨得很，不過幾年時間，兩眼昏花，兩腿無力，看不清楚，走不利落。」

俞國華安慰道：「這種病，都是帶病延年，許多人有這毛病，也活得好好的。只要聽醫師囑咐，按時吃藥，節制飲食，應該沒多大關係。」

強人口氣有點忿然道：「幾個醫生，都不管用，我告訴他們，我吃我的，他們治他們的，兩不相干。也是他們本事有限，這幾年，我這病愈發惡化。」

俞國華覺得強人這幾句話，有點強詞奪理。他見強人也累了，就想告辭。詎料，強人又起了話題：「國華，你先別走，坐坐，你和他們不一樣，我還能與你聊上兩句。」

強人少小離家，遠赴蘇聯，受苦受難，身心飽受折磨，卻也鍛鍊出極深城府，與屬下對談，向來多聽少說，寡言鮮語。早些年，強人喜與部隊基層官兵拚酒，爽快豪語不斷，還能見真性情。這幾年，深居簡出，與黨國高幹對談，心思既細且深，當然談不上聊天扯淡。對俞國華，他卻十分放心。

俞父與強人父親，少年訂交，兩人一起打天下。老強人經營廣東時，俞父當縣長，為暴民所戕，老強人感念故人，一路培植俞國華。民國二十三年，俞國華清華大學畢業，立刻上江西廬山，入軍事委員會，追隨老強人委員長。十年當中，俞國華一直當著老強人貼身機要祕書。西安事變，他住老強人隔壁房間；開羅會議，他站在大會議室外，看著老強人與美國羅斯福總統、英國邱吉爾首相開會。

後來，老強人派他出國深造，先在美國哈佛大學，後在英國倫敦政經學院，都拿了學位。他在國外待了十年，替老強人處理祕密資金。後來，老強人調他回台，歷任財金要職。老強人推動九年國民義務教育，財政困難，經費不足，就派子弟兵俞國華當財政部長，硬是擠出經費，推動九年國教。老強人去世，後來蓋了紀念堂，也是俞國華一手操持。

民國六十七年十二月，美國斷絕對台外交關係，中華民國政府名下，存在美國那幾百億美元外匯，岌岌可危，眼看著，就要被中華人民共和國接收。當其時，俞國華是中央銀行總裁，馬上成立多家紙上空頭投資公司，在美國註冊登記，把政府名下幾百億美元，全部搬到這些紙上空頭投資公司名下。這所有空頭公司，都由俞國華掛名當董事長，全台灣幾百億美元外匯，等於全入了俞國華私人口袋。

過了幾個月，美國國會通過台灣關係法，保障台灣在美財產，俞國華才一一結束諸紙上空頭公司，把幾百億元美元外匯，復又存入政府帳戶。這事情，當時不是祕密，黨外立委、監委大嘩，都說裡面有鬼，組了專案小組查帳。查來查去，結果就是俞國華每一分錢都交代清楚，硬是乾乾淨淨，毫無弊端。

國民政府遷台後，老強人有心培植兒子接事。小強人逐漸崛起，羽翼漸豐，乃動手翦除老強人身邊若干重臣。民政，整得省主席吳國楨流亡美國；軍事，軟禁了參軍長孫立人；財經，則藉金盤金碗案，搞垮了中央銀行總裁徐柏園。唯獨這俞國華，卻是深受老少兩代強人重用，外界稱之為兩代強人管家帳房。財經金領域裡，俞國華這一等級重臣，為數不少，像是當過副總統的嚴家淦、有科技教父之稱的李國鼎、台電起家的孫運璿。

這幫人，都是兩代強人財經金肱股重臣，都歷任要職。不過，這幫人彼此心知肚明，有個共通結論：強人家打開了門，門口站了一堆人，大家都有份，都受重用，都站在強人家門口。不過，等強人把家門關上了，眾人都還是站在門外，只有俞國華一個人，進了門裡，與強人家人共處一戶。

如今，大家都到了暮年，俞國華今年剛滿七十，依舊身強體健。強人長他四歲，滿七十四，卻已被糖尿病折磨得支離破碎，臥病在床。

俞國華想走，強人留他，說是要聊聊。他知道，強人這一陣子，為了江南案，心力交瘁，也沒個講閒話的人，故而要與他話話家常。於是，他定定神，等著強人說話。強人兩眼瞧著他，微微點頭道：「這都多少年了？都快有五十年了吧？」

這會兒工夫，斗室之內氣氛迴然不同，已不是總統與行政院長商議國政大計，而是大戶人家族長與大管家話家常。俞國華聞言，反問道：「什麼快五十年了？」

強人道：「我說，那年我帶著芳娘與Allen，從蘇聯回來，先在上海待了一陣子。後來，阿爹派人到上海接我，把我們一家三口，接到杭州，在西湖畔一棟別墅，大家見面。那是我少小離家之後，第一次再見到阿爹。那天，你也在吧？」

幾句話，就讓俞國華墜入回憶深淵。他清晰記得，那是民國二十六年春天，西湖湖濱那別墅，名為「澄廬」，軍事委員會委員長老強人，外帶老強人再娶夫人，一大家子人，舉行家宴，給強人接風。強人那時才二十七歲，帶著蘇聯新婚妻子，懷裡還抱著兩歲長子，拜見委員長老強人。當時，俞國華二十三歲，是老強人貼身侍從祕書，穿著筆挺中山裝，領口上別著派克鋼筆，立於一旁，全程看著強人一家大團圓。

想到這兒，俞國華輕輕噓了口氣道：「對啊，都四十八年了。那時，委員長剛經過兩廣事變、西安事變，腰椎受傷，就在杭州養傷。沒想到，你回來幾個月後，蘆溝橋就出事，抗戰八年，大家顛沛流離，國家元氣大傷。」

強人突然眼睛放光，臉上堆起詭異笑容，問俞國華道：「民國二十七年，國民政府撤退到武漢，那時，我不在武漢。那年夏天，武漢熱如火爐，長江水氣蒸騰，阿爹那房子，靠山邊建，大門進去是一樓，阿爹在一樓辦公。然後，那房子沿著山勢，往下延伸，侍從室所有同仁，都在底下幾層辦公。」

「我聽說，因為天氣太熱，又沒有電扇，幾位祕書熱得受不了，都脫了上衣，光著上身辦公。有天，姆媽一時興起，說是要到底下幾層去，去探望各組祕書，給大家打打氣。結果，大家聽說夫人要來，雞飛狗跳，趕緊穿衣，有這事吧？」

俞國華聞言，不禁啞然失笑，邊笑邊答道：「是有那件事，像是曹聖芬、沈昌煥，當時都是這樣，實在是熱得受不了，穿上襯衣，很快就溼透，所以，乾脆脫了上衣，光著身子辦公。那天，委員長夫人打算下去各樓層，給同仁們打氣，我趕緊派傳令兵下去通報，要他們趕緊把衣服穿上。」

強人笑了幾聲，又問道：「那你呢？那麼熱的夏天，你一定是衣著整齊。」

俞國華道：「我那是沒辦法，他們是侍從室祕書，我是侍從祕書，職稱差一個字，工作環境完全不一樣。他們另外有辦公地點，我則是在委員長辦公室外頭，擺張桌子，跟著委員長辦公。無論天氣有多熱，我都得穿得整整齊齊，裡面都溼透了，外頭還是像個樣子。不過，那時年紀輕，才二十三歲，不當一回事。」

夕陽愈發西斜，光影逐漸轉弱，七十四歲總統、七十歲行政院長，一個半躺半靠在床上，一個坐在床前小椅子上，說說談談，回顧往日時光。到了末了，俞國華看看手錶，說是時間已近五點，他得告辭了。

俞國華臨走之際，強人收起笑容，正色緩緩交代了幾句：「你回去，要他們準備準備，十信這個膿包，得割了去，徹底處理掉，不能再養癰貽患了。須得注意的是，十信是金融機構，要小心謹慎處理，千萬要維持局面安定，尤其不能有擠兌，不能讓人心慌亂。財經金這一塊，你放手去做，其他範圍的事情，我另有安排。」

臨走前，俞國華略微想想，也把自己攜來十信檔案卷宗，擱在那小茶几上。就這樣，厚厚兩包公文檔案，裡頭全是十信積年老案，並排靜靜躺在七海官邸強人臥房小茶几上。

2

展抱山莊

中華民國七十四年元月二日。元旦假期，為時兩天，這天全台灣還放假。

出了台北市區，往南，沿著北新路走，走到底，就是碧潭。過了碧潭，柏油路向左，蜿蜒崎嶇，沿著山路走，就成了北宜公路。進北宜公路沒多遠，也就是幾公里，路左邊，有個建築群，外人一看就知道，這建築群或者是學校，或者是政府機構。

這建築群，叫展抱山莊，既是政府機構，也是學校，這是調查局訓練所。所有新進調查人員，都在這兒受訓，文有文課，武有武課。不但上文課、武課，更重要的，是上思想課，講究效忠國家、清除犯罪、打擊惡勢力。為了這個，還弄出了〈調查員進行曲〉，成了這訓練所校歌。每期調查員受訓結束，局本部自局長以降，副局長、主祕、各處處長，都慎重其事，參加學員畢業大典。早些年，這畢業大典甚至還有點江湖儀式，這幾年，時代不同，調查局也講究現代化，以美國聯邦調查局為師法對象，味道整個轉趨制度化。

大陸時期，情治機構分兩大派系。一個是國民黨中央黨部調查統計局，簡稱中統。另一個，則是軍事委員會調查統計局，簡稱軍統。當年，無論中統，還是軍統，講起來，都帶有濃郁江湖幫派味道，自家人犯錯，不送法院，而是自行以家法了斷。政府遷台後，中統改制，化身為司法行政部調查局，後來則變成法務部調查局。軍統，則改制為國防部情報局。

不過，法務部長可管不了調查局，同樣，國防部長或參謀總長也管不到情報局。體制上，法務部、國防部是上級單位，實質上，這難兄難弟兩情治機構，都由國家安全局直接指揮調度。而國安局，則是由強人一手掌控。強人手裡，緊緊掌控各路情治機構，除了法務部調查局、國防部情報局，還有內政部警政署、憲兵司令部調查組、警備總司令部、中央黨部陸工會、國防部總政戰部。這七個單位，加上國安局，共有八個單位，號稱「八大情治機構」，都由強人親自號令。

今天，還是元旦假期，這新店北宜公路旁，調查局調查人員訓練所展抱山莊，既沒學員，也沒教職員，各級主管都不在，就留個值日官，守在大門內傳達室。

老天爺不依不饒，繼續往下頭潑水，這冬雨，大得出奇。下午兩點多，一前一後，兩輛黑頭官家房車，駛到展抱山莊大門口，值日官一看車牌，曉得這是局長與主祕，趕忙要警衛按電鈕，開了鐵閘門。兩輛車進了山莊，朝上開去，到了辦公樓，停在避雨門廊下，局長與主祕各自下車。旁邊，自然有人打點，開了辦公室門扉，兩人逕自去了所長辦公室。局長回頭，交代警衛，守在外頭，誰都不許進來。又說，不必通知訓練所各級主管趕來，今天到此，只是與主祕有事討論，不必驚動訓練所同仁。工友自熱水器沖了兩杯熱茶，退了出去，闔上了門。

局長翁文維兩手握著裝滾燙茶水白瓷杯，嘴裡呵呵吹氣，對著主祕說：「這一陣子，事情特別多。前兩天，七海官邸來電話，找我過去，大老闆有令，我們又有得忙的了。今天放假，特為找你出來，討論這事。局本部那兒，就算放假，各處都有人留守，我們要是去了，動見觀瞻，不太方便。因而，臨時通知你，到這兒來，山裡頭，環境安靜，避人耳目。」

主祕道：「是不是為了江南案？局裡面正安排，過幾天就可以給陳啟禮測謊。為了這江南案，局裡可是動了全力，大家都忙翻了。尤其，這檔事牽扯到情報局，雖是大老闆親口派下來，要咱們調查局辦情報局，但大家都是搞情報的，當年也算是同根同源，辦起來有點傷感情。以致於，外頭現在已經有閒話，說是調查局要藉江南案，整情報局冤枉，報復當年軍統整中統舊仇。」

翁文維揮揮手道：「瞎猜，不是為這事，而是另有指令。這指令，我去七海官邸前，想都想不到。後來，見了大老闆，他說了套話，我回來之後，細細琢磨，才參透其中道理。這件事情，我們可得拿出本事，不動顏色，無聲無息，外弛內張，大幹一場。」

主祕道：「長官，究竟是何事，您就別賣關子了。」

翁文維壓著嗓子，低聲說道：「蔡家，大老闆要動蔡家。蔡家，在金融圈家大業大，蔡辰洲那台北第十信用合作社，規模龐大，簡直就是家銀行。現在，大老闆決定把它整鍋端掉。簡單點說，蔡辰洲搞五鬼搬運，掏空十信資金，這已經好多年了。大老闆說，掏空部份，自然有財金單位去查，我們這兒重頭戲，是弄清楚，那些搬出去的錢，上哪兒去了?亦即，大老闆要我們弄出詳細名單，到底是誰，從蔡辰洲那兒拿好處?」

「大老闆說了，一定要這名單。並且，這名單要保密，只能給他，由他做決斷，不能交給地檢處、法院什麼的。我想，說不定這裡面有什麼皇親國戚，捲在當中，大老闆投鼠忌器，要先了解情況，再決定怎麼處置。咱們調查局要幹的，就是把這份名單弄出來。這幾年，局裡花出去的布建費用，有如潑水一般，那錢花的啊，可是稀里嘩啦。」

「正因布建費花得多，線人養得多，回報線索也多，蔡辰洲那幫人，我們本來就有點掌握。那天在七海官邸，我就向大老闆稟報，說是就調查局目前所掌握情資，蔡辰洲常在他哥哥蔡辰男經營的來來飯店十七樓俱樂部，與蔡辰男一起宴請黨政軍大員，連金門防衛司令部將領，都曾是座上客。」

主祕瞇著眼睛，拿手摩挲著下巴鬍渣子道：「一是加強布建，多發展細胞，埋伏相關人物左右，隨時回報。其二，就是全面掛線監聽，既然大老闆那兒有令，這掛線範圍，就無遠弗屆，管他是誰，有必要就監聽。」

翁文維道：「就是這話了，明天上班之後，你把通訊監察處處長、經濟犯罪防治處處長都找來，一起到我那兒開個小會，先討論掛線監聽的事。照我看，過幾天財政部那兒就會動手，我們得仔細看著這場戲，起先咱們勒馬旁觀，等到唱戲主角都上台了，劇情也發展得差不多了，咱們就動手抓人。所以，外勤調查站要隨時準備，鎖定對象，該抓哪些人，該搜哪些地方，先細細擬出計畫。當然，不必我再交代，這行動事關緊要，絕對不可走漏訊息。」

主祕想了想，又道：「倘若要全面掛線監聽，咱們局裡電訊發展室那批裝備，可能不敷使用哇！」

翁文維道：「沒事，我會親自跑一趟警總與警政署，把話講清楚，拿大老闆壓他們，要他們讓出地盤，我們派人過去，進駐他們機房，用他們設備，掛線監聽。」

「總之，掛線範圍要廣，除了蔡家眾人之外，財經金部會首長、副首長、相關司署局處主管、立法院那批十三兄弟幫、中央黨部、省黨部、台北市黨部，也全都圈進去，全面監聽。這裡面，尤其是蔡辰洲十信，以及其他相關企業，監聽網要特別細密。已知情資顯示，蔡辰洲就是用關係企業人頭，向十信搬運資金。」

「還有，為了辦江南案，北部幾個調查站忙得雞飛狗跳，人力吃緊。明天，你趕緊打電話協調，從南部外勤站抽調人手過來，就說是在職訓練。人到了之後，就先擺在這展抱山莊裡，臨時弄幾堂講習，讓他們混混日子。反正，就是把人手先控制在這兒，一旦有事，大舉出動。」

講到這兒，翁文維站起身子，開了門，對門外工友喊了幾聲，要工友找司機來。工夫不大，司機小跑步，衝了過來。翁文維從皮夾子裡，掏出五百塊錢，交給司機道：「你知道那地方，去買一鍋燉羊肉湯，另外加炒兩份青菜，順便帶一瓶紹興酒。對了，先去這兒廚房，拿個提鍋去買，別讓店家把羊肉湯裝在塑膠袋裡。」

交代完事情，翁文維回到屋裡，主祕問道：「這附近有賣燉羊肉湯？」

翁文維道：「就在北新路口那兒，有個三家村小店，叫什麼一碗小羊肉。之前我吃過，有點名堂，味道不壞。今天難得，這兒又清靜，咱們吃點熱羊肉湯，順便喝點小酒。」

這翁文維，是歷任調查局長中，唯一自基層起家者。此人籍隸福建，與主祕俱是閩省同鄉，有很長一段時間，調查局骨幹人物，都與福建有關，不是福建人，就是在福建起家。同樣，台灣警界頭面人物，則是出自閩、魯兩省，各縣市警察局長，就由福建人、山東人，輪流作莊當家。

調查局，另有副局長，但局長翁文維與副局長交情一般，獨獨與這主祕，有患難情誼，交情彌篤。兩人接著談十信，講到後來，翁文維又壓低了嗓子，傾身向前，低著頭，張大兩眼，瞪著主祕道：「你曉不曉得，為何大老闆要動十信？」

主祕搖頭道：「不知道，難道大老闆沒告訴你？」

翁文維道：「告訴我？大老闆那人，城府甚深，一向是多聽少說，他肚子裡想啥，外人實在不好猜。不過，那天在七海官邸，聽取指示之後，我回局本部，慢慢琢磨，想透了當中關節。我看，這次大老闆要剷除十信，是受江南案影響。」

主祕瞪大了眼睛道：「此話怎說？」

翁文維道：「那天去七海官邸，大老闆先問江南案進度。我就一五一十，向大老闆稟報。他聽完報告，沒多說，就講這事情對國家形象傷害太大，嚴重損害政府威信，大家應該努力振作，塑造政府新形象。然後，他就說起了十信，要調查局清查個中弊端，搞清楚蔡辰洲收買了哪些官兒，哪些立委。我後來慢慢體會，參透了其中道理，重辦十信案，就是為了替江南案分憂解勞。」

「一來，江南案重創政府威信，倘若辦了十信案，割掉這金融毒瘤，整掉一批高官，等於是振衰起蔽，讓外界耳目一新。再者，現在報紙、電視，天天追著江南案打，報的全是負面新聞。倘若戳破十信膿包，揭發弊案，抓一批人，整一批人，事情鬧大，報紙、電視必然移轉目標，不再緊盯江南案，轉而圍著十信案追。這一招，就是圍魏救趙，把整個社會注意力，從江南案，移轉到十信案。」

「一句話，沒有江南案，就不會有十信案！」

說到這兒，兩工友推門而入，不但帶來一鍋羊肉湯、一瓶紹興酒、兩大盤炒青菜，還捎來碗筷、酒杯，外帶一包總統牌香菸與塑膠打火機。

這倆福建老鄉，就在這展抱山莊調查局訓練所所長會客室裡，把酒言歡，敘舊扯淡。外頭，青山綠水，清幽雅緻；裡頭，煙霧瀰漫，酒氣蒸騰，羊肉飄香。老哥倆不拘話題，東西南北閒扯淡。

主祕看著桌上那盒硬殼金龍牌香菸道：「哎，這菸價格貴，其實抽起來味道不順。工友搞不清楚，見局長來了，就買貴菸。其實，還是長壽抽起來順口。」

說罷，從襯衣胸前口袋裡，掏出一包已開封軟殼長壽菸，對著局長翁文維晃晃，算是敬菸。翁文維正咂吧咂吧，忙著喝羊肉湯，舉起右手虛晃兩下，敬謝不敏。主祕自顧自撥開黃色軟菸盒紙殼子，往裡頭掏菸，菸殼上那拄著拐杖禿頭壽星老兒南極仙翁，被主祕撥得直晃蕩。主祕掏出一根菸，刁著白色濾嘴，拿打火機，點著了菸，深深吸進一口，隨即徐徐吐出淡淡青煙，對翁文維緩緩問道：「你是哪天去大老闆七海官邸的？怎麼我事前沒聽說？」

翁文維喝完一碗羊肉湯，湯太燙，喝完了直吸氣。邊吸氣，嘴巴邊吱吱作響，用舌頭與上下唇，清除牙縫裡羊肉屑。緩了緩，翁文維道：「上星期四，下班前，突然接到七海官邸電話，說是大老闆要我星期六下午兩點半，去七海官邸，要問我台北十信之事。我曉得，這幾年來，調查局一直持續蒐集十信情資，但始終沒動手辦案。我曉得十信不安分，對整個案情，也約略有點印象，但為了保險起見，還是得準備準備。」

「因而，我接電話後，馬上要台北市調查處準備情資，我第二天過去聽報告。第二天，星期五，我一大早就去了基隆路台北市調處，待了一整個上午。那天上午，台北市調處準備得很充分，還把局裡經濟犯罪科科長、金融證券保險調查站等相關主管，都找了去。」

主祕道：「難怪，那天上午我有件公事，打算先問問你意見，再往上簽報，結果，沒找到你。原來，你去基隆路台北市調處了。」

翁文維道：「不聽不知道，聽完嚇一跳。我聽過一上午報告，這才對整個十信內幕，以及蔡家搞了哪些鬼，有了明確了解。台北市調處有一套，竟然把民國三十九年間，蔡萬春那點事情，也都挖了出來。有報紙為證，說蔡萬春拒絕配合政府財政政策，不肯買公債。」

繼而，翁文維娓娓道來，對主祕講起了十信內情。這場景，也就是兩個福建老鄉餐敘閒聊，否則，要有外人在場，必定瞠目結舌：堂堂調查局局長，竟然向屬下報告案情。

翁文維說得清楚，主祕聽得明白。原來，國民政府遷台後，致力發展經濟，以有限資源，挹注產業。政府機構如經濟安定委員會、美援會、外匯暨貿易管制委員會，手握行政大權，再加上立法院所通過獎勵投資條例等法令，扶植特定業者。扶植對象，分為三幫：山東幫、上海幫、本省幫。至於產業類別，則涵蓋頗廣，製造業、服務業、金融業，皆在其中。這蔡家，即是趕上這波政府扶植產業發展浪潮，算是金融界本省幫扶植對象，成立國泰集團，不斷壯大。

蔡家，老家在苗栗竹南，一起頭，是五兄弟，蔡萬生、蔡萬春、蔡萬霖、蔡萬財、蔡萬得。老大與老么，後來發展有限。真正成事者，則是中間三兄弟。這三兄弟後來都是事業大發，成了商場大亨，老三蔡萬財還從政當立委，把名字改成蔡萬才，老二蔡萬春則娶了兩老婆，大房生了蔡辰男，二房則生了蔡辰洲。

民國四十六年，蔡萬春當了十信老闆。那時，十信還沒成氣候，小本經營而已。蔡家真正發達，是民國五十一年的事。那一年，蔡家成立國泰人壽，不過二十年時間，已成台灣最大公司。二十年間，國泰人壽風生水起，蔡家第二代又都成長，於是，不斷擴充衍生關係企業。這裡頭，就有國泰信託、國泰塑膠、來來飯店、來來百貨等。原本，蔡萬春當國泰人壽董事長，後來中風，就由長子蔡辰男以副董事長銜管事。

次子蔡辰洲，後來接手創立國泰塑膠公司，接著又陸續兼併多家關係企業，鬧得總是經營吃緊，須時時調度資金。他先是向哥哥蔡辰男要錢，蔡辰男起初也給，從國泰人壽調集資金，援助弟弟蔡辰洲，挹注國泰塑膠所需。不過，時候一長，蔡辰男看看不是辦法，就不再有求必應。於是，蔡辰洲就轉而向叔叔蔡萬霖求援。

蔡萬霖，這時是十信老闆，見侄子蔡辰洲就是個無底洞，那國泰塑膠錢坑，永遠也填不滿。於是，心生一計，告訴蔡辰洲，說是不如彼此換股，要蔡辰洲拿出手裡國泰人壽股權，與蔡萬霖交換十信股權。如此這般，蔡辰洲成了十信老闆。至於蔡萬霖，本來就持有國泰人壽部份股權，現在加上侄子蔡辰洲股權，掌握國泰人壽過半股權，成了國壽新老闆。這下子，國壽副董事長蔡辰男著了慌，但生米已煮成熟飯，他無法力挽狂瀾，只好交出國壽掌控權。

蔡辰洲成了十信實質當家人，是民國六十八年之事。此時，十信筋骨茁壯，已是全台最大信用合作社，但違規營運情事也綿延不斷。蔡辰洲在十信當家後，十信違規行為猛然暴增。關鍵手段，還是五鬼搬運，以各種手法，將十信資金，搬往國泰塑膠關係企業群。此外，蔡家兄弟致力結交黨政軍權貴，利誘、賄賂、收買、送禮，手段百出，再再都需用錢。為挹注國泰塑膠關係企業所需，蔡辰洲以每月二・五%高利，吸引民間游資，其中包括政府要員家屬。

說到這兒，翁文維頓了頓，嘆了口氣，對主祕道：「我們手上有資料，蔡辰洲給高官家屬厚利，一個月利率就是百分之二・五，一年就是百分之三十。一筆錢，只要擺在蔡辰洲那兒，並且，得了利息，也不取回，而是滾入本金。那麼，利上滾利，兩年多一點，就翻倍了。」

「為了這個，多少大官人家女眷，都捧了花花鈔票，往蔡辰洲那兒送。至於大官人們，則裝作不知。不知道才怪！那不是幾千、幾萬，而是起碼幾十萬、幾百萬，甚至，幾千萬都不少見。蔡辰洲背後有這幫大官兒們撐著，加上前兩年又選上了立委，那可是胡作非為，誰也不放在眼裡，三十啷噹，還不到四十歲，就已經成精了。」

主祕聞言道：「對了，我聽人說，其實您前任阮局長，脾氣硬，火氣大，有一回，還真打算動手，掀了十信，辦了蔡辰洲。不過，後來卻偃旗息鼓，不了了之。這背後，一定有高人作法。否則，以阮局長那軍人血性，不會輕易放過。這事情，您聽說過嗎？」

翁文維道：「唉，阮成章當局長，我是他的副局長，我怎會不知道這事？好像也就是前年的事，十信那兒，有員工看不下去，寫信來密告，連帳本都影印了。阮成章，軍統局出身，到調查局當局長，還是軍人脾氣，見了告密信，火氣就上來了，下令祕密調查。後來，案子查得差不多了，證據也蒐集了不少，阮局長打算動手重辦。誰知道，那蔡辰洲也法力高強，動用了關係，硬壓下來，硬是把阮成章壓扁了。」

主祕驚詫道：「啊呀，要能壓倒阮成章那糾糾武夫，那可真是本事大啊！是誰，有這法力？」

翁文維道：「哪個人？不就是劉少康辦公室嘛！阮成章再橫，也惹不起劉少康辦公室。原本，連偵辦作業計畫，都擬定好了，往上呈報。那公事送到我這兒來，厚厚一大本卷宗，我大致翻翻，簽了點補充意見，然後轉送局長室。結果，局長批下來，卻是『以穩定金融局面為要，暫緩偵辦』。」

主祕道：「你聽了一上午簡報，去大老闆那兒，哪有那樣多時間，細說分明？」

翁文維道：「就是說啊，我聽完簡報，心想，第二天下午兩點半，去七海官邸見大老闆，事前肚子裡可要打好底稿，揀要緊內容講，敘述清楚，讓大老闆曉得實情。我不但心裡打底稿，還要台北市調處，把十信歷年檔案卷宗準備好，一併帶去七海官邸。誰知道，我進官邸見了大老闆，他壓根沒問我，沒要我簡報，只是簡單指示，要我去查清楚，哪些人收了蔡家鈔票。」

主祕道：「咱們這位大老闆啊，可是神龍，咱們調查局還沒向他簡報，他都曉得內情了。」

翁文維道：「我私下猜，有可能，是阮成章幹的。阮成章本來打算硬幹，拔掉十信，但被中央黨部、劉少康辦公室壓下來，沒能辦成，心裡就有了氣。我想，有可能，他退休前，去過七海官邸，把局裡之前那厚厚一大疊卷宗，都交給大老闆了。所以，大老闆早就心裡雪亮，雖說通知我，要我去官邸，說是要問我十信，結果，根本沒問，只是下達指示，要我去蒐集名單。」

「我猜，阮成章給大老闆送過十信情資，我也不能落人之後。因而，我臨走前，還是把台北市調處所蒐集那一大套十信情資檔案卷宗，連帶那一張民國三十九年報紙，都呈送給大老闆。」

「無論如何，他是大老闆，他說什麼，我們就幹什麼。他要我們咬誰，我們就咬誰。比方說，他講，要這名單，還說，名單不能交給檢察官、法院，這就是頂頂重要原則，咱們得按這原則辦案。將來，等財政部揭了十信瘡疤之後，咱們必然會配合檢察官，介入偵辦。但，那與蒐集受賄名單，是兩碼事，要分清楚。這一點，你要幫我盯著。」

「我那天在台北市調處，聽他們做簡報，有個訊息，十分重要。我想，大老闆一定已經知道了。你曉得嗎？根據台北市調處蒐集情資，十信自民國六十五年，就不斷被查獲違規放款，可是，在民國七十一年、七十二年、七十三年，連續三年之間，不良放款卻急遽暴增。三年之間，不良放款竟然增加一倍。這裡頭，就有文章了。」

主祕想了想，搖搖頭道：「想不出來，這裡頭有啥文章？」

翁文維有點故作神祕，眼神竟有俏皮之色，對著老兄弟主祕道：「你想，這三年時間裡，誰當財政部長？徐立德啊！徐民國七十年年底當財政部長，七十三年六月，轉到經濟部當部長。他當財政部長才兩年半，短短兩年半時間裡，蔡辰洲就把十信違規放款，翻了一倍。看著好了，大老闆這次一定會砍了徐立德。至於砍多深，我不好說。」

主祕抿了口酒，咂咂嘴，換了個話題道：「局長，您不容易啊，調查局歷任局長裡頭，只有您是基層幹起，不是空降派下來。尤其，十幾年前那場大整肅，您能全身而退，連塊油皮都沒擦傷，實在不容易。」

主祕這兒所指的大整肅，發生於民國五十年代，腥風血雨，內情慘烈，但事情過後，卻列為禁忌，不許談論。事情起因，是民國五十三年，強人五十四歲，正值盛年，牢實掌控情治網絡，把軍統局出身大特務沈之岳，派到調查局當局長。這沈之岳，當年受軍統局頭子戴笠提拔，受戴單線聯繫指揮，加入中國共產黨，潛伏延安，一路跟著共軍，始終沒被發現。

抗戰時，沈之岳潛伏中共新四軍，持續回報軍情。民國三十年，國軍將領顧祝同在安徽南部，發動圍剿攻勢，瓦解新四軍，活捉軍長葉挺，史稱「新四軍事件」或「皖南事變」。那次戰役，個中關鍵人物，就是沈之岳。沈提供共軍重要情資，助國軍解決新四軍。皖南事變後，沈之岳恢復身分，回歸軍統。

民國五十三年，老強人改組情治機構，好協助他五十四歲兒子小強人接班，派沈之岳到調查局當局長，前後十三年半。沈在調查局當了十三年半的局長，期間調查局內部整肅慘烈，多少老牌高級大特務，全成了匪諜，打入黑牢。這批高幹，包括第三處處長蔣海溶、第四處處長范子文、范妻調查局訓練委員會專員滿素玉、第一處副處長李世傑、王大光、第六處副處長陳政敏、第一處專員鄧錡昌等。這些人，被沈之岳整垮，打入黑牢，後來下場極其淒慘，有槍斃的，有無期徒刑的，有暴斃獄中的。

調查局，專門整肅共諜，結果，沈之岳一去，裡頭大批情治頭頭，卻都打成了共諜。尤其，這批人裡頭，大多與福建有地緣關係，不是福建人，就是在福建起家。故而，這天翁文維、主祕這兩位福建老鄉，把酒閒談之際，講到十幾年前這段血腥史蹟，俱都搖頭，感慨嘆息。

翁文維道：「幹咱們這一行的，咳，那也是沒辦法，命帶殺氣，不是殺人，就是被殺。這幾年，情況不一樣了，大家幹起事情，都還算收斂。早些年，那可是無法無天，為達目標，管他什麼手段，對外頭固然是殺，對裡頭自己人，也不手軟，照樣該殺就殺。那孽障戾氣，幾世都化不完。現在，年歲大了，回想當年，心裡有時候都會發抖。」

主祕道：「局長，您聽說了嗎？沈局長下去之後，信了基督教，可虔誠了。前一陣子，我還聽人說，他現在常穿著個白褂子，上頭寫著信耶穌得永生六個字，站在路邊，向人遞發傳單，勸人入教會信耶穌。」

翁文維吃了一口羊肉塊，用力嚼幾下，有點口齒不清道：「人家是青燈古佛，燒香拜菩薩，消除業障。他不一樣，信基督教，拜的是洋菩薩。拜中國菩薩也好，拜洋人菩薩也好，這都是早年殺人殺多了，年入古稀，心裡起了佛心，去了殺氣，所以才會這樣。」

驀然間，主祕想起一事，儘管屋裡沒旁人，還是禁不住壓低了聲音，傾斜著身子，湊著腦袋，對翁文維說道：「局長，講到殺氣，您聽說了嗎？咱們調查局一個前任局長曾找人，密令要幹掉他女婿？」

翁文維聞言，口內那塊半爛不爛羊肉，差點哽住氣管，嗆得他連連猛咳。等緩過氣來，才睜大眼睛問道：「這是哪兒的話？這年頭，時代已經不同了，不能像當年那樣，無法無天殺人滅口。怎麼可能呢？這話，誰傳出來的？還有，你說前局長，到底是哪位前局長？」

主祕說了個前局長名字，翁文維點點頭道：「這人脾氣一向火爆，幹起事來有猛張飛氣概。不過，要說他買凶殺女婿，這話可不能亂講。」

主祕道：「局長，確有其事，不是亂講的。有個人，叫常勤勵，不知道局長聽過沒？」

翁文維總算把那塊羊肉，給嚥下了肚子，皺著眉頭，瞇著眼睛，略微沉吟道：「是聽過這人，好像是軍統背景，和我們中統調查局系統無關啊！」

主祕道：「這人，以前在情報局，老底子是軍統，跟過咱們那位前局長多年。後來，這人年紀大了，退了下來，組織安排他去政大國際關係研究中心，掛名當個研究員，其實還是管著那部門保防工作。」

繼而，主祕趁著酒興，元元本本，仔仔細細，講述此事原委。

政大有個國際關係研究中心，專門研究中共情資，對岸《兩報一刊》，《人民日報》、《解放軍報》、《紅旗雜誌》，透過香港，隔天就能運到。那地方性質特殊，所以，需要退休情治老人過去管事。這常勤勵，退下去之後，就去政大國際關係研究中心，掛名當研究員。調查局那退休局長，在局長任內找人去殺女婿，就是常勤勵說出來的。

那前任局長有個女兒，與一已婚男子，有了感情。那已婚男子，是個公務員，叫王進隆。其實，那王進隆已然決定離婚，棄了元配，改娶局長女兒。不過，說來說去，總是婚外情。事為調查局長知悉，心中勃然大怒，有天，電召常勤勵，要常立刻趕去調查局，面見局長。

常勤勵接到老長官電話，不敢怠慢，連忙雇了計程車，自政大國際關係研究中心，趕赴調查局。進了局長室，見了老長官，局長簡要說了自己女兒狀況，繼而，霍地一下，拉開抽屜，從抽屜裡拿出一把左輪槍，啪地一聲，擺在桌上，圓瞪虎目，悍然言道：「勤勵，老規矩，這把傢伙拿去，幹了那小子。」

常勤勵聞言，嚇得有點發抖，趕忙勸道：「老長官，息怒，息怒，別發這樣大脾氣，發脾氣傷身。有話慢慢說，慢慢說，您先把槍收回去，小心點，免得走火。」

局長火氣不減道：「勤勵，你這沒出息的，離開組織，去了政大，當了研究員，就把當年銳氣都消減了？想當年，咱們出生入死，出多少任務，殺人越貨，眼睛都不眨一下。現在，你怎麼這副膿包樣？」

常勤勵哀哀告饒道：「老長官，您瞧瞧，現在都什麼時代了？我們都什麼年歲了？這早就不是當年兵荒馬亂時節，不能這樣說殺就殺。更況且，我年歲也大了，身手不如當年，身子骨都硬了，哪能擔這種重擔？還有，這幾年我常半夜做惡夢，驚嚇而醒，總是年輕時殺戮太多，現在老天爺讓我不安。其實，我年輕時，就覺得殺過頭了。您知道嗎？當年我才三十幾歲，我老婆在軍醫院生了兒子，兒子生下來，我當場就問護士，我兒子有屁眼沒有？那時，大家都相信，缺德事作多了，生了兒子沒屁眼。」

常勤勵一陣溫言軟語，說得局長火氣漸減，長長噓了口氣，又拉開抽屜，將左輪槍放了進去。這時候，常勤勵曉得，公務員王進隆算是撿回了一條命。此事就此揭過，後來王進隆果然離婚，娶了調查局長女兒，成了局長女婿。然而，世上沒有穿不透的祕密，這事情，後來常勤勵與軍統舊友餐敘時，終究吐露出來。此事在台北情報圈內流傳，故而調查局主祕也耳聞此事，今天就轉說予局長翁文維。

說到這兒，菸已抽完，酒已喝殘，羊肉亦已清盤，翁文維站起身來，拍拍腰桿，對主祕道：「天色已晚，咱們走吧。明天上班，就照剛才商定的，你把通訊監察處處長、經濟犯罪防治處處長都找來，一起到我那兒開個小會。監聽設備、外勤人力，都先妥善準備好。過兩天，財金部門那兒，必然會對十信動手。他們先開砲，我們再跟進，反正，十信亂七八糟事情，他們會處理。我們嘛，則是表面上抓人問案，幫著檢察官偵辦，但真正重要的，是要弄清楚，到底黨政軍哪些大頭，收了蔡辰洲銀子。列出名單，交給大老闆，就算功德圓滿了。」

3 隆記菜館

這是間台北知名上海館子，位在中山堂對面窄巷裡。中山堂，常開國民大會，眾國代南腔北調，哪一省都有，故而中山堂附近，頗多知名飯館。比方說，中山堂斜對面，就是山西餐廳，以貓耳朵、刀削麵、紫銅火鍋聞名，北方幾省國代，常去那兒聚餐。至於隆記菜館，則是道地上海菜，江浙兩省國代，多到此吃點家鄉菜。

這館子，置身窄巷，那巷子既短且狹，往外頭走個幾十步，就是中山堂前廣場。站在廣場上，正對面是中山堂，左手邊是交通銀行大樓，右前方則是台北市警察局。廣場下頭，則是寬闊地下停車場。

這上海館子，門面不算大，門臉就是一整面玻璃，玻璃後頭，則是幾層架子，擺著各色上海小冷盤。這裡頭，有烤麩、蔥燒鯽魚、醬爆河蝦、豆皮捲、蒸臭豆腐、涼拌豬肚、涼拌蝦仁。路人走過，隔著玻璃，看著架子上那各色冷盤，就不禁舌底生津，推門而入，吃點上海點心。

這一天，民國七十四年元月五日，星期六，中午過後，都一點多了，隆記菜館二樓還是人聲鼎沸，中央銀行金融業務檢查處，簡稱央行金檢處，在這兒辦餐會。這央行金檢處，內勤業務還有女同仁，外勤業務檢查工作，則清一色由男性同仁擔綱。今天這餐會，就是外勤男同仁餐敘，沒有女同事。總計，來了三十六位同仁，外加處長、副處長，共三十八人，把隆記菜館二樓包下，席開三大桌，地窄人稠，大家擠在一塊兒，湊合著坐。

先是冷盤，繼而熱炒，再來是燉菜。這會兒工夫，這頓宴席到了壓軸高潮，三大鍋醃篤鮮，咕嘟咕嘟湯滾煙冒，由夥計端了上來，一桌一鍋。

處長這桌，第一科張科長離那鍋滾湯最近，眼鏡都讓煙氣給濛濕了。他拿下眼鏡，掏出眼鏡盒裡絨布，邊擦拭眼鏡，邊對處長言道：「處長，今天菜色豐盛，大家吃得歡騰。不過，美中不足，卻是沒酒。今天星期六，上半天班，中午下班後，就算放假了，中午聚餐，喝點酒，也沒關係啊！以前金檢處同仁大聚餐，回回都有酒，就這次沒酒。」

處長程光蘅聞言笑笑，壓根不在意，只簡短答道：「不讓大家喝酒，當然有原因。別管了，大夥兒盡歡，放開肚量，吃這醃篤鮮。」

一旁，二科李科長舀了碗熱湯，連帶夾了筍片、百頁結，邊喝湯邊道：「說起來奇怪啊，就是個上海火鍋嘛，怎麼有這麼古怪名字，叫什麼醃篤鮮。」

隆記菜館樓上空間有限，三張大桌緊緊倚靠，李科長這番話才說出去，隔壁桌一個中年同仁道：「科長，這是人家上海方言。先說這篤，這個字，在上海話裡，就是燉煮之意。所以，醃篤鮮三個字，意思就是把醃過的豬火腿、家鄉肉，去燉新鮮的五花肉、胛心肉、豬腳。另外，搭配百頁結、青江菜、冬筍。所以，鮮肉、鮮菜加上醃火腿，一鍋燉煮，就成了醃篤鮮。」

眾人轟然吃喝之際，金檢處長程光蘅心裡頭跑馬一般，檢點這幾天發生之事，仔細暗暗核計，還有哪些未竟之處，需要補強。想來想去，覺得諸事齊備，沒有疏漏，就放了心，鬆了口氣，低著頭，喝起了醃篤鮮湯汁。

將近七天前，十二月二十九日星期六晚上，程光蘅在家裡接到央行副總裁錢純電話，要他第二天上午九點，到行政院去，說是院長俞國華有事交代。俞國華擔任央行總裁十五年半，其中有十三年，錢純是副總裁。錢副總裁深受俞國華器重賞識，是俞國華第一親信。這兩人，個性南轅北轍，俞國華追隨強人父子五十年，謹言慎行，英華內斂，喜怒少形於色，錢純則不然，這人冰雪聰明，卻是活潑跳達，口才便給，不但話多，並且妙語如珠，罵起人來，不帶髒字。

有一回，錢純在央行開記者會，《聯合報》女記者當場發砲：「錢副總裁，現在經濟大環境不好，陰霾滿天，央行應該拿出有效措施，立竿見影，立刻速收成效。」

當場，錢純想都不想，一棒子打回去：「妳又說陰霾滿天，又說立竿見影，這根本說不通。要知道，陰霾滿天，一點陽光沒有，央行就算在地上插上一百根竹竿，還是見不到影子啊！」

就為了這幾句話，錢純惹毛了《聯合報》，該報接二連三，持續以重火力修理錢純。到了後來，某個場合，錢純碰到《聯合報》老闆王惕吾，低頭賠不是道：「王惕老，我不過說了幾句話，貴報就這樣連續修理我，也修理夠了，拜託，歇歇手吧。」

程光蘅接錢純電話後第二天，十二月三十日星期天，放假日，程光蘅不願打攪司機休假，就雇了計程車，直趨行政院。車到行政院大門口，憲兵擋著不讓進。程光蘅只好下車，掏證件，驗身分，由值班憲兵打電話進去，確認了，才放程光蘅進去。九點前，程光蘅到了院長辦公室，外頭祕書室空空如也，沒人上班，聽得見裡頭院長室傳出錢純笑聲。程光蘅敲敲門，推門而入，屋子裡煙霧瀰漫，一股子菸氣，嗆得程光蘅想咳嗽，硬忍著，沒咳。

俞國華自律甚嚴，不抽菸不打牌，不喜群聚歡談，也就是少少喝點小酒，打打高爾夫球。這人，以前當央行總裁，現在當行政院長，始終維持金融霸主地位，全台灣所有公營金融機構，無論是國營行局，還是省屬行庫，副總經理一級以上主管，人事都要經過俞國華。誰都知道，他是兩代強人身邊天字第一號財經金重臣，他有強人當後盾，自能號令金融諸侯，調和鼎鼐，掌控人事。故而，哪怕是大型銀行董事長，見了俞國華，都是老老實實，言談舉止小心穩重，也沒哪個人，敢在俞國華面前，蹺著腳抽菸。

唯獨，錢純是例外，他深受俞國華信任，始終重用不墜。俞國華與錢純關係，可謂亦師亦友，他待錢純有如子姪，也只有錢純有這特權，能在俞國華面前，行止輕鬆，言談隨興。程光蘅推門進了院長室，就見錢純對著俞國華高談闊論道：「所以說，院長，他們這廣告詞兒，根本就不合文法。幾十年來，他們廣告上，寫的都是『Winston tastes good, like a cigarette should.』這根本寫錯了，按照文法，應該是『Winston tastes good, as a cigarette should.』」

錢純菸量甚大，一天超過兩包，不過，他有個怪癖，只抽美國Winston雲絲頓香菸，其他菸碰都不碰。他曾說過，抽其他牌子菸，讓他想吐，覺得噁心，他只能抽雲絲頓菸。

錢純對雲絲頓香菸廣告有點看法，就對俞國華發了意見。要換成旁人，對俞國華如此說話，評斷美國香菸廣告詞句，俞國華一定板著面孔，心裡給這人劃個大叉。這會兒，他卻是面上微微帶笑，怡然受之，聽著錢純這番妙論。

錢純見程光蘅進來，乃止住扯淡道：「光蘅來了，院長，咱們就說正事吧。」

俞國華正了正顏色，緩緩言道：「昨天我去見總統，奉總統指示，要嚴辦台北第十信用合作社弊案。十信積弊已久，拖了許多年，這次，我們要徹底清除弊端。十信是基層金融機構，一向都由台灣省合作金庫負責金融檢查。不過，這裡面顯然有勾結弊病，這麼多年來，合庫始終沒管好十信。當然，財政部那兒，也有很大責任。政治責任，以後再說，現在，先要把十信違規行為查清楚，把弊端全部翻出來。」

「程處長，這次我們行動要保密，不能讓十信與合庫知道。我們靠自己，就由我們中央銀行金融業務檢查處，把問題查清楚。這次查帳，範圍要廣，程度要深，速度要快。總之，要在很快時間裡，整理全面明確報告。這報告，內容也要保密。等報告弄出來之後，就轉交給財政部。我們央行只有檢查權，沒有行政處分權，必須交給財政部去處分。當然，財政部那頭，到時候我會有話交代下去。現在，你還有什麼問題沒有？」

程光蘅驟然受此重任，心裡當然打鼓，用力想了想道：「院長說得很明白，我會全力以赴。我們金檢處人手不算少，不過，十信有十七家分社，外加總社營業部，共是十八個營業場所，這次金檢，一定是同時並舉，同時對十八處地點動手。那樣，我們約略只能在每個地點，投入兩位金檢處同仁。此事牽涉甚廣，包括控制場面，包括搜查帳冊，包括清點現金，必須有輔助人力配合。」

俞國華看著錢純道：「這些事情，你看看，怎麼樣想些辦法，妥善處理？」

錢純剛捏熄一根菸，這時又點起一根，深深吸了口菸，再緩緩吐出，兩條白龍，自錢副總裁鼻孔裡噴出。吐了白煙，錢純道：「將近兩年前，七十二年初，十信鬧得實在太不像話，財政部請合作金庫派了人，進駐十信。那批人，進了十信不是代管，而是輔導。就我印象所及，無論是台北市財政局，還是財政部金融司，都曾建議財政部部長，要使出狠手段，最起碼接收代管十信放款業務，阻止十信繼續違規放款。不過，徐部長聽不進去，只派人進去輔導。」

「結果呢？這『輔導』變成了『扶倒』，你愈扶他，他愈歪歪斜斜往下倒。院長您放心，這次有我，我親自督軍。光蘅兄，今天你偏勞點，星期天也別休假了，咱們倆待會兒就直接回央行，仔細商議這次專案金檢細節。」

「咱們老家杭州，對銀錢業，有這麼句俚諺，說是十個罈子七個蓋，轉來轉去不穿幫。罈子，是帳目。蓋子，是指現金。現在這十信，就是這情況，照理說，帳目與庫存現金，應該兩相符合，有十個鐔子，就該有十個蓋子。但因五鬼搬運，多年掏空，變成帳目上金額多，實際庫存現金少，十個鐔子，只剩下七個蓋子。」

「每次合庫去金檢，都是只檢查幾個分社，十信事前得知訊息，就連夜搬運現金。要檢查哪幾家分社，就從其他分社，往受檢查分社搬鈔票。這樣，還查個屁！這次我們央行金檢處動手，來個不一樣的，祕密出擊，一傢伙查他十八處營業據點，看他怎麼搬現金救急？」

錢純發完這分議論，帶著程光蘅，離了行政院，車走中山南路，不過幾百公尺，到了羅斯福路口，就是中央銀行。從這天開始，程光蘅與錢純連日密商大計，後來，也把金檢處副處長拖進來，三個諸葛亮，腦力大激盪，想出一整套縝密計畫。這計畫發軔時間，就是今天，七十四年元月五日星期六，而戰役發起地點，就是這隆記上海菜館。

整件事，知會了央行總裁張繼正，說是奉俞國華院長指示，要對十信突襲檢查。對此，張繼正知曉，但並未過問。整個計畫擬具完成後，錢純亦向張繼正總裁稟報作業細節，張總裁並未干預，僅表示要大家全力以赴，小心從事。

這張繼正，世家子弟出身，其父張群，與老強人少年訂交，兩人年輕時都在日本讀軍校。國民政府遷台後，張群出任總統府祕書長，是老強人親信。張群兒子張繼正，理工出身，基督徒，誠篤淳厚，話極少，比俞國華還寡言鮮語，與俞國華是一路人物，也深受強人重用，之前當過交通部長、財政部長。半年前，接替俞國華，出任央行總裁。他當央行總裁，極有分寸，基本上，央行重要政策、人事，還是由行政院長俞國華調度指揮。

程光蘅回顧過去幾日軌跡，想到這裡，低頭看看手錶，兩點十分，距離攻擊發起時間，還有五十分鐘，因而，按兵不動，沉著等候。

此時，眾金檢處同仁仍是喧譁閒聊，就見隔壁桌一個胖子，對同桌其他人道：「你們是沒趕上啊，那時候，現在這羅斯福路口央行大樓，都還沒建哪。那時候，央行還在寶慶路、重慶南路口，現在台銀總行那兒，借用台銀地點，設址辦公。央行餐廳可有名了，不但我們央行員工光顧，整個博愛特區，多少軍公教、金融、法務、稅務單位，都爭著到咱們央行餐廳用餐。尤其是辦聚餐、宴席，央行餐廳那時大大出名。」

「那時，彭長貴在外頭賭輸了老本，無處可去，就到央行來，主持央行餐廳。彭長貴那廚藝手段，可高明了。沒幾年，就把央行員工餐廳弄得風生水起。後來，他經營央行員工餐廳，攢了老本，就去外頭開這彭園餐廳了。所以說，要是在以前，咱們金檢處同仁聚餐，何須到這隆記菜館，花大錢吃上海菜？咱們都是在自家員工福利餐廳，吃彭長貴的湖南菜。現在，彭園餐廳那湘菜，在台北可有名了，你們知道嗎？當年他可是在咱們央行員工餐廳當主廚啊！」

這胖子才說完，又另有一瘦子說：「講起彭長貴，外頭有人說，彭長貴曾在譚延闓家裡待過，跟著譚家菜掌門人譚廚，當人家副手。不過，咱們錢副總裁卻另有說法。咱們錢純副總裁，那可是杭州才子，腦袋裡什麼算盤都有，他會算帳，說是彭長貴哪年哪年生，而人家譚延闓家裡那譚廚，則是哪年哪年的事。錢副總裁這麼一算帳，結論是，按照時間來算，彭長貴就算在譚延闓家裡，跟著譚廚學藝，也是十幾歲小孩子。那樣年紀小孩子，不可能給譚家大廚子當副手。」

這話說完，眾人一陣哄堂，都說錢副總裁厲害，時間帳算得精準。接著這話碴子，眾人就扯到吃喝上頭，你一言，我一語，講的淨是餐宴飲食之事。

此時，金檢處長程光蘅低頭看錶，兩點四十分，時間到。他對著副處長附耳嘟囔幾句，要副處長到樓下去，說是上頭有重要公事商議，請店家暫時別上樓去。這會兒工夫，程光蘅站起身來，雙掌用力互擊，啪啪啪，幾聲巴掌響過，樓上頓時安靜。程光蘅清清喉嚨，速度不疾不徐，音量不大不小，對眾人宣布道：

「各位金檢處同仁，在此有重要任務宣布。奉上級密令指示，今天下午，央行金檢處對台北第十信用合作社十七家分社與總社營業部，進行祕密突擊檢查。各位同仁，十信弊端連年坐大，台灣省合作金庫、台北市財政局、財政部，都束手無策，現在，換我們中央銀行出擊。各位，央行金檢處這塊金字招牌，今天要再顯神威，各位同仁，要好好表現，不要墮了我們中央銀行金融業務檢查處名頭。」

此時，副處長已從樓下上來，身後跟著一個工友，手裡提著一個大皮包。到了樓上，工友放下皮包，下樓而去。副處長親自動手，打開那大皮包，裡面是十八個大型牛皮紙袋。副處長招招手，請兩位同仁過來，依序分發這批牛皮紙袋。三十六名同仁，每兩人一袋。

紙袋發完，副處長起身講話：「今天隨機編組，誰拿了紙袋，就與右手邊那位同仁，算是一組，待會兒一起行動。我們主導檢查，還有許多單位，配合我們這次行動。就在隔壁，交通銀行大樓裡，已經聚集了配合人力。我們協商台北市國稅局與稅捐處，各派出十八位男性同仁。又請交通銀行、中央信託局、農民銀行等國營三行局，自各分行抽調點鈔機，並且，每個點鈔機，支援兩名女性行員。總計，調來十八架點鈔機，三十六名女行員。」

「這三十六名男稅務員，三十六名銀行女行員，外帶十八架點鈔機，現在都在隔壁交通銀行大樓餐廳裡待命。交通銀行大樓前面，就是中山堂地下停車場。我們已經向負責財政部、中央銀行、經濟部下屬單位安全的警政署保三總隊、保四總隊，調集了十八輛警備車，現在，全部停在中山堂地下停車場。」

「三點整，我們這兒大夥兒下樓，往中山堂地下停車場移動。也是三點整，隔壁交通銀行大樓餐廳裡，那批稅務員與銀行點鈔員，也同時往中山堂地下停車場移動。進了地下停車場，每一組同仁，隨意選一輛警備車。每輛警備車，除了司機外，另外有兩位保警總隊員警，加上我們金檢處兩名同仁、兩名稅務員、兩名銀行行員，以及一架點鈔機。此外，每輛車上也都放置了五大包空白影印紙、以及五管影印機碳粉。」

「上了保警總隊警備車後，打開牛皮紙袋，裡面有十信分社地址，以及整個突襲檢查行動指南。在車上，請金檢處同仁仔細閱讀這分指南。依照牛皮紙袋指示，告知警備車司機地點。今天星期六，金融機構中午十二點打烊。不過，雖然對外打烊，但對內仍須結帳。所以，估計在下午三點半之前，十信十八個營業據點還有員工上班，忙著結帳。三點半之後，多數員工應該都已下班離開。」

「到了分社之後，就直接叫他們開門。進去之後，由警察值勤，若還有少數員工仍在結帳，喝令其停止辦公。如果十信員工要離去，聽隨其便，不要攔阻，我們抓的是帳本，不是人。十信各分社都有點鈔機，不要用十信點鈔機，用我們帶過去的。」

「銀行女行員負責搬運庫存現金，操作點鈔機，並清點記錄。國稅局與稅捐處男稅務員，則負責搜查五年內各種帳本，並且一一影印。至於我們金檢處同仁，一方面要監督整個過程，防止十信在場員工搞鬼，更重要的是，協助稅務員鑑別各種金融帳冊。稅務員懂得查帳，但查的是稅務帳，對金融帳本，可能不是那樣熟悉，需要各位同仁協助。」

「這裡面，有些事情，至關重要。首先，就是影印先後秩序，務必要先影印工作底稿，其次影印分類帳，最後，則是交易分錄帳。十信各據點，都有影印機，我們自己帶影印白紙與碳粉過去。影印機可能出問題，若出問題，就在該據點內，尋找第二架影印機。倘若該據點內所有影印機皆故障，那麼，各位同仁，無論如何，都要尋找可用影印機。無論是公司行號、學校、行政官署，都會有影印機，無論如何，都要設法借到影印機，然後，由警員協助護送，將帳冊送過去影印。」

「今天，就是將五年內各種帳本，一一影印，並於完事之後，送回央行金檢處。明天星期天，則進行現場查帳。重點追查目標，共有以下各項：分散借款集中使用、無徵信資料借款、以股票質押借款卻未設定質押權、放款與還款由同一人經辦、虛列庫存現金誇大存款業績、信用部與儲蓄部帳卡不清、現金未存放於金庫中、超過法定額度放款、放款到期未催收、未建立放款歸戶制度。」

「今天稍後，十信得知突擊檢查後，必然會動用關係，請立法委員或省議員、市議員出面，到十信各據點，威嚇停止金檢。各位同仁，絕對不可退讓，必須兇狠拒絕，央行為各位後盾。另外，我與副處長待會兒都會回到央行，協同錢副總裁，連夜留守。各位同仁，請儘量每半小時，打電話回央行金檢處，回報情況。若遇突發情況，無法處理，就請在場保警總隊警員，以無線電呼叫援手。我們已經與台北市警察局打過招呼。今天晚上，台北市警察局刑警隊、警備隊、保安大隊、霹靂小組，如接到我們求援訊息，都會迅速趕到現場。」

「各位要知道，十信老闆蔡辰洲是立法委員，他在立法院呼風喚雨，身邊有一幫人，鞍前馬後，圍著他轉，聽他號令，政壇上人稱十三兄弟幫。十信有十八處據點，這十三兄弟幫立法委員，一人包一家，就可到十三家分社鬧場。各位別怕，我們是央行金檢處，後頭有總裁、副總裁給各位撐腰。再往後，我們還有更大後台。各位同仁，此處我不能講得太清楚，我只能說，這次行動背後有極高層指示。」

「在十信各分社展開行動，場面稍微穩住之後，大家再用十信分社電話，各自打電話回家，告訴家人，今天加班，很晚才能回家。各位同仁，今天辛苦委屈了。等大功告成之後，我和處長會再在這隆記菜館，請各位好好吃一頓。那時候，就可以開懷暢飲喝酒了。」

副處長才說完，處長程光蘅起身喊道：「時間到，各位同仁，出任務去！」說罷，程光蘅領頭下樓。轟轟隆隆，央行金檢處大軍出了隆記菜館，一條人龍，步出窄巷，朝中山堂地下停車場入口走去。那頭，交通銀行大樓前門，也是玻璃門洞開，男男女女魚貫而出，另有交銀總務人員，幫忙抬著十八架點鈔機，也朝停車場入口走去。到了樓梯口，兩條人龍匯流，魚貫順階梯而下，去了停車場，十信弊案剝皮大戲，就此敲鑼開場。

4 大安分社

七十四年元月五日下午三點四十分左右，台北市信義路、建國南路口，十信大安分社。這是棟四層矮樓，兩面臨街，外頭就是建國南北高架橋。這天，是星期六，上半天班，中午十二點就打烊，拉下鐵門。午後，則是盤點清帳，這時候，帳也結得差不多了，有些員工就此下班，多數同仁還在，了結最後工作。有人開了收錄音機，壓低音量，放著鳳飛飛〈流水年華〉。男男女女，幾位同事雖已了事，卻好整以暇，沒打算離開，反而聚在一起，討論今年尾牙該在哪兒舉辦。

有個男員工，臉上面皰疤痕多，兩隻手還套著防墨水污漬袖套，瞪著眼睛道：「去年那尾牙，實在不像樣。今年，我們該向上面爭取，去來來飯店辦尾牙。」

對面一女同事，頭髮才新做過，腦門上那一片髮絲灑多了膠水，高高吹了個門，眨著眼睛道：「不可能啊，來來飯店，夭壽咧，那價格多貴，一頓尾牙，那要花多少錢？上頭不會答應的啦！」

面皰男回道：「貴他的阿媽啦！都是他們蔡家產業，我們老闆和來來老闆是親兄弟，只要老闆肯替我們講幾句，有什麼不可能？來來飯店一樓那自助餐廳，一進去，向左走，好大一片。那自助餐廳當中，還擺了個木頭雕出來的龍船，上頭都是新鮮海產。咱們給蔡家賣命，吃個尾牙，去來來飯店一樓吃自助餐，不算過分。」

這分社經理，此時坐在經理大辦公桌後頭，腦袋枕著高背皮椅，正打著私人電話，聲量不小，忙著與友人敲地點，看看今天晚上，到哪家酒廊消磨週末夜晚。

經理那頭打電話，同仁這頭講尾牙，你一言，我一語，說得正高興，驀然間，就聽見門鈴持續大響，鬧著眾人心慌。轉頭一看，鐵門外頭站了一堆人。經理還沒掛上電話，面皰男就直往前衝，衝到鐵門邊，打量外頭這群人，心裡默數，共有八人。

四個男人，都穿「青年裝」，瞧著就是公務員，其中一人抱著一架機器，瞧著依稀像點鈔機。其餘三人，手裡抱著好幾包影印紙，以及影印機碳粉筒。兩個女的，穿著就像銀行職員。再來，就是兩警察，都穿警員制服，臂章上頭，繡著「保安警察第四總隊」。

面皰男心中驚疑不定，不曉得這幫人是何方神聖，就張口詢問道：「我們已經打烊了，你們有什麼事嗎？如果要存款或提款，要等後天星期一上午九點，我們才開門營業。」

語音才落，穿青年裝四人當中，一個理平頭傢伙越眾而出，掏出證件道：「我姓張，是中央銀行金融業務檢查處第一科科長，這是我的服務證。我們奉命今天到此，對貴分社進行金融業務檢查，請你馬上開門。」

面皰男還沒來得及搭腔，經理過來了，滿臉狐疑問道：「不會吧？我們是信用合作社，算是基層金融機構，依照法律，是由台灣省合作金庫，檢查我們帳務。每次檢查，事前都有通知，怎麼今天由央行檢查，我們沒接到通知啊？」

隔著鐵門，那央行金檢處張科長拔高音量，用力質問道：「好啊，我們還沒執行金檢，就找到金檢漏洞。你剛才說什麼？合庫每次金檢，事前都有通知？依據金融檢查法令，金融檢查不得事前通知，光是這一項，就足以證明你們大有問題，連合庫金檢，都事前得到風聲，可以預作準備。」

那十信大安分社經理，剛才還與死黨電話討論今夜何處去逍遙，腦袋還沒醒過來，驀然間，就說溜了嘴。這時，被鐵門外央行金檢科長抓住話語漏洞，嚇得背後直冒冷汗，一時之間，失了主意，不曉得該怎麼辦？

鐵門外頭，張科長再度出聲威嚇：「還不開門？你懂不懂法律？依照《中央銀行法》、《合作社法》、《信用合作社管理辦法》、《金融機構受託統一管理信用合作社暫行辦法》，我們有權進來遂行金融檢查。你再不開門，我就找管區警員，帶著鎖匠、焊工來，把你這鐵門弄垮了，我依然進得去。到時候，你就得吃妨礙公務官司。」

幾句話一說，經理就範，慌忙做個手勢，要面皰男按電鈕，開了鐵門。鐵門緩緩升起，八人金檢小組入內。張科長不慌不忙，先拉了張椅子，鞋子都不脫，就站上椅子，居高臨下，扯著嗓子，大聲言道：「諸位十信同仁，不要驚怕，我們到此是查帳，不是查人，與各位無涉。不過，各位現在馬上停止辦公，所有未清帳目，全都擱置，所有帳本就此維持現狀，放在桌上。離手，離手，別再碰傳票、帳本。」

在場眾男女職工，從沒碰過這場面，自然難免驚嚇，但也都順應服從，擱下未盡工作，閃在一旁。張科長見狀，伸手指著經理道：「你，派兩個同仁，配合我們，其他同仁，如果要下班，聽其自便，隨意離去。」

說完，張科長下了椅子，口氣急促，對經理道：「開金庫，馬上開金庫。接著，看帳本，先看現金帳本。所有存款帳、放款帳，還有其他各類帳，全把帳本準備好，但首先，拿現金帳本來。我知道，你會打電話出去，四處報告。這一段，我不管，只要你把帳本全拿出來，就沒你事了，你盡自打電話報告去。」

說罷，張科長拍拍手掌，對著同來其他七人道：「兩位稅務員，把影印紙包拆開，這兒有兩架影印機，開始影印帳本。萬一影印機碳粉用完了，就換上我們帶來的碳粉筒。兩位保警同仁，如果場面沒問題，就過來幫忙搬帳本，搬去影印機那兒，幫著影印。兩位中信局女同仁，那兒有張空桌子，把點鈔機裝上，馬上準備清點現鈔。」

張科長指著另一位央行金檢科同仁道：「王專員，你去看現金帳本。我在這兒看點鈔。」分社經理開了金庫，這保險箱挺大，裡頭一疊一疊，堆滿千元面額現鈔。張科長順手抄起一疊現金，上頭用毛邊紙緊實紮捆。張科長歪著頭，問經理道：「老規矩，一疊一百張？」那經理點點頭。張科長對經理道：「找你們同仁過來，幫忙搬現金，把金庫裡鈔票，全搬到放點鈔機那桌上去。此外，你要派至少兩名同仁，看著我們點鈔，作證，證明點鈔正確，證明我們沒有盜取現鈔。」

這張科長，在央行金檢處頗有資歷，金檢場面見多，指揮若定，讓跟來諸人迅速各就各位。大安分社經理依言，找社內同仁過來，把金庫紙鈔搬往點鈔機那兒，並觀察點鈔作業。

工夫不大，那頭影印機嗡嗡作響，印起了帳本；這兒，點鈔機也刷刷運作，算起了鈔票。金融機構作業謹慎，這大安分社庫存現金，每一疊一百張千元鈔票，放上點鈔機，嘩嘩嘩嘩，瞬間就點完一疊，一百張，沒問題。點完，同一疊鈔票，翻過來，再放進點鈔機，再點一次，嘩嘩嘩嘩，還是一百張。

如此這般，連點十幾疊鈔票，均顯示每疊為一百張千元鈔票。張科長心想，每疊鈔票額度十萬元，不至短少，因而，邊讓點鈔機繼續點鈔，邊用手指點數鈔票疊數。拿手指頭慢慢仔細觸摸，一一點數過去，結果，數了兩百三十一疊，數額為兩千三百一十萬。庫存現金之外，櫃台那兒，另外還有零散現鈔，頂多幾十萬元，無足輕重。

張科長心裡默記這數字，走兩步，繞過一列桌子，到了王專員那兒問道：「怎麼樣，現金帳額度是多少？」

這現金帳簿，厚厚一疊，羅列過去五年現金進出。不過，今天央行金檢處所要者，僅是最新餘額。今日營業結束，帳務尚未完全結清，因而，這現金帳簿最新餘額，還是昨天，亦即民國七十四年元月四日餘額，共三千五百六十八萬餘元。

見此金額，張科長漲紅了臉，語氣興奮，對著那十信大安分社經理道：「你們死定了，現金帳目與庫存現金額度不符，短少一千兩百餘萬。以前合庫金檢，你們事前都獲線報，到處搬現金充數，每次都帳、金兩符。這一回，我們央行金檢處出馬，十八家營業據點，同時並舉，可抓到你們尾巴了。」

這話說完，張科長、分社經理，各自抓了電話，向上稟報。張科長這電話，直接打回央行金檢處，處長程光蘅接聽電話，張科長簡短報告：「處長，大安分社這兒，點鈔機還在作業，但我們目視清點，與現金帳核對，現金短少約一千兩百餘萬。」

電話那頭，金檢處長程光蘅道：「張科長，幹得好，錢副總裁就在這兒坐鎮指揮，你親自向他再報告一次。」

十信分社經理，也忙不迭打電話，打到南京東路總社，找總經理報告。時為下午四點半，冬天，台北天氣陰寒，總社總經理辦公室裡，所有人等早就下班，無人接聽電話。於是，這經理又無頭蒼蠅一般，翻著公務電話號碼簿，四處撥打電話。後來，好不容易打通一個號碼，驚惶失措不停喊道：「快點找總經理！什麼？人不在？打呼叫器啊！呼叫總經理，家裡出事了，央行派人攻進來了，十七家分社與營業部同時被攻。」

一旁，面皰男低聲對在場男女同事道：「完蛋了，這回，一定出大事，弄不好，大家飯碗都要砸掉。看樣子，蔡老闆樹大招風，踢到鐵板，惹出禍事，事情大條，要死一堆人了！」

5

來來飯店

這飯店，位於忠孝東路、鎮江街口，正對面是內政部警政署，左前方斜對面是行政院新聞局老舊雙層樓房，右前方斜對面則是善導寺。這位址，早年大大有名，是國防部軍法局、警備總部軍法處地盤，兩軍法單位還附設看守所，多少政治犯，都在這度過等待歲月。如今，卻成了台灣首屈一指頭號觀光大飯店，附近重量級政府單位環繞，行政院、監察院、立法院都在幾百公尺範圍內，整日裡官場上大人先生們往還不絕，在這飯店裡進進出出。

民國四十年代，政府遷台未久，百廢待舉，台北簡直沒什麼像樣應酬之地。那時，紳士淑女、大亨名媛講究去愛國西路自由之家、懷寧街中國之友社、以及新生南路空軍新生社，這幾處場所偶爾辦場茶會，或者舉行國際記者會，就夠台北上流社交圈子翻騰半天。偶爾，美國影視紅星來台，宣慰駐台美軍之餘，順便在總統府對面三軍球場，為本地迷哥迷姐表演一場，就見小太保梳著油光光貓王飛機頭，小太妹穿著蓬鬆鬆桃樂絲黛連身裙，大跳扭扭舞，滿場亂飛，也是台北摩登流行圈子一景。

到了民國五十年代，經濟漸有苗頭，幾家觀光飯店也落成啟用，敦化北路中泰賓館、中山北路圓山飯店，續領台北交際圈風騷。並且，駐台美軍人數眾多，美軍俱樂部散布各地，台北宦門商賈子女，講究搭關係，託人情，進圓山美軍六三俱樂部、中山北路美軍林口俱樂部、公館基隆路美軍十三航空隊俱樂部，吃美國牛排，跟著現場樂隊跳阿哥哥舞。

民國六十年代，台灣經濟已然起飛，台北宴飲勝地又有新景致，火車站前，平地起高樓，冒出希爾頓大飯店。講究排場之輩，趨之若鶩，要趕流行，就上希爾頓。其他，國賓飯店、統一飯店、華國飯店、中央飯店，則緊追在後，踵事增華，襯托一幅燈紅酒綠夜生活美景。

如今，到了民國七十年代，景象又有不同，酒色財氣冒出不同新風貌。若論等級之高貴，若論場面之恢弘，若論洋氣之充沛，這來來飯店，可謂首屈一指，獨樹一格。這飯店，是國泰集團蔡家產業，眼下由蔡辰男主事。蔡老闆眼光獨到，精於古董字畫，藝術風味夾雜鈔票氣息，既抬文藝書卷身價，又增孔方資財之利。來來飯店，物如其主，就是藝術風味夾雜鈔票氣息典範，價格貴，等級高，能進來來飯店，就是身分象徵。

這飯店，全稱叫「來來香格里拉飯店」，因價位門檻高，市井小民以閩南語，取其諧音，稱之為「來來誰叫你來飯店」。這俚俗之語，自民國七十年三月，飯店開啟營運，至今四年，始終沒斷過。

然而，同樣是來來飯店，裡頭不同樓層，也有三六九等之分。概括言之，一樓大廳自助餐，那只能算是入門場面，讓人開開洋葷，長長眼界。真正貴中之貴，真正高人一等之地，則是十七樓俱樂部。這俱樂部，等閒之人，不得入內，算是來來飯店內一塊租界，只有鈔票夠多，頭銜夠高，來頭夠大之輩，才有資格問津。這俱樂部，除了氣派大廳，供仕紳名流交際應酬之外，還附設三溫暖浴場、健身房、迴力球場。

來來飯店，鈔票門檻甚多。進來來飯店，是一道鈔票門檻。要上十七樓俱樂部，又是一道更高鈔票門檻。十七樓俱樂部，起碼門檻為三十萬元。繳納三十萬元入會費，可獲得會員卡一張。憑這卡，可入俱樂部，但也就是張入門卡而已。進了俱樂部，種種消費，都要另外付費，譬如，拿了會員卡，雖可進俱樂部洗免費三溫暖，但擦背、捶腿、修腳等服務，卻得另外支付高價。十二人一桌酒菜，起價就是一萬五千元。

來來十七樓俱樂部，一張會員卡，就是三十萬元。此時，台北市興隆路三段新起造五層樓公寓，一戶室內實際面積二十七坪，售價一百二十萬元。四張來來飯店十七樓會員卡，就可買下一戶興隆路三段二十七坪公寓。

實力派生意闊佬，無不以來來飯店十七樓會員卡為榮，如有這會員卡傍身，走路都能生風，身價自然不同。然而，就算進了十七樓俱樂部，還另有門檻。在十七樓俱樂部，會員卡，也就是基本消費而已。在會員卡之上，還有貴賓卡。

會員卡，看錢說話，只要鈔票夠，三十萬砸過去，會員卡飛過來。而那貴賓卡，則是看人說話，光有錢沒用，還得看身分，看地位，看頭銜。概括而言，蔡辰男、蔡辰洲兩兄弟，將這十七樓俱樂部，視為結交黨政軍權貴銷金窩，只要身價夠，不必開口，不費分文，來來飯店十七樓俱樂部貴賓卡，就從天而降，免費贈送。

官場上大人先生們，生性各有不同，有些人，像是行政院長俞國華，蔡家兄弟也曾送過來來貴賓卡，但俞國華潔身自好，從來不曾來過。但更多黨政軍大員，卻敵不過內心那股「大丈夫當如此也，有為者亦若是」驅動之力，成了蔡家兄弟囊中之物，時不時就進來來飯店十七樓這銷金窟，安營紮寨，宴飲享樂。

這一天，七十四年元月五日星期六，中午時分，中山堂前隆記菜館央行金檢處三十八名好漢聚餐之際，不到兩公里之外，來來飯店十七樓，亦是人氣翻騰，頗為熱鬧。

經濟部長徐立德今天來得早，這時剛洗了三溫暖，捶過了背，修過了腳，穿著白毛巾布浴袍，晃蕩晃蕩，走了出來。這人，堪稱政壇怪傑奇葩。他搞人事組織出身，並非財經專業科班起家，卻能在五十啷噹年歲，先後出任財政、經濟兩部部長。他在官場上並不隸屬任何門派，他不是誰的入室弟子，他不是誰的門生羽翼，他底下也沒有入室弟子，他身邊也沒有門生羽翼。他以光桿闖將姿態，縱橫官場幾十年，總是能夠在最不可能的時機，從最不可能的角度，殺出一條血路，開創一片基業。

這人絕頂聰明，腦子靈，嘴巴利，手腳快，儀表正，自台灣省行政專科學校畢業之後，一路在幾個衙門人事處打滾，後來冒了出來，當行政院第五組組長，才具漸漸受到強人賞識。後來，先後當過財政部次長、台灣省財政廳長。民國六十九年，他拿到美國艾森豪獎金，在民國七十年春天，去美國展開考察之旅。這艾森豪獎金，專挑開發中國家五十歲以下政府菁英，送到美國去，考察一年。在台灣，政府高幹凡獲艾森豪獎金，赴美鍍金後，他日必定飛黃騰達。

果不其然，徐立德民國七十年上半年，拿艾森豪獎金，去美國考察。不過半年，還在考察途中，強人就在七十年十二月，將他召回，升任財政部長。這人聰明伶俐，辯才無礙，作風強勢，但就是為宦求仕之心太旺，凡事高調，總是強出頭，管不住自己那張嘴，經常因言賈禍，政壇上仇人不少。這還不打緊，最要命的是，這人喜好侍候奉承，故而與國泰蔡家往來密切，成了蔡家超級門神，對蔡家呵護有佳。

這一期《財訊》月刊有篇文章，專講徐立德與蔡家關係。《財訊》月刊說，徐立德除了當經濟部長之外，還兼任「中華民國管理科學學會」理事長。本來，這機構在博愛路設址辦公，場所不大，空間有限。兩年前，管科會遷往羅斯福路口仰德大廈，局面豁然開朗。這當中，蔡家兄弟贊助頗多，玉成此事。徐立德當管科會理事長，在管科會也有間辦公室，裡頭掛了一副對聯，上聯是「風捲竹聲來午枕」，下聯是「雨蒸花氣入丁簾」。《財訊》月刊說，這幅對聯，雅是雅，但卻為有心人影射，說這分明指的是去來來飯店十七樓俱樂部，洗了三溫暖之後，午睡片刻，愜意非常。

徐立德與國泰集團蔡家，關係之親密，由《財訊》月刊報導，可見一斑。前幾年，官面上，他是財政部長，管著台北第十信用合作社、國泰信託投資公司，這兩家金融機構持續違規，他責無旁貸。私底下，他卻與國信老闆蔡辰男、十信老闆蔡辰洲往來密切，交情不淺。就這樣，如何管得好這兩家金融機構？

徐立德當財政部長兩年半，台北十信違規放款翻倍，底下台灣省合作金庫、台北市財政局，外加旁邊中央銀行金融業務檢查處，不斷有告急公文，往上呈報，懇請財政部儘速採取治本之道。對此，徐立德往往從輕發落，並且，總是轉請合庫與台北市財政局處理。如此，財政部佔得住立場，都有處置指示，要合庫與財政局進駐輔導。橫豎，底下有公文報上來，徐立德總是從輕處置，拍拍頭，打打屁股，如此而已，導致蔡辰洲愈發肆無忌憚。

徐立德養癰貽患，還有其他原因。國民政府民國三十八年潰敗之際，吃足金融風暴苦頭，因而，國府遷台後，施政力求金融安定。台北十信規模龐大，是全台灣所有信用合作社龍頭，是天下第一社，若嚴辦十信，必然會激出擠兌變故，不利金融安定。因而，戳破膿包，徹底偵辦，搞得膿血四溢，還不如因循苟且，養癰貽患，繼續胡混。一年半之前調查局長阮成章一度想端掉十信，後來受了壓力，末了，就是以「安定金融局面」為由，自找下台階，不了了之。

果然，半年前，去年六月，內閣異動，他在強人心內，依舊聖寵不衰，兩年半財政部長之後，又轉任經濟部長。才上任沒幾天，接二連三，台北縣煤礦不斷出事，壓死兩百多礦工。礦業歸經濟部管，他上任沒多久，接連密集出了三次煤礦災害，外頭罵聲連天，壓力極大，他都一一頂住，毫不退讓，強人也沒動他。

黨政軍高官群裡，要數政商關係，徐立德不是第一，也是第二。他高爾夫打得極好，一般而言，若要打好高爾夫，貴在自幼拜師學藝，最遲，青少年時期，就得摸桿下場。徐立德不一樣，他成年後才打高爾夫，球藝卻是技壓群官，有「業餘第一、職業最末」之譽。那意思是說，其高爾夫球技，已超越業餘境界，直追職業選手。就這樣，高爾夫球打下來，多少豪門鉅富、企業家族，都入了徐立德人脈網路。為此，他與官商兩界諸大人先生們，組了個高爾夫球隊，名曰「車馬炮」。

前幾天，蔡辰洲就提早通知，說是今天弄個擴大餐會，給中央黨部祕書長蔣彥士慶生，吃日本料理，大家好好慶祝慶祝。其實，蔣彥士生日在二月，現在才元月初，怎麼看都差得遠，八竿子打不著。徐立德明白，這也就是個名目，反正，蔡辰洲隔三差五，總要在這兒大宴賓客，校閱黨政軍大員，展現蔡氏兄弟人脈能量。因而，今天週六中午一下班，徐立德就離了經濟部，直趨來來飯店十七樓。

這會兒工夫，都下午兩點多了，徐立德洗完三溫暖，晃到俱樂部外廳，就見財政部長陸潤康，急急忽忽進了俱樂部。徐立德張口問道：「老陸，搞什麼鬼，今天星期六，蔡立委給蔣祕書長做壽，晚上吃飯，下午先洗澡刮皮，舒坦舒坦，你怎麼這樣晚才到？」

這陸潤康，也是五十多歲，紫紅臉膛，頭髮中分，講話略帶江南無錫腔調，走得快了，有點喘氣回道：「哎呀，本來可以準時下班，誰知道，臨時跑出大事來，折騰了將近兩個小時。幸好，事情解決了。」

陸潤康，出自東吳大學法律系，深受財經大老李國鼎提拔。台灣財金經領域，論起人脈，約略有兩大體系。一派，以俞國華為綱領，往下延伸，子弟遍布所有公營金融機構，無論省屬行庫或國營行局，副總經理，甚至重要經理職位以上人事，俱由俞國華親手掌控。另一派，則以李國鼎為馬首，以這人名字英文簡寫，稱為「ＫＴ派」，人脈涵蓋財稅、經濟兩領域。這陸潤康，即是「ＫＴ派」大弟子。其他「ＫＴ派」重要弟子，包括王紹堉、李模、王昭明等等，而關門弟子則為王建煊。

李國鼎擔任財政部長七年，其間，陸潤康遍歷財政部大小主管職位，他當過關務署長、台北市國稅局長、主任祕書、中央信託局長、財稅資料中心主任等重要職務。之前，徐立德當財政部長時，陸潤康是政務次長，因而，徐總是喊他「老陸」。現在，徐是經濟部長，陸是財政部長，兩人一般大，當著外人面，徐喊他「陸部長」或「潤康兄」，背地裡，要是沒外人，徐照樣喊他「老陸」。

徐立德聽陸潤康說，財政部出了大事，剛剛才解決，不禁好奇，一邊拉著陸潤康，找張沙發坐下，一邊問道：「什麼大事，把你急得這樣？」

陸潤康嘆口氣答道：「唉，小鬼跌閻王，想都想不到，有這種怪事。台北市國稅局審查一科，來了個毛頭稅務員，政大財稅系畢業沒多久，剛服完兵役，乙等稅務特考及格，才分發下來沒多久。這小毛頭，到了審查一科，挺認真，翻查歷年檔案，然後，拔了雞毛當令箭，竟然打電話通知《聯合報》、《中國時報》，說是兩家報社歷年營利事業所得稅帳目不清，他要親自細查。」

徐立德聞言大笑：「老天爺，這不是沒事去摸老虎屁股嗎？兩大報，報老闆都是中常委，那氣勢還了得，一個毛頭新進稅務員，這不是自討苦吃？」

陸潤康答道：「是啊，就是今天上午，兩家報社都打電話到我那兒，火氣挺大。我趕忙撥電話，問國稅局侯局長，到底是怎麼回事？侯局長說，他與審查一科科長，都找這小稅務員談過，拿軟話勸過，但都沒用，小夥子硬氣得很，講些什麼依法課稅、社會正義之類大話。」

徐立德又問：「然後呢？」

陸潤康道：「然後呢？還能怎麼然後？我趕忙連絡《聯合報》、《中國時報》，要他們派管事的過來，咱們當面鑼，對面鼓，把話講清楚。今天中午，國稅局侯局長帶著審查一科科長、毛頭稅務員，先到我辦公室，我也找了賦稅署長老薛，一起陪著。然後，《聯合報》派了總經理劉昌平，《中國時報》也派了總經理，余老闆表弟儲京之，就在我部長室，關起門來，把話講清楚。

「人家兩大報可是準備充分，都帶了大批帳冊過來。不是稅務帳冊，而是財務帳冊。《聯合報》劉昌平，攤開捐注中華田徑協會經費帳冊，說《聯合報》老闆王惕吾，擔任中華田徑協會理事長，《聯合報》花大錢，請了一九七六年蒙特婁奧運會男子一百一十公尺高欄冠軍，一個叫摩斯的傢伙，到台灣來，示範十三步跨欄法，花了多少鈔票，都不能扣抵稅款。」

「《中國時報》儲京之，也有帳本，說是《中國時報》老闆余紀忠，擔任中華籃球協會理事長，《中國時報》撐著籃球協會，每年暑假都辦威廉瓊斯杯籃球邀請賽。籃球協會那點經費，根本不夠，都是時報貼錢。這些錢，也不能拿去抵稅。這下子，輪到兩家報社神氣了，兩人問那毛頭小稅務員，兩報丟進田徑協會與籃球協會資金，又該怎麼辦？」

「講起來，兩大報深受國家政策保護，那印報機，簡直就是印鈔機，機器一開，花差花差，表面上是印報紙，其實就是印鈔票。要他們多繳點稅，也不為過。只不過，兩大報勢力大，財政部也惹不起，所以，我不能讓兩方面僵著，得出來講幾句公道話。再怎麼說，我是財政部長，以前也當過台北市國稅局局長，這稅務員雖然不懂事，但總是自己人，不能由著外人奚落這孩子。因而，我想了個辦法，訂出三個條件，總算說得兩家報社與稅務員都點頭。」

徐立德依舊忍不住發笑，問道：「哪三個條件？」

陸潤康道：「第一，兩大報以後申報營利事業所得稅時，獲益率必須比《中央日報》高。第二，兩大報以後每年營業額，必須年年成長。第三，兩大報必須約束自家員工，管好家裡人，不能有員工出面檢舉，否則，若有檢舉，國稅局還是得專案查帳。就這樣，勉強把兩面都壓服，那毛孩子稅務員，也點頭認可。」

徐立德撫掌一拍道：「好，老陸，有你的，果然當過國稅局長，對財務、稅務都有概念。」

陸潤康道：「欸，這還是小事，大家腦袋都清楚，都講道理，實在不算什麼。你是我前任，也當曉得，真正要命的，還是情治人員所得稅。這事情，擺明了就是個地雷大陣，不定什麼時候，不定什麼人，只要不長眼睛，踩了上去，就天搖地動，不死也剝一層皮。」

徐立德聞言，兩手一擺，微微笑道：「別說喪氣話，這也不是一天兩天的事了，歷任財政部長任內，都沒出過事情，你在財政部當家作主，福大命大，什麼都不怕，不會出事的。」

陸潤康道：「這也難說，現在黨外勢力愈發興旺，火苗愈燒愈大。我真怕哪一天走了風聲，洩了天機，被黨外抓到這根小辮子，財政部就慘了。」

徐、陸二人所說這神祕「小辮子」，徹頭徹尾違逆所得稅法，卻存在多年，財稅當局假作不知，蒙頭姑息，不敢管，也不能管。這「小辮子」，就是情治人員不報所得稅。

照所得稅法規定，除了軍人、國民中小學教職員等特定職業，薪資所得免稅之外，其他人等，只要有薪資所得，都需申報所得稅。然而，包括調查局在內，諸情治單位都以工作敏感，必須保密為由，拒絕申報所得稅。譬如調查局，上自局長，下至工友，就是每個月領薪水時，以「就源扣繳」形式，稍微扣一點所得稅，就算完事。

每年春天，申報所得稅時，情治機構所有同仁，全部免申報所得稅。如此一來，影響重大。因為，情治機構員工除薪資所得之外，還可能有其他所得，譬如，房子租出去，有房租所得；又譬如，在外頭兼課、寫稿，有鐘點費、稿費所得；三譬如，情治人員賣了名下房子，有房屋交易所得。這些所得，依法須與薪資所得合併，加總之後，申報所得稅。

此外，根據所得稅制，夫妻二人必須合併申報，兩人所得加起來，適用較高稅率。若夫妻一方不必申報，那麼，僅有一人報稅，稅額自然偏低。這道理，三尺豎子用腳底板想，都曉得這是嚴重漏稅。尤其，這不是個別情治人員漏稅，而是整個情治圈集體逃稅，這是制度逃稅，情節重大。

一般市井小民，普通上班族，要是短報所得稅，國稅局必然追魂索命，死纏爛打，補稅加罰款，枷鎖一般，緊緊套住，逃都沒處逃。如今，調查局等情治人員，卻堂而皇之，公然逃稅，財政部卻是明知故縱。這事情，要是被黨外立法委員曉得了，就此揭鍋，醜事鬧開了，財政部從上到下，吃不了，兜著走，弄不好，部長烏紗帽都得落地。

陸潤康當過台北市國稅局長、財政部政務次長，現在又是財政部長，當然曉得此事嚴重性。這事，就成了他一塊心病，不能處理，也沒法子處理。真要依法處理，財政部惹不起調查局，必然碰釘子；不處理，這事情就像個定時炸彈，擺在那兒，一想起來，心裡就發毛。

對此，前任財政部長徐立德只能撿好話，安慰陸潤康道：「老陸，別想太多。天塌下來，有長人頂著。這事情真要鬧開了，大老闆要替我們頂著，財政部又不是故意放縱，實在是大環境如此，我們也沒辦法。」

兩人閒談至此，就見蔡辰洲領著一大群立委，姍姍而入。這批人，比手畫腳，聲浪頗大，狀至逍遙。陸潤康對著徐立德，低聲咕噥道：「十三兄弟，今天都到齊了！」

徐立德見狀，拉著陸潤康，站到一旁角落，對陸潤康說，他還穿著浴袍，得去把西裝換上。陸潤康在原地等著，不一會兒工夫，徐立德換上西裝出來，兩人會齊，朝十三兄弟幫立委走去。

一旁，蔡辰男也現了身影，對眾人道：「人都到齊了吧？離晚飯時間還早，我先要他們準備了些海鮮點心，大家先吃點。東西不多，但都是今天上午才從海裡撈捕，剛從澎湖空運過來，正新鮮著，大家嚐嚐味道。等晚一點，壽星到了，才吃晚飯。」

說完，蔡辰男出聲召喚，招來總務人員，向在場所有人派發戲票：「前幾天，一月三日晚上，建中對面國立台灣教育藝術館，演了一齣舞台劇，叫《那一夜，我們說相聲》，李國修、李立群主演。很厲害啊！這兩個人學講北京相聲，京腔京調，學得很像，講的內容也幽默有趣。這舞台劇要巡迴全台，表演二十二場。國立台灣藝術教育館這裡，還會加演幾場。這兒，是一點心意，這舞台劇的票子，請各位去觀賞這表演，藝術性很高的。」

之後，眾人陸續移駕，往套間而去。邊走，陸潤康邊低聲問徐立德道：「有沒有聽到什麼風聲？好像最近有點怪怪的，搞不好，會出什麼事情。」

徐立德聞言大奇問道：「你說什麼？你聽到什麼風聲？」

陸潤康說：「我也不知道，就是中午找國稅局與報社代表談事情時，台北市國稅局侯局長閒閒講了件事，說是中央銀行向國稅局商借稅務員，說是配合作業，到底要幹什麼，連侯局長都不知道。另外，你也曉得，我當過中央信託局局長，也是今天上午，有個中信局老部下，有件業務，專程過來看我。談完事情，兩人閒聊幾句，那中信局老部下說，中央銀行向中信局調借點鈔機與女行員，說是配合作業。」

「很奇怪啊，央行有什麼大事，要國稅局與中信局支援？這裡頭，不曉得有什麼膏藥，你聽到什麼風聲沒有？」

徐立德道：「沒有啊，我現在在經濟部，和稅務、金融這一塊地盤，比較疏遠。到底是怎麼回事，你現在是財政部長，應該比我清楚。」

陸潤康道：「這就不管他了，過兩天就曉得了，說不定，就是作業演習之類玩意兒。央行總是這樣，神祕兮兮，事情都不講明白，這也是他們一貫作風。」

說到這兒，眾人入座。就見蔡辰洲獻寶一般，要服務生搬出兩個罈子，對眾人道：「去年七月間，金門防衛司令部特派專人，送了兩條大黃魚，還有兩罈子金門高粱。那黃魚，當然馬上吃了，而高粱酒，則一直擺著。今天諸位好朋友齊聚一堂，就把這兩罈高粱喝了吧。金門高粱，一般都是玻璃瓶裝，像這種罈裝高粱，很希貴哪，這也是金防部一點心意。」

說罷，蔡辰洲從酒罈上取下一張卡片，揚了揚手，對眾人道：「金防部當時還特別寫了張卡片，殷殷致意。」

旁人沒說什麼，陸潤康卻覺得突兀，心想，這金防部高官也太大意了，軍方將領與商人結交，已經犯了強人大忌，竟然還留下紙條，實在不可思議。若這紙條外流，為強人所知悉，這金防部高官前程也就算完了。想到這兒，陸潤康伸手點指，對蔡辰洲道：「什麼卡片，我瞧瞧。」

蔡辰洲不當一回事，走了過來，順手將這卡片，交給陸潤康。陸潤康歪歪身子，從西裝口袋裡掏出老花眼鏡戴上。徐立德坐陸潤康身旁，也戴上老花眼鏡，歪著脖子，湊著腦袋，與陸潤康同看這卡片。

這卡片，正面寫著：「耑達，台北市忠孝東路國塑關係事業總管理處，劉副董事長遠程勛啟。」把卡片翻過來，背後洋洋灑灑，寫了不少字句：「遠程副董事長勛鑒：頃讀惠輔，渥蒙關愛，玉承贈來來俱樂部會員卡，銘感五內。茲特著人，送上金門土產黃魚兩尾，罈裝酒兩罈。區區微意，敬希莞納是荷。順此順頌，勛祺。七十三年七月十一日。」

陸潤康看完這卡片，悄然塞還給蔡辰洲，繼而看看徐立德，兩人眼神交會，都微微搖頭，盡在不言中。兩人所盡在不言者，是這金防部高官，未免太不了解行情，一張來來俱樂部會員卡，其實不算什麼。眼下這套間裡，所坐十幾人，無論部長、立委，哪一位不是口袋裡裝著來來俱樂部貴賓卡？會員卡，遜貴賓卡遠矣，如今，這金防部高官，堂堂將領，送他一張會員卡，就如此卑躬屈膝，寫了這麼張感謝卡，實在自跌身分。尤其，這會員卡還不是蔡家兄弟具名所贈，而是由蔡辰洲手下，國塑企業總管理處副董事長所轉交，簡直是存心欺耍軍方將領。

這套間大，十餘人圍桌而坐，人人都張口講話，滿室嗡嗡之聲。驀然間，就隱約聽見套間外頭櫃台，電話直響，而蔡辰洲西裝口袋裡，呼叫器也嗶嗶嗶嗶直叫喚。蔡辰洲正忙著與十三兄弟立委扯淡，一時間，倒沒注意呼叫器響聲。十三兄弟裡，就屬王金平最機靈，當下用手指頭輕戳蔡辰洲肩頭道：「喂，你的BB Call響了，有人找你。」

就在這當口上，外頭櫃台服務員緩步而入，彎腰低聲對蔡辰洲道：「理事主席，外頭電話找您。」

蔡辰洲步出套間，到櫃台接聽電話。不遠處，蔡辰男則與日本料理大師傅，討論今天這批澎湖空運高級海產，該如何處理。蔡家兩兄弟，雖是同父，卻也異母，兩人長相類似，但個性頗有差距。哥哥蔡辰男較內斂，琴棋書畫、藝術古玩，頗有功力，妥善將生意經帶入古玩書畫，既鑑賞又致富。

前些年，有次聚會，也是高官雲集，要員滿座，蔡辰男當場現出兩幅張大千國畫。那兩幅國畫上頭，張大千都題了字，起頭就是「辰男」二字。末了，則署名張大千，民國六十五年。那年，蔡辰男才三十六歲，就已經有本事，請張大千署名題字，畫出兩張畫作。這本事，他弟弟蔡辰洲就差遠了。蔡辰洲飛揚浮躁，姿態高，動作大，一度也學哥哥，跟著玩古玩字畫，但總難脫財大氣粗格局。

蔡辰男經營來來飯店，常對人說，這飯店就有如他的玩具，意指把經營來來飯店，當成調劑身心、舒坦情緒之事。也因此，他每天都仔細審視來來飯店各宴客廳賓客名單，如遇值得結交大人物，輒親自出面，提調飲宴，讓細節更加完滿。他明明是巨商大賈，卻總是不忘賣弄書卷氣，最近春節將至，他別出心裁，預備了一份別緻春節禮物，分贈各方。這春節禮物，不是菸酒，不是食品，而是一本「國語大辭典」。辭典裡，還夾著一張文情並茂毛筆信函，信上說，送這份禮物，為的是「達成書香社會的境界」。

今天，這十七樓俱樂部，部長、立委雲集，待會兒要給中央黨部祕書長祝壽，他自然格外打點精神，關注飲食細節。這會兒工夫，他邊與大師傅談話，邊審視弟弟蔡辰洲接聽電話。

就見蔡辰洲神色惶然，掛上電話後，又不斷撥出電話。每撥一通電話，三言兩語，簡短談話，即告掛上。之後，繼續再撥電話。見此光景，蔡辰男曉得，出大事了。

未久，蔡辰洲掛上電話，站在櫃台那兒，拿眼睛望著哥哥蔡辰男。四目交對，弟弟略略扭頭，示意哥哥到一旁小房間談話。兄弟倆進了小房間，坐在沙發上，隔著茶几，低聲交談。

沒待蔡辰男發問，蔡辰洲聲音略顯不安道：「阿兄，出了點事情。剛才才曉得，中央銀行金檢處下午同時突襲十信所有分社，硬闖進去，清點現金，影印帳簿。幾家分行打電話來，說是央行金檢處這次還帶了國稅局、稅捐處稅務員同行。不曉得，他們要搞什麼鬼？以前每次金檢，都是合作金庫派人來，我那兒早就打點妥當，好處給得很足，因而，每次檢查，事前都會通報。這次，不曉得為什麼，保密到家，看樣子，來意不善。」

「尤其，剛才聽分社經理說，央行金檢處的人打電話回央行，向副總裁錢純回報情況。看樣子，這次檢查事前避開了財政部、財政局，弄得我們措手不及。十信情況，我很清楚，一次同時檢查所有分社，庫存現金數量一定不足。這事情，可大可小，現在就是不曉得，到底他們要玩到什麼程度？是像以前那樣，查出毛病，勒令改善？還是說，有更兇狠手段，等著對付我？」

蔡辰男聞言，心裡不禁打了個冷顫，覺得兆頭不好。多少年來，弟弟蔡辰洲把合庫吃得死脫，每次合庫專案金檢，事前都有密報，告知在何時，檢查哪幾家分社。於是，十信這頭趕緊搬錢，玩現金大挪移把戲，趕在檢查之前，把受檢分社現金補足。甚至，有次補鈔延遲，合庫金檢人員都到了，都要開始檢查了，現金還沒補足。於是，就請合庫金檢人員原地坐等，等著運鈔車過來，就在合庫金檢小組面前，一五一十，把現鈔補足。等補足了，才開始金檢。

當然，天下沒有白放水的金檢。合庫金檢放水，十信這兒也付了代價，私下送錢、送禮、送招待不說，有事沒事，十信就舉辦各種專業講座，請合庫派人蒞臨開講。那授課費用，動輒萬元起跳。

蔡辰男心裡飛也似地，轉了一圈：兄弟倆多年來苦心孤詣，努力經營官場人脈，差不多地界，都澆水施肥，上下打點。政界，國民黨祕書長蔣彥士根本是自己人；立法院有十三兄弟幫圍事護法；軍方，早先有總政戰部主任王昇，王垮台，外放巴拉圭之後，其他軍頭也都有打點，關係頗好；主管部門，財政部、財政局、合庫，全都打通。然而，卻還有一片化外之地，怎麼樣也打不進去。

這塊化外之地，就是中央銀行。央行由俞國華當總裁，前後十五年半，俞總裁等閒不與商界往還，業者若有事找他，都是親赴央行，在總裁辦公室洽談，沒法子約出來宴飲應酬。大半年前，俞國華去當行政院長，由張繼正續任央行總裁。這張繼正，比俞國華還古板，硬梆梆一塊，水潑不入，錢買不通。總裁之外，副總裁錢純也頗難搞。這錢副總裁，話挺多，人也隨和，看起來好說話，其實卻是棉裡藏針，以為可以往下捏，真要捏下去，就會被尖針扎得皮破血流。

現如今，央行金檢處大舉出動，一傢伙突襲十信所有分社，看來，裡頭頗有文章，須得妥善肆應。想到這兒，蔡辰男對弟弟蔡辰洲道：「現在時間還早，天還沒黑，你趕緊走，帶著立法院這批朋友，想辦法去見央行副總裁錢純。看樣子，他是這回突襲金檢關鍵人物。對了，你們不必去央行，去了，也未必見得著。見著了，也不方便說話。要去錢純他家，打聽清楚了，晚上過去，非要把這事情打消不可。」

蔡辰洲問道：「阿兄，要是打消不了呢？」

蔡辰男道：「那樣，事情就糟了，不但十信要出大事，我那國泰信託，恐怕也要受到牽連。倘若，事情果真走到那一步，那麼，我們到時候另採對策。包子沒蒸爛，有沒蒸爛的吃法。倘若包子蒸爛了，我們就換個法子吃。」

蔡辰洲伸手虛點，指著大套間方向道：「那裡怎麼辦？」

蔡辰男道：「事到如今，哪裡管得了那樣多？你過去，直接說了，就說立法院有重要事情，要大家一起商量商量。然後，把人帶走。這兒不是談事情地方，你把人帶到你家裡去，或是帶到敦化南路那兒，都可以。你們好好商量，一定要想辦法，今天晚上就把事情打消。這兒，留給我，這頓晚飯還是要準備，包括那兩位部長，我都留住，待會兒蔣祕書長來了，照樣給他過壽宴，澎湖來的海產，今天還是得趁新鮮給吃了。」

6

信義成園

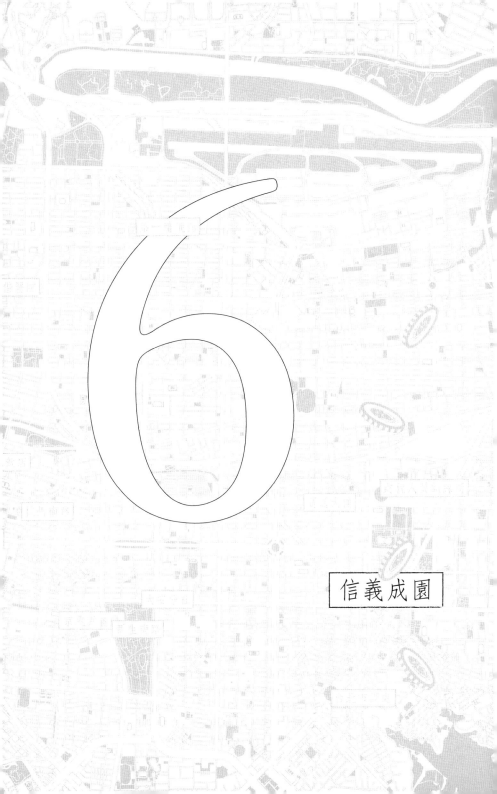

蔡家兄弟共有三個俱樂部，用以應酬政商關係。一個，是來來飯店十七樓，蔡辰男管著。另一個則在蔡辰洲信義路自宅裡，名為「成園」。第三個，則在敦化南路一棟大樓裡。三個俱樂部，功能各有不同。來來十七樓俱樂部，算是正式應酬場子，往來宴飲得拘著舉止規範，雖是舒坦暢快，還是得顧及規矩方圓，不得我行我素。敦化南路大樓那地方，則較隱密，在那兒宴飲，三朋五友，不拘形式，喉嚨扯得開，動作耍得大，揮灑自如，無所禁忌，遠比來來十七樓閒散。

真正放浪行骸，敞開盡歡之地，還是蔡辰洲私宅「成園」。這兒，布置不如來來十七樓精緻典雅，卻也是該有皆有，飲饌充沛。蔡辰洲常在這兒辦隱密私宴，所邀者盡為親信友好，席間，佐以影視當紅女星，鶯聲燕語，滿堂春意，宛如天上人間。

今天，情況不同，傍晚時分，蔡辰洲滿腹心事，進了私宅，一馬當先往前走，身後跟著一串立法院同儕。這幫人，進了「成園」，管事家僕見主人臉色不對，後頭那幫立委也是啞口無言，就覺得今日不比往昔，有點古怪，因而小心問道：「要準備晚宴嗎？家裡材料還夠，等個把小時，就可以端上來。」

蔡辰洲揮揮手道：「不要，不要，不吃晚飯，就是談事情，隨便準備點吃的，喝的，就可以了。」

這幫立委，幾乎皆是起自底層社會，幼時貧賤，今日雖貴為立委，吃啥有啥，但幼時飲食嗜好，仍是不改。蔡辰洲家大業大，成園廚房裡，各種吃食皆常川預備著。這批人，來慣了，「成園」管事早已知曉這幫人習性，因而，滴滴答答，拉里拉雜，送上一堆雜食。這裡頭，有冷有熱，有甜有鹹，有乾有濕，但皆為平頭百姓之物。三下兩下，僕歐就把大桌擺滿此類雜食，這裡頭，有熱咖啡、新沖高山茶、冰凍冬瓜茶、黑松沙士、華年達橘子汽水、可口奶滋、花生、瓜子、碗粿、肉粽、一鍋地瓜稀飯、幾盤台式小菜。

蔡辰洲瞧著桌上亂七八糟吃食，心裡更亂，臉色更臭。眾同儕瞧著，曉得今天出了大事，都瞧著領頭大哥劉松藩。劉松藩看看不是辦法，就張口出聲問道：「怎麼回事？來來飯店那兒，出了什麼事？怎麼一聲不吭，要大家撤，撤到這兒，也不吭氣？」

蔡辰洲轉頭環視這幫立委，嘆了口氣道：「唉，事情大條了，今天下午，中央銀行金檢處突襲十信，同時衝進十七家分社外加總社營業部。你們也知道，這幾年來，十信現金總是短少，檢查幾家分社，我還能對付，今天，一次查十八家，必然穿幫。現在，還不曉得他們搞什麼鬼？如果只是例行檢查，不會這樣神祕兮兮大陣仗，就怕他們有什麼進一步計畫，要搞垮十信。要是那樣，就很麻煩了。」

說完，低頭不語。眾人聽了，也是心裡打鼓。

今天這幫人，連蔡辰洲算上，共十一人。這一年多以來，外頭給這幫人取了個綽號，稱為「十三兄弟幫」。其實，也就是個聯誼會，並無正式名稱，這批人，從來不曾自稱「十三兄弟」。這稱號，是外界強加，也不知是誰，給取了這麼個綽號。甚至，這聯誼會到底有多少成員，也難說得緊。經常參與活動者，其實不只十三人；而外界若細數「十三兄弟幫」成員名稱，也總是言人人殊，各有定義。被點名稱為「十三兄弟幫」者，起碼有十五、十六人。

一年前，蔡辰洲當了立委，意氣風發，舉止拉風，很快在身邊聚集了這幫同儕。蔡辰洲是十信理事主席，十信就是金山銀山，無論多少鈔票，直接伸手往裡頭搬就是。故而，蔡辰洲就成了這幫人背後金主，但若論輩分，他畢竟淺短，因而，這聯誼會會長，得另外找人，於是，就由劉松藩領銜，當了會長。劉是增額立委，進立法院十三年，與資深、增額立委交情深，人面熟，深諳立法院生態。這人作風四海，江湖味十足，善溝通，長協調，當頭兒正適合。

十三兄弟幫成軍一年來，聯手打過兩仗，先是左右《銀行法》修法方向，繼而硬是擋掉行政院報上來備查的《信託投資公司管理規則》。這兩大法案，攸關信用合作社、信託投資公司營運，恰好與蔡家兄弟手底下台北十信、國泰信託密切相關。這兩大戰役一打，十三兄弟幫揚名立萬，在政壇打出字號。不過，樹大招風，人大招忌，十三兄弟幫也成了立法院資深老立委眼中釘。這裡面，尤其是東北籍立委，對十三兄弟幫特別眼紅。

一年來，這幫立委全都受過蔡家兄弟照顧，要錢有錢，要人有人，因而，同氣連枝，休戚與共，利害相關。如今，十信被央行金檢處大水沖了龍王廟，蔡辰洲愁容滿面，眾兄弟自然個個拳拳忠誠，面露關切之色。

劉松潘問蔡辰洲道：「你剛才說，現金總是短少，你估計，到底差了多少？」

蔡辰洲道：「現金短多少，我也沒準確數字，全部加起來，七、八億總有。如果把其他枝枝節節算進去，我想，要真正追查下去，應該會捅出五十億以上大窟窿。」

眾立委聞言，俱皆驚駭。這幫人曉得蔡辰洲掏空十信，曉得蔡辰洲多金善舞，靠的就是搬運十信資金，但委實想像不到，窟窿竟然有五十億之大。

蔡辰洲道：「其實，我在外頭應酬，打點高官，雖然花錢不少，但十信底子雄厚，這點花費，只是九牛一毛。真正要命的，是國泰塑膠，以及國塑集團那十幾家關係企業。」

追本溯源，這蔡辰洲，其實最早是靠國泰塑膠起家，入主十信，是後來的事。他苦心經營國泰塑膠，倘若本本分分，專營本業，也不至於出大問題。無奈，蔡辰洲身在企業家族，眼見其他本省籍大家族，像是辜家、吳家、王家都是家大業大，企業成群，心裡自然油然而生「有為者亦若是，大丈夫當如此也」想法。十幾年之間，不斷擴充，冒出十餘家關係企業，範疇涵蓋海運、建築營造、廚具、運動用品、鞋業、彩色印刷，每家公司資本額動輒上億。

企業一旦匯集成團，就成了命運共同體，一榮俱榮，一枯俱枯。民國六十年代，兩波國際能源危機來襲，台灣企業風雨飄搖，蔡辰洲名下那十幾家企業，全都陷入苦戰，需有龐大挹注，才能苦撐待變。於是，十信就成了聚寶盆，蔡辰洲大搞五鬼搬運，輸血一般，將十信資金源源不絕，輸往國泰塑膠集團十餘家企業。

至於五鬼搬運手段，雖是五花八門，但百變不離其宗，都是靠國塑集團員工當人頭，向十信貸款。大量國塑員工，加入十信為人頭會員，然後，申請社員貸款。某些貸款，壓根沒有抵押品。另一些貸款，雖有抵押，抵押品卻是國塑集團股票，或者不值錢土地。款子由人頭貸出去，歸蔡辰洲運用，每月僅繳交利息，而拖延還本。貸款資金進入蔡辰洲囊中，主要用以挹注國塑集團所需，剩餘則由蔡辰洲揮霍花用。

違規貸款資金，有相當數量，投入國塑集團子公司大享建設，興建房屋，期望炒作房地產獲利。然而，過去幾年來，房地產市場景氣低迷，所興建房屋過半滯銷，血本無歸，壓死大量資金。資金愈吃緊，五鬼搬運就愈發加緊進行。幸好，前幾年徐立德當財政部長，這人聰明絕頂，才具出眾，是官場上罕見能員。但這人，也有其死穴罩門。這人太講究人際關係之術，性喜交際應酬，明明是財政部長，管著所有金融機構，也明明曉得十信長期有鬼，高山滾鼓，噗通噗通，違規聲名在外，卻始終沒下辣手，徹底整頓十信。

徐立德不肯以強硬手段對付十信，蔡辰洲更加肆無忌憚，五鬼搬運愈發明目張膽，十信違規放款猛然暴增。誰知道，就在這關頭，神不知，鬼不覺，央行弄出祕密突襲，連徐立德都蒙在鼓裡。這裡頭，到底有什麼文章，讓人摸不著頭腦。

他這邊廂傷腦筋，想著央行突襲金檢之事，那邊廂，就聽見劉松藩對另一立委王金平道：「你在外頭關係好，兜得轉，你出個面，私下分頭找經濟部徐部長、財政部陸部長出來，就是問問，到底葫蘆裡賣的是什麼膏藥？」

王金平眨眨眼睛道：「你大概沒聽清楚，今天下午這突擊檢查，是央行金檢處出馬，與經濟部、財政部無關，找徐立德、陸潤康也沒用。」

劉松藩道：「那不一定，財經金不分家，雖是央行動手，財政部、經濟部多少會有點風聲。就算事前被蒙在鼓裡，事後也應該有點音訊。別看徐立德現在是經濟部長，他本事大，人脈網路拉得開，他應該會有內情。」

這王金平，算是十三兄弟幫公關部長，在蔡辰洲當立委前，王金平就與蔡家兄弟關係密邇，多年來，他在立法院，替國泰集團經營各種關係。蔡家兄弟在來來飯店宴請立委，應該請幾批？哪些立委該放在同一批請？都由王金平居間協調，此人儼然就是國泰集團派在立法院的公共關係室主任。這人前幾年經商失敗，負債累累，但碰到選舉，照樣經費充足，有選就上。個中關鍵，就是國泰集團資金援助。

包子有肉，不在褶上，光看外表，王金平與十信，與蔡辰洲，其實關係簡單，瓜葛不算深。他與蔡辰男，卻是關係密切。蔡辰洲作風張揚毛躁，十信臭名在外，但若論窟窿之大，王金平曉得，真正爛到家的，卻是蔡辰男手底下的國泰信託。幾年來，他自蔡辰男所經營國泰信託，貸得鉅額款項，此事，外頭早有風聲。他與蔡辰男關係，正好應了一句俚俗：周瑜打黃蓋，一個願打，一個願挨。這兩人，利害與共，互利共生。

與十信相較，國信五鬼搬運更烈，情況更糟，但因蔡辰男作風低調，處世圓潤，反而不為外界所查。蔡辰男心裡有數，曉得國信勢如危卵，乃更加仰賴王金平，在立法院當門神護法。而王收人錢財，與人消災，自然戮力報效蔡辰男。問題是，最近有樁官司，卻是死纏不退，怎麼也解不開，頗讓王金平煩心。

劉松藩看著王金平，王卻唉聲歎氣道：「你不知道嗎？我現在泥菩薩過江，都自身難保了。」王金平身旁林聯輝、蕭瑞徵不約而同，都要劉松藩別煩王金平了。這林聯輝，是台南市律師出身，當過台灣省青商會會長，在商界頗有實力，力能動員青商會幹部，做十三兄弟幫外圍支撐。而蕭瑞徵，則是雲林縣副議長出身，多年來苦心經營各縣市議長、副議長關係，地方基層實力頗為可觀，為十三兄弟幫儲存縣市基層能量。

經這兩人一提醒，劉松藩對王金平道：「沒事啦，你那點事，拖久一點，拖到後來，就沒事了。」

原來，王金平久在政壇江湖行走，光棍眼，賽夾剪，做事周延，多懂多知，一向奉行「小心駛得萬年船」心法，十分謹慎。無奈，瓦罐不離井邊破，將軍難免陣上亡，終日打雁，卻為大雁啄瞎了眼。這王金平，五年前一個不小心，竟然墜入江湖騙局，著了魔道。

有個商場聞人，叫鄭文彬，表面上是房地產大亨，骨子裡則是個高明騙棍。這人，走慣風塵，有個「豬哥彬」綽號，到處招搖撞騙，場面擺得大，殼子充得足，多少大人先生，都被矇死，墜入豬哥彬鬼魅之術而不察。這裡頭，就有王金平。六年前，民國六十八年，王金平一時讓豬油蒙了心，竟然簽發支票，向豬哥彬購買高雄一塊土地。購價，高達一億兩千萬，一共簽了十幾張支票。

王金平高雄鄉下農家子弟出身，六十八年間，他才三十八歲，他當立委僅兩年多，就力能調集一億兩千萬資金，實力雄厚，頗為驚人。尤其，那是民國六十八年的一億兩千萬。

那筆土地買賣，支票簽了，土地還沒過戶，豬哥彬東窗事發，逃之夭夭，跑路去了美國。台灣這頭，調查局發布十大通緝要犯，第一名就是鄭文彬。豬哥彬跑路，王金平沒買到土地，卻簽出了十幾張總額一億兩千萬支票。於是，他撤銷付款委託，並對支票做假處分。簡單點說，他這支票開出去，不打算兌現。後來，支票陸續被人提現，卻領不到錢，於是，王金平就犯了《票據法》空頭支票罪。

這檔麻煩事，糾纏他五年多，法院三天兩頭來傳票，他能熬就熬，儘量請假，拒絕出庭。然而，時候一長，法院也不高興，壓力增加，非要他出庭打官司不可。最近，為了這事情，他特別頭大。

王金平嘟嘟囔囔叨唸著自己這倒楣事，說著說著，從隨身公事包裡，掏出一張《聯合報》。這報紙，折得妥當，拿出來之後，王金平慢慢將報紙展開。這張《聯合報》上所載新聞，其實眾人都曉得，只是無人願意提及，免得觸王金平霉頭。那《聯合報》，頭題新聞，斗大標題寫著：「王金平欠國信十億，從未付利息」。下頭，小標題則是：「手續費未入帳，恐有流入私人口袋之嫌」。

幾百字新聞，除了王金平，還點到國大代表楊天生，說楊天生也向國泰信託貸款四、五億元，逾期沒還，成了催收款。其他，則說另外還有四位「十三兄弟幫」立委，各自貸款五千萬到六千萬之間。

王金平道：「真不知道，哪裡得罪了《聯合報》，這樣用力追殺我？不寫你們名字，單把我列出來，標題用那樣字眼砍我。」

長桌另外一頭，蔡辰洲也皺著眉頭，心裡顛來倒去，反覆轉悠尋思，想著這幾年境遇。想來想去，總覺得就是時運不濟，命途多舛，老天爺不幫忙，能源危機令得本業虧蝕，股票不漲，房地產低迷，才鬧到如今這景況。若是景氣翻轉，股市衝，地價漲，不但可填補十信那大窟窿，更能多出天文數字餘款，一輩子都花不完。無奈，想也是白想，眼前局面就是景氣差，股市低，地產爛。

這低迷日子，不曉得啥時可以到頭？往前看，兩眼漆黑。為了國泰塑膠集團這一堆關係企業，這幾年來，不斷從十信搬錢，卻是愈搬窟窿愈大，好像無底洞般，怎麼也填不滿。頭都洗了一半，總不能退回去，只能硬挺到底，熬一天算一天。想著，想著，蔡辰洲不禁心裡有氣，那些個當官的，不愁吃穿，不擔驚受怕，人五人六，個個都像尊佛似的，靠他供養，現在出了這事，自己都不曉得，該找誰幫忙。

想到這兒，就聽見劉松藩道：「蔡董，我們在這兒等些什麼？聽你剛才說，晚上要去錢純家，有誰知道錢純住哪兒嗎？」

王金平應聲答道：「錢純家在杭州南路，我司機知道詳細地址，上次他去送過蘭花。」

蔡辰洲一聽就曉得，這一定是他哥哥蔡辰男的把戲，王金平那是替他哥哥送禮。蔡辰男很講究琴棋書畫這一套，逢年過節給官面上送禮，也頗費心思。蘭花雅緻，高級品種價值不菲，既有抽象修身養性意境，又有具體鈔票貨幣價值，拿去送官老爺正合適。送禮，不但禮物有講究，送禮時機、送禮方式、送禮管道、送禮之人，也都有其規矩。這方面，王金平是老手，此人處世圓融，專交朋友，不樹敵人，交際口碑一向很好，難怪哥哥蔡辰男會重用此人，作為國泰集團公關交際大將。

才想到這兒，就聽見王金平接著說道：「今天要去錢純家嗎？這人很難纏，腦筋轉得很快，嘴巴也能說，平常客客氣氣，真正碰到事情，卻很難說得進去。我司機拿我名片，把蘭花送過去。當時，沒退回來，但第二天，蘭花原封不動，送回立法院。那次，一批十幾、二十盆蘭花送出去，退回來沒幾盆，錢純就是其中之一。」

說到這兒，有幾位在座者不耐久等，就有人連番催促道：「看看時間，都十點多了，錢純也該回家去了吧？咱們走吧，早點去錢家，早早搞定這事，早早回家睡覺，這一整天，忙得真夠累的。」

蔡辰洲看看手錶，十點十五分。從這兒到杭州南路，還有一小段路，現在抬屁股走人，下樓、上車、行車、下車，大約十點四十分左右，可以到杭州南路錢家。蔡辰洲站起身來，對眾人道：「是福不是禍，是禍躲不過，兵來將擋，水來土淹，走吧，快點把這事情了結。」

第一殯儀館
馬偕醫院
南陽街一號
來來飯店
世華銀行
交銀總行
經建會
中央黨部
財政大樓
南昌白宮
京兆尹餐
新生南路
分社
福州街口

7 杭州南路

央行金檢處突襲十信，進展神速，作業順利。十八處營業據點金檢人員，陸續回報情況，現金點算清楚，帳冊影印完畢，十信員工沒生事端。這次金檢，查獲十信現金較帳面短少七億元。大功告成，央行副總裁錢純在晚上七點左右，就告下班，離了羅斯福路口中央銀行大樓，回到杭州南路自宅。

這人，是個世家子弟，籍隸杭州，生於北平，長於上海，一家三兄弟，他是老大，大弟錢煦是生化學者，在美國頗有學術地位，小弟錢復，目前是中華民國駐美代表。錢家老爸錢思亮，學者出身，當年是北京大學化學系主任。民國三十八年初，平津戰役大局不妙，北平國軍守將傅作義意志動搖，漸有投敵之跡。在南京，老強人總統覺得事態不妙，特別派了專機，飛到北平，將北大重要教職員，搶運南京。當年春節後，錢純一家人跟著北大校長胡適，搭機飛離開北平，去了南京。

錢純本來在北京大學讀經濟系，三十八年來台後，入台大經濟系，從大三讀起。那時，傅斯年當台大校長，住校長宿舍；錢家老爸是台大教務長，一家住教務長宿舍。而北大下台校長胡適，則是借住傅斯年台大校長官邸。胡適名氣大，頗多人往傅斯年校長官邸跑，求胡適墨寶。當時，錢純二十歲，有天，也去傅斯年公館，請胡適寫幾個字。

當即，胡適隨手找了張十公分見方紙張，在上頭寫了田園詩人陸放翁詩作：「漲水入我廬，萍葉黏半扉，日出水返壑，念汝何由歸」。

三十多年來，錢純經歷多項職務，官位漸高，權柄日重，卻始終把胡適這張字跡，視為瑰寶，細細裱框，無論住於何處，都懸於牆上。

錢純不但是世家子弟，並且是多重世家子弟。錢家老爸錢思亮後來當台大校長、中央研究院院長，前後二十餘年，也算是黨國大老。錢純舅舅張茲闓，在國民政府遷台初期，歷任經濟部長、台灣銀行董事長，手握財經金大權。

錢純岳父程天放，當年更是赫赫有名大人物。國立政治大學前身，為大陸時期國民黨中央政治學校。這學校，以強人委員長為名義校長，實際上，則由教務長程天放代行校長職權，主持校務。政府遷台後，程天放先後出任教育部長、考試院副院長。直到現在，木柵國立政治大學，還有一棟大樓，以錢純岳父之名命名，稱為「天放樓」。錢純妻子程琪，長期旅美，在紐約聯合國總部上班，兩個女兒也在美國。因而，錢純隻身在台，寓居杭州南路。

此人獨居，下班後最喜窩於家中，身穿連身浴袍，半躺半臥於沙發上，喜孜孜細讀金庸武俠小說。早些年，警備總部以「暴雨專案」，查禁大量海外書籍，金庸武俠小說亦在其中。然而，金庸武俠作品部部精彩，台灣書商豈會放過?因而，本地書商大玩改名遊戲，改頭換面，以不同書名、不同作者名，將金庸作品悄然推出。

這裡頭，《射雕英雄傳》就成了《大漠英雄傳》，《倚天屠龍記》成了《至尊刀》，《書劍恩仇錄》成了《劍客書生》，《鹿鼎記》成了《小白龍》，《笑傲江湖》成了《孤獨九劍》，《俠客行》成了《漂泊英雄傳》。這類改頭換面武俠作品，偷偷摸摸出版，品質粗劣，錯別字連篇，甚至連主角姓名都改了。譬如，《鹿鼎記》易容，以《小白龍》之名出版，主角名字不是「韋小寶」，而改成了「任大同」。不過，至民國六十八年，金庸作品解禁，遠流出版社出版《金庸作品全集》，印刷精美，還外帶大量照片圖解。

這天晚上，錢純忙和了一天，回到家裡，幫傭歐巴桑已經離去，留下晚飯。錢純匆匆吃了點飯菜，趕忙洗了澡，窩在沙發上，讀著遠流版金庸武俠小說《天龍八部》。沙發背後牆上，就掛著胡適鋼筆所寫陸放翁詩作墨寶。

錢純讀《天龍八部》，讀著，讀著，睏意漸漸湧了上來。人過中年，晚飯之後無論看電視或讀書，常易打盹。錢純不知不覺間，打起了小盹。正迷糊間，就聽見客廳電話大響，嚇了錢純一跳，趕忙起身，三步並作兩步，移駕客廳，接聽電話。

電話那頭，對方自報身分，說是立法委員王金平。錢純一聽這名號，當時腦袋就醒了，思緒冷靜，妥善應對。對方說：「錢副總裁嗎？我是立法院王金平，抱歉，天色已晚，還來打攪。不過，實在是有要事，要與錢副總裁商量……。」

沒待王金平把話說完，錢純當即打岔回道：「不敢當，不敢當，今天的確晚了。稍微等一天，星期一上午，我去立法院，接受您指教。」

沒想到，對方不依不饒，還是往下說：「實在抱歉，因為事情實在要緊，我們已經到了您公館外頭。您公館外頭電線桿旁，有個公共電話亭，我們現在都在這兒，等著去您家。」

錢純一聽這話，墊腳伸脖，使勁往外看，果真，對面樓下電線桿旁那電話亭，裡裡外外擠了十幾人。錢純無法，只好說，馬上開門。掛上電話，錢純按鈕開了樓下大門，然後趕緊開了自家大門，又拿出家裡所有拖鞋。拿完拖鞋，翻箱倒櫃，搜出茶葉罐、一整條Winston香菸、幾個多餘備用菸灰缸。這人單獨過日子，加上不愛吃零食，廚房冰箱裡，除了生鮮食材與剩菜之外，委實沒有塞牙零嘴。

錢純剛把一壺水，坐上瓦斯爐，就聽見門口踢踢踏踏，十三兄弟幫立委駕到，湧入錢宅。這公寓房子，也不過就是三十多坪，頂多四十坪，一家人住進去，寬敞有餘。如今來了一大缸子立委，客廳加上飯廳，實在擠不下，沙發椅、飯桌椅、踏腳凳，都坐了人，還是不夠，幾位沒位子坐的立委乾脆站著，作壁上觀。這一堆人，其實都是幫腔作勢充人場，真正出頭談事情的，就是王金平與蔡辰洲。

王金平向來和氣生財，顏色溫厚，禮數周到，他先道歉，說是時間已晚，還這樣打攪錢副總裁，至為抱歉，但實在是事關重大，因而，必須連夜趕來折衝。繼而，蔡辰洲單刀直入問道：「副座，今天為何突襲檢查十信？」

錢純乃冰雪聰明之人，他早知道，蔡家必然有此一問，因而，早就針對一籮筐問題，肚子裡打好了應對草稿。他只是沒料到，蔡辰洲會急驚風一般，連夜帶著十三兄弟趕過來。聽聞蔡辰洲疑問，錢純答道：「央行金檢處本來就負責金融檢查，而根據幾項金檢法令，央行有權對包括信用合作社在內，各種金融機構，遂行金融檢查。今天檢查十信，只是央行金檢處本於職權，履行應盡責任。」

這番話一說，蔡辰洲彷彿碰上了一堵棉花牆，雖不傷人，卻被擋得嚴嚴實實。蔡辰洲想了想，換個方式，改採哀兵策略道：「十信是怎麼回事，我自己很清楚。的確，十信有不少毛病，不過，我一直在改，這需要時間，不可能一年半載之內，就解決所有問題。我要說的是，就好像一個膿包，你給我時間，我慢慢調養，膿包會消下去，膿汁會收乾，最後成為一個痂，撕掉痂殼，裡面都長好了。如果不耐心等待，急急忙忙把膿包戳破，流血流膿，造成感染，潰爛一片，對誰都沒好處。」

錢純依舊守得嚴絲合縫，滴水不漏，語氣和緩回道：「報告委員，今天只是例行檢查，帶回帳冊資料，需要時間消化。到底，檢查結果為何，將來要採取哪些因應措施，現在也無從得知。在此，我必須強調，央行金檢工作有其體制，不會因人設事，不可由哪一位央行同仁單獨操控。」

這話才說完，就聽見一位倚牆而靠立委高聲喊道：「不要講那樣多廢話啦，你說話文謅謅，我聽起來傷腦筋。就一句話，你幫不幫忙？我們今天到你家來，就是要你幫忙。你要是不肯幫忙，說再多好話，也是放屁！」

說這話之人，名叫陳錫淇，當立委前，當過「中華民國全國總工會理事長」。這人工會出身，有藍領作風，講話不拐彎抹腳，而是直接了當，一語中的。陳錫淇幾句話一喊，王金平趕緊跳出來打圓場，揮揮手，要陳錫淇別再放炮，繼而，對錢純拱拱手道：「副座，不好意思，時間有點晚，大家都忙了一整天，都累了，所以，陳委員講話沒多思考，有欠修飾。是這樣的，是不是請錢副總裁，從維持國家金融局面安定這角度，多想想這件事？」

王金平這話一出口，蔡辰洲馬上跟進道：「是啊，就算十信有一千、一萬個缺點，就算十信問題多多，也不能急著趕辦，要給我們時間，讓我們慢慢改。如果操之過急，我們台灣人有句話，叫吃緊弄破碗，倘若政府逼得急了，十信出了事情，會造成擠兌。錢副座，不說遠的，就說這兩年吧，先是亞洲信託，後來是華僑銀行，都出過事情，造成擠兌，震動社會，人心不安。」

「在此，我懇請錢副總裁幫幫忙，高抬貴手。就請您聽我一句話，只要熬過今年，熬過民國七十四年，別說十信，就算整個國泰集團，都會轉危為安，我對明年經濟景氣有信心。你們現在收拾十信，對台灣社會、台灣經濟、政府形象、十信存款戶、國泰塑膠企業集團所有員工，都是只有壞處，沒有好處。這些事情，請錢副總裁想清楚啊！」

蔡辰洲話講到這兒，錢純還在打腹稿，想著如何回應，就聽見廚房裡汽笛尖叫，剛才坐上瓦斯爐那壺水，現在滾了。錢純正想起身去廚房關火，陳錫淇卻快了一步，衝進廚房，把火給關了。邊關火，陳錫淇邊說：「燒水泡茶幹什麼？我們是來喝茶的嗎？把事情講清楚，把問題解決掉，這才重要。」

錢純心想，整頓十信之事，據俞國華私下透露，是強人大老闆的意思，這事情，刀已出鞘，八匹馬都拉不動。因而，錢純聽蔡辰洲這番求情言語，心裡不為所動，臉上也沒顯顏色，沒有言語，沒搭蔡辰洲這話碴子。

蔡辰洲見錢純沒搭碴，接著激動往下說：「副總裁，汐止白馬山莊，您總聽過吧？那山頭，我規劃了一整片別墅社區，正計畫動工興建。只要兩三年時間，房地產景氣一定復甦，白馬山莊蓋完，一定銷售一空，獲得大量盈餘，可以把十信歷年問題，全部解決。」

「民國六十八年，我們家族大分家，國泰集團分拆成四個集團，那時，我不知道國泰塑膠是個爛窟窿，是個無底洞，沒人肯接這爛攤子，我傻傻接了。這公司常年虧損，無法與同業競爭。其他，像是國泰海運，幾條破船，也沒法子競爭生存。理想工業、國璽印刷、台灣鞋業等關係企業，也是冗員充斥，績效不彰，週轉不易。我為了維持這些不良企業，讓員工能養家活口，必須以必要手段調度週轉。再等一兩年，就苦盡甘來了，錢副總裁，央行何苦和我們過不去？」

「都到了這種局面，我也不怕掀出家醜，這一陣子，十信的確碰到困難，我們也有苦衷。去年八月，十信長春分社經理挪用客戶存款，捅出一億兩千萬虧空。這消息，慢慢傳了出去，十信存款裡頭，本來就有大量金額，是國泰塑膠那兒存進來。國塑吸收民間存款，開立十信支票，屆期還款。長春分社出事消息傳出去之後，國泰塑膠存款人持續向十信提領存款。從去年九月到十二月，十信每個月被提領三億到四億。到了今年春天，存款還是不停失血。這樣拖了四個多月，十信現金因而不足。」

說到這兒，蔡辰洲語帶哽咽，難以為繼。一旁，十三兄弟幫大哥劉松藩跟著求情道：「副座，幫幫忙，想想辦法，這次檢查，就當內部存參，央行自行留檔好了，別往財政部送了。給十信一點時間，慢慢會改好的。」

劉松藩很清楚，央行只負責檢查，不管後續處置。所有後續懲處，都是由央行將檢查報告，送交財政部之後，再由財政部、台北市政府財政局，決定如何處理。因而，他求錢純，別把金檢報告轉送財政部。

這時，都已過了十一點半，眾人這番打攪，鬧得錢純作息大亂，本來早該上床了，現在還困在這兒。睏意湧上來，錢純有點按耐不住，稍稍發了點世家公子脾氣：「諸位，蔡老闆當立委，才一年多，可能搞不清楚狀況，但其他人，久在立法院行走，應該曉得行政部門規矩章法。央行金檢處做了正式檢查，事前有公文，事後有報告，那是一整套體制運作，不是哪個人就可以擋下。我想，你們弄錯對象了，你們該去求財政部長，因為央行檢查報告弄好之後，會送到財政部去，由他們決定如何處置。你們跑來求我，一點用也沒有，浪費時間，白費唇舌。」

話講到這地步，十三兄弟幫諸立委，曉得此處已無搞頭，有些人忿忿不平講了些威脅言語，另些人則自顧自找台階下。三下兩下，這批瘟神總算走人，錢純可以關門，安穩睡一覺。

8

南陽街一號

來來飯店

世華銀行

杭州南路

經建會

中央黨

財政大樓

南昌白宮

福州街口

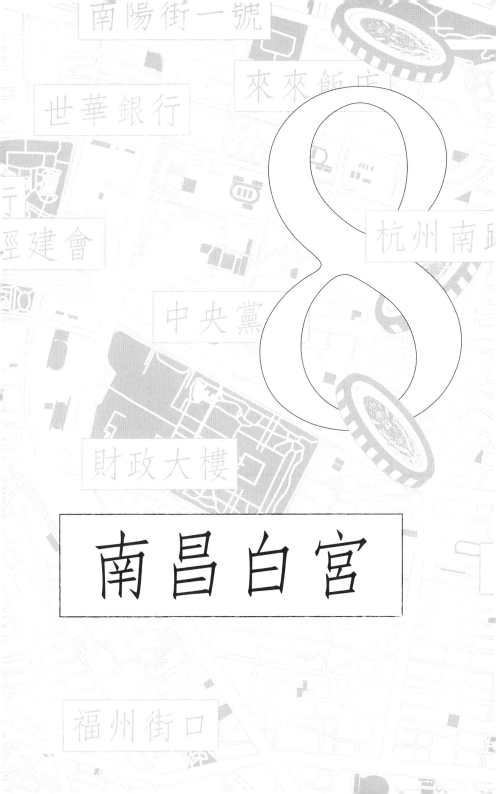

台北市羅斯福路源頭，起於愛國西路。兩條路交叉十字路口，有兩個大號財金衙門，分佔路口兩側。羅斯福路這兒，中央銀行大樓，這時才啟用沒幾年，一色簇新雪白。愛國西路這頭，則是財政部大樓，民國六十一年竣工，至今已十三年。

這財政部大樓，單擺浮擱，就是一棟孤樓。行政院已經核定，在財政部大樓後頭，再蓋一棟一模一樣大樓，像雙胞胎一般，連在一起。這幹法，與外交部一樣。外交部本來也是只有一棟大樓，後來，在後頭又蓋了一模一樣新大樓。這財政部新大樓，將在年底起造，此時，這地方還是空地一片。

沿著愛國西路往西邊走，繞過財政部，就是南昌路。這條路，南北走向，西邊有副總統李登輝官邸、台灣省菸酒公賣局大樓、菸酒公賣局體育館。而其東邊，則是台灣省政府樟腦局產業。這樟腦局土地，面積頗廣，裡頭有樟腦廠庫房，也有一棟白色平房辦公室。此時，樟腦局已經裁撤，樟腦局土地上頭那棟辦公室，是台灣省政府財政廳名下財產，但借給財政部，作為賦稅署公文庫房，以及賦稅署第六組租稅宣導小組辦公室。賦稅署租稅宣導小組，專門負責統一發票業務。

這白色兩層小樓，並非普通磚瓦房，而是由堅實巨石所累疊而建，外頭通體漆上白色，望之有點古色古香壯觀味道。久而久之，財政部上下都稱之為「小白宮」。這辦公室，前面有柏油小廣場，廣場大門外頭，就是南昌路，因而，又稱為「南昌白宮」。

這地方，距離財政部大樓僅一箭之遙，幽雅僻靜，適合密商大事。財政部大樓裡，無論上午、下午，總有記者往來行走，穿梭其間，通行無阻。有些政府衙門，這方面就規矩嚴明，不准記者隨意行走。譬如，之前俞國華擔任中央銀行總裁，同時又兼任經建會主委，這兩個衙門，就禁止記者隨意走動。財政部則不然，多少年來就是這樣，記者可以隨意進出。哪怕是部長室、次長室，都可以隨意推門進入，在祕書間等候，部次長只要步出辦公間，就會遇上記者。

上午是晚報記者，下午是日報記者，往來梭巡，一個個有如探照燈外加竊聽器，諸事難以瞞過記者耳目。一年多以前，亞洲信託金檢報告，落入《中國時報》記者手中，全文照登，立刻引發擠兌風波，鬧得不可開交。因而，財政部上下，對記者十分頭大。

這一天，民國七十四年元月七日，星期一，上午才上班沒多久，中央銀行那兒，就差遣專人，將週末突襲十信金檢報告送來，直奔財政部大樓四樓，交給金融司長戴立寧。戴收了報告，立刻上至五樓部長室，向部長陸潤康報告此事。二人尚未結束談話，陸潤康突然接到行政院院長辦公室電話，囑咐他立刻過去，說是院長有話交代。陸潤康去了趟行政院，沒待多久，院長俞國華簡要交代了重點，就告完事。連去帶回，前後不過半小時。

這會兒工夫，下午三點左右，財政部長陸潤康與金融司長戴立寧，在南昌白宮裡頭一間小辦公室，商論因應十信之道。稍早，蔡辰洲已經來過，咿哩哇啦，吐了一大堆苦水，就是前兩天晚上，在央行副總裁錢純家講的那一套。當場，陸潤康與戴立寧未置可否，只是靜靜聽完蔡辰洲解釋，然後，說是財政部自有處置，要蔡辰洲好自為之，回十信去，好好解決問題。

蔡辰洲走後，陸潤康與戴立寧這才收緊神經，根據央行金檢報告，專注討論十信案情。

這戴立寧，與陸潤康一樣，也出自東吳大學法律系。這人，現年四十七歲，膚色白皙，能言善道，常以譬喻解釋情況，講話微微帶有一絲絲江蘇口音，邏輯清楚而喜露鋒芒，因而，評價兩極。有人說，這人是能員，會辦事，是塊官場好材料。另有人說，這人心狠手辣，不好相與。

前些年，徐立德當財政部長，陸潤康是政務次長，戴立寧則是金融司副司長。那時，徐立德挺不喜歡戴立寧，戴老是窩在金融司，覺得不受重用，前途有限，於是，心灰意懶之餘，已經動手申請學校，打算去美國唸個法學博士。詎料，就在這當口，半年前，民國七十三年六月，內閣異動，徐立德去當經濟部長，陸潤康則升任財政部長。陸潤康，卻是十分賞識這東吳大學法律系後輩，因而，挽留戴立寧，讓戴升任金融司司長。

此時，陸、戴二人在南昌白宮小辦公室裡，面對面而坐，桌上攤著十信歷年卷宗，外加今天上午才出爐熱騰騰央行金檢報告。

戴立寧瞧著陸潤康道：「這次金檢，好像與從前不同，味道不太一樣。這幾年來，十信碰過多次金融大檢查，每次都抓出一堆問題，但蔡辰洲一副死豬不怕開水燙模樣，擺明了是虱多不癢，債多不愁。怎麼搞的，他今天會這樣緊張？」

陸潤康道：「這次央行金檢，我事前也不知道，我也是上星期六，也就是前天上午，才陸續聽到一些風聲。到了前天晚上十一點多，我都上床睡覺了，電話響，我兒子接的電話，說是立法委員，非要我起床聽電話不可。不只一個立委，那是一群立委，輪流講話，一個個氣急敗壞，說是剛才去了央行副總裁錢純家，錢純做人差勁，講話不上路，以後走著瞧。現在，要我識相點，央行金檢報告送到財政部後，要我從寬處理。後來，換蔡辰洲講，說是時間已晚，等星期一上午，要過來財政部找我談談。我怕記者曉得，就告訴他，別到部裡去，到這兒來。」

戴立寧聞言，冷冷哼了聲道：「嚇，這十三兄弟幫，以為他們是誰啊？立委都白當了，搞不清楚行情。政府官員真正怕的，是監察院，監委權柄大，先搞調查，調查完了，提彈劾，然後全案送司法院公務人員懲戒委員會，這樣弄下來，真能弄死人。立委嘛，除了砍砍預算，罵罵人，其實沒多少實權。蔡辰洲真要懂得行情，就該在監察院砸鈔票，買幾個監委，才真正管用。要立法委員威風，沒啥鳥用。」

陸潤康淺笑道：「這就不去說他了。你知道嗎？這回不一樣，今天上午，行政院找我去，俞院長三言兩語，把話講得很清楚。他說，央行突襲金檢，會有報告送到財政部。我說，剛才已經收到這報告。他說，這一回，要切實遵照金融法令規章，嚴辦十信。我說，過去財政部也曾打算嚴辦，但扛不住壓力。俞國華說，這次不一樣，財政部只管嚴辦，不會有關說壓力，不會再發生以前季可渝那種事情。」

「你知道的，俞國華是官邸出來的，講話一向謹慎。但今天不一樣，他講話雖然還算謹慎，但比起平常，他今天話稍微多了些。他說，七十二年間，本來有機會徹底解決十信問題，可惜財政部沒有堅持到底。他說，這次財政部要堅持，而且，他還透露出玄機，說是這次不會有壓力，因為，壓力會處理掉。立寧，依我看，這回要出大事，我們得小心點。俞國華還吩咐說，遵照金融法令規章嚴辦之際，也要注意維持金融安定，不容許造成動盪。」

說到這兒，戴立寧伸手翻動桌上檔案，邊翻，口中邊唸唸有詞：「七十二年間，七十二年間，我找找看，七十二年間十信有什麼大事。」

戴立寧翻出七十二年檔案，當年台北市政府財政局呈報密函，建議財政部，對十信採取四項斷然措施：一、解除十信全體理事職權。二、解除現任理事主席職權。三、勒令十信停止無擔保放款業務。四、由財政部派員，進駐十信，強制接收放款業務，防止違規放款繼續惡化。

財政部金融司擬具公文，建議財政部採行第三項與第四項手段，並且拔除蔡辰洲十信理事職務。

不過，案子往上呈報後，為部長徐立德否決，未採行任何處置，放任十信情勢惡化。

戴立寧看過卷宗，一臉驚詫，對陸潤康道：「哎呀，部長，聽你講，俞院長明確提到七十二年之事，連季可渝那檔事他也知道，這樣看來，他事前已經詳細研究過十信歷年案情。他一個行政院長，要管那樣多事情，卻花費時間、精神，去搞清楚十信積弊，這裡頭，有文章哪！」

陸潤康道：「就是說啊，你想，他一個行政院長，為何把一家信用合作社案情，弄得這樣清楚？我猜，這和七海官邸大老闆有關係。你想，俞國華上午對我說，關說壓力會處理掉，這事情，他怎麼知道？這種關說壓力，他也未必有本事擺平。要掃平關說壓力，非得七海官邸大老闆出手不可。更何況，前幾天，在一個飯局上，已經有人說了，說是江南案重創政府形象，國內外壓力都大，七海官邸大老闆打算弄出個把大案，清除積弊，樹立威望。」

陸潤康正說著，戴立寧心裡浮起殺伐之氣，暗暗有點摩拳擦掌，打算硬幹一場。這人，正值壯年，本來就愛出頭露臉，遇事往往以鷹派立場應對。他過去與十信並無瓜葛，也無羈絆，總認為對十信應強硬處置。他心想，既然大老闆開了綠燈，鏟掉攔路虎，就可以放手硬幹，無虞落到與前輩季可渝一般下場。

季可渝，原本是美國加州一家金融租賃公司副總經理。民國六十四年，季可渝三十五歲，回台灣參加國建會，強人當時擔任行政院長，看中季學識才幹，邀季回台，出任財政部錢幣司長。那錢幣司，後來改制為金融司，故而，季可渝乃是戴立寧前輩。

季可渝當了四年錢幣司長，訓練一批查帳高手，專案伺候十信，多次對十信徹底金檢，讓十信所有弊端，全盤現形。當時，財政部長為目前央行總裁張繼正。張這人，為官清正，鐵面無私，是個硬漢。季可渝抓住十信弊端，專案呈報部長張繼正，擬具方案，打算徹底端掉十信所有弊病，辣手處置，一勞永逸。對此，張繼正自然贊同，將全案往上呈報，報送行政院長孫運璿。這孫運璿，也是清正之輩，自然支持財政部處置。

然而，即便財政部長、行政院長都支持硬幹，全案卻始終無法推動，總是碰上滿道荊棘，寸步難行。季可渝只是錢幣司長，層級不夠高，只曉得案子推不動，卻弄不清究竟是何方神聖半路攔道。後來，季可渝滿腔忿懣，詢諸部長張繼正。張繼正為名門之後，其父張群為國民黨大老，張繼正自然曉得是何方神聖顯靈。他告訴季可渝，阻力來自兩方面。一方面，是國民黨中央黨部，另一方面，則是「劉少康辦公室」，所持理由，都是「如嚴辦十信，會激起金融風暴，震動國家根本」。

季可渝使出吃奶力氣，還端不掉十信，失望之餘，辭職遠颺而去，復又回到美國，在加州重操舊業。

想到這兒，戴立寧不禁將兩手手掌忽而收緊握拳，忽而舒張成掌，皺著眉頭，覺得這回不一樣，他非得大幹一場，徹底收拾十信不可。想到這兒，就聽見耳邊陸潤康道：「這裡面，最棘手麻煩的，就是既要處置十信，又要維持金融安定。這很難啊！這就有如穿著衣服改衣服，還不能讓針線扎了皮肉，又不能讓身體曝光。我們弄了十信，外頭必然知道，曉得十信出事。金融機構出事，自然會引起擠兌，一旦擠兌，政府就得硬撐著，不能讓擠兌擴大。否則，擠兌蔓延傳染，形成全面金融危機，那就慘了，我們恐怕要挨刀殺頭了。」

陸潤康微微仰著頭，想了想，兩眼炯然睜大，看著戴立寧道：「還是得由合作金庫派人進去，了解實際情況，看緊放款，切實輔導，把局面扭轉過來。」

戴立寧看著央行最新金檢報告，心中默默計算，算完了對陸潤康道：「央行這份檢查報告說，十信現在總共有六十億元左右窟窿。就算我們阻絕掏空，這六十億大洞，不曉得要等多久，才能彌補。」

對此，陸潤康卻另有看法：「剛才在這兒，蔡辰洲不是對我們倆說了嗎？他說，十信為景氣所累，房地產市場低迷，才導致如今這倒楣局面。他說，只要等到景氣回升，房地產市場回溫，就有辦法解決十信問題。這話，其實也有道理。反正，我們先拔掉蔡辰洲，塞住狗洞再說，至於那六十億窟窿，我想，等房地產市場翻上來，會大幅改善的。今天，就這樣了，你回去之後，趕緊擬具方案，我們趕緊要合庫派人進駐十信。」

天色將晚，夕陽餘暉自南昌路對面公賣局大樓屋頂，斜斜灑進樟腦廠，陸、戴二人，緩步走出小辦公室，走到南昌白宮外頭門廊，等著座車來接。就聽見陸潤康輕輕嘆了口氣道：「這次不一樣，局面兇險，我們二人過往與十信素無瓜葛，沒有包袱。徐立德就不一樣了，他和蔡家走得太近，我看，這次要是弄的不好，他會陰溝裡翻船，要吃大虧。」

9 北投別墅

這是棟山中別墅，位於北投區復興三路，倚旁大屯山麓，佔地廣闊，連建築帶庭園，佔地近兩千多坪。別墅四周，大屯山長年雲霧籠罩；別墅外頭，復興路蜿蜒崎嶇，罕有來往車輛，人煙更是稀少。

這別墅本是國泰塑膠企業集團旗下，大享建設總經理陳澄晴所興建，但大老闆蔡辰洲常在週六，帶著老婆與孩子，到這兒來度週末。別墅建築格式古怪，主建築竟然是渾圓造型，遠看彷彿縮小版北平天壇。圓形主建築之外，尚有附帶建築，與之相連。屋宇建築四周，有廣闊草坪花園。花園之內，種有各種花木，建有古色古香涼亭。

此外，另有游泳池、車庫、工人宿舍。整棟別墅圍以高厚石牆，在大門牆上四周裝設有五彩燈，正門則是堅實電動鋼板門，大門後有警衛室，二十四小時有警衛看守，往內傳遞訊息。

這一天，民國七十四年元月十二日，星期六，傍晚。

央行金檢處突襲檢查十信，已然一週。這一週裡，央行金檢十信之事，報紙沒大肆喧騰，但在報屁股上，也登了新聞。為此，國塑關係企業那批債主，隱隱然有點騷動，漸漸有人拿著支票，到十信來，要求兌現。如此一來，十信這一個星期裡，現金流出速度較前增加。

過去一個星期裡，蔡辰洲使出踢天盪井之能，四處鑽孔覓縫，見佛燒香，遇廟磕頭，到處求爺爺告奶奶，冀望能打消金檢處分。不但蔡辰洲使出吃奶力氣，十三兄弟幫立委也鞍前馬後跟著著轉，幫著圍事，財金部會公家衙門、黨政大員私家公館，跑了不知多少，跑斷了腿，說破了嘴，卻是沒有分毫效果。

甚至，蔡辰洲帶著厚禮，專程去看國民黨祕書長蔣彥士，都吃了閉門羹，連人都沒見到。不久前，他去探望蔣祕書長，老頭還留他吃飯，由紅粉知己洪小姐親自下廚，弄了一桌子好菜。不過幾個月，就豬羊變色，連人都見不到了。

台北商場上，蔡辰洲素有翻江倒海之能，沒想到，這一個星期卻是處處吃癟，寸步難行。他忖度時勢，曉得必然事出有因，否則，不會這樣倒楣倒到天竺國。果然，蔣彥士透過熟識老立委，私下傳話過來，說是十信樹大招風，惹到七海官邸，層峰已然動怒，往後福禍難測，大家暫時不要見面，小心謹慎為上。

這天又是星期六，中午下班時間過後，蔡辰洲在忠孝東路總管理處辦公室裡，想著過去一週際遇。愈想，愈不是滋味。愈想，愈覺得前途凶險難測。想到後來，他猛然拍桌，心裡暗喝一聲：「是福不是禍，是禍躲不過。你們給我小鞋穿，我也不讓你們好過，大家一鍋煮，誰都沒好日子逍遙。」

隨即，他撥電話，找了手下最得力的總指揮、哼哈將、鐵三角，要諸人今天傍晚，到北投復興路三段圓形別墅去，有要事討論。

幾年前，蔡辰洲當十信理事主席，大幅更動主管人事，不聽話，不肯配合者，全都打下去，另外捧出幾個聽話角色，形成一套資金調度體制。這調度體制裡，最關鍵人物，是國塑副總經理林宗源，算是總指揮。另外，十信營業部經理葉煌良、授信部協理余壯勇，則是十信哼哈二將。下頭，則是十信長春分社經理林肇俊、松江分社經理方鏡煌、民權分社經理陳文良，是為鐵三角。

透過這六名得力手下，蔡辰洲運用十信資金，有如私人庫房。這裡頭，林宗源最為得力，總管所有資金調度，比蔡辰洲還要清楚資金細節。不但資金調度，其他，像是打點黨政軍各路官兒、送禮、送錢，也都是林宗源一手操持。

蔡辰洲在十信搞五鬼搬運，基本上，靠的就是這六名手下。皇帝不差餓兵，蔡辰洲對這六人不薄，經常打賞，饗以重利。

今天，蔡辰洲沒讓妻小到這別墅來，就是他與六名手下。他通前徹後想過，決定趁大難來之前，放手海幹一票，今天，就是通知這六人，作好心理準備，擄起袖子，驚天動地幹一番天文數字傑作。

七人圍坐客廳沙發，蔡辰洲先瞧瞧眾人，繼而盯著國塑副總林宗源、十信授信部協理余壯勇道：「下午要你們帶貸款、存款明細帳冊，帶來了嗎？」

余壯勇打開隨身公事包，掏出厚厚一本帳冊，擺在茶几上。隨後，攤開帳冊道：「歷年支應國塑關係企業應急貸款細目，全部都在這兒。」

林宗源也翻出隨身文件，卻是一大疊記事本，隨即言道：「我這兒，國塑民間存款帳冊也帶來了。」

蔡辰洲見重要人物、事物皆到齊，鬆了口氣，仰了仰身子，向後斜靠在沙發上，右腳搭在左膝蓋上，緩緩言道：「上星期六，央行攻進來之後，局面變得很快，也變得很壞。我想盡辦法，還是沒法擋住攻勢。到底會怎樣？我也說不準，但曉得一定會很麻煩。所以，今天找你們六個人到此，要辦三件事。」

「第一件事，仔細過濾民間存款人名單，把黨政軍大官、親朋好友、重要關係人，都挑出來。你們先把人選挑好，等我通知。我準備好之後，會告訴你們，你們暗中通知他們，要他們趕緊把錢領走。第二件事，仔細過濾國塑關係企業貸款人名單，包括你們自己、親朋好友、要緊的人，把這些人名下的貸款，分散轉給其他人。這件事，工程比較大，需要核算分散額度、改文件、蓋章。所以，名單挑好之後，趁著明天星期天，不上班，辦公室裡沒人，趕緊去辦。」

「至於第三件事，與第一件事有關。要存款人提前領錢，這些人拿著國塑支票，到十信兌現，國塑在十信戶頭裡，得有足夠現金。所以，得趕緊動手，多弄出足夠貸款名額。這件事，大家一起動手找人，然後，壯勇，你是授信部經理，貸款名額弄來之後，有大量文件工作要弄，你得負責把這些文書作業辦好。弄好文件，把錢轉進貸款人帳戶裡，然後，再趕快從貸款人帳戶，轉到國塑帳戶。這樣，國塑帳戶裡現金充沛，才足以支應民間存款人提領。」

民間存款、國塑關係企業人頭冒貸，這是十信兩大死穴，今天，蔡辰洲動死穴工程，準備賭最後一把。他這兒所說「貸款名額」，指的就是貸款人頭。

他話才說完，營業部經理葉煌良一臉狐疑問道：「主席，通知存款人提款，需要大量資金。別人不說，光是國民黨祕書長蔣彥士那個女朋友洪小姐，就放進三億多。這筆錢，金額太大，光是應付她，十信現金水位就會巨幅降低。」

台灣金融界，除了世華銀行、華僑銀行之外，幾乎沒有民營銀行，絕大多數銀行都是公營。此時，公營銀行副總以上重要職位，由台大經濟系校友掌控。俞國華當央行總裁十五年，重視學歷，大力栽培台大經濟系校友。而地方基層金融機構，像是信用合作社、漁會信用部，主力幹部頗多只有三專、五專，甚至商職學歷。然而，這批人精明敬業，門道、能力都不比台大經濟幫差。

蔡辰洲這批手下，就是如此。葉煌良就是個中典型，這人老家在嘉義，民國二十四年次，今年五十歲，曾在華南銀行當科長，此後在十信服務長達十五年，是蔡辰洲手下得力幹員。聽了蔡辰洲囑咐，當下立即問到要害。

蔡辰洲笑笑答道：「沒事的，到時候我自有地方去搬鈔票。他們會擺出金山、銀山，鈔票擺在那兒，隨我去搬，要多少，有多少。」

這話一出口，莫說葉煌良，其他幾人也睜大眼睛，瞧著蔡辰洲，滿臉狐疑，不曉得蔡辰洲肚子裡賣什麼膏藥。

當然，所謂金山、銀山，所謂鈔票要多少有多少，只是比喻之說。幾百萬、幾千萬額度，不可能以現鈔支付，鉅額資金都是帳面往來，轉來轉去，全是數字遊戲。民間提款人拿著支票，到十信提前兌現，十信不可能擺著鈔票，一一支付，還是得轉帳交易。

蔡辰洲心裡自有丘壑，對金山、銀山有十成把握。徐立德喜歡在他面前賣弄學問，有次，徐立德和他一起在來來飯店十七樓俱樂部泡三溫暖，講了個理論，讓他受用不盡。

徐立德說，一個國家金融政策，與其歷史經歷息息相關。譬如德國，打輸了一次大戰，戰後得償付鉅額賠款，結果導致馬克幣值爆貶，政局動盪不安，才讓希特勒有機會竄起。此後，直到現在，德國都小心翼翼維護貨幣幣值，穩定重於成長。譬如美國，一九三〇年代碰上經濟大蕭條，社會衰敗，倒閉成風，民不聊生。因而，此後美國經濟政策就是成長重於穩定，重視就業率勝於金融穩定，美國銀行業如經營不善，就會倒閉。

至於台灣，國民黨政府在國共內戰時期，吃足了金融動盪、金圓券貶值苦頭，因而，到台灣之後，出死力維護新台幣幣值，也視穩定金融業為第一要務。在台灣，金融業不能出事，萬一出事，政府會出來頂。只要能穩住局面，無論要多少錢，都毫不吝惜，往裡頭硬砸。這，已成國民政府基本國策，打不倒，翻不了，咬牙切齒也得執行到底。譬如，前兩年亞洲信託出事，政府就是派中國國際商業銀行進駐代管，穩住爛攤子，不讓存戶損失一毛錢，避免爆發金融危機。

徐立德還說，全世界也只有台灣，以死刑對付偽鈔犯。在他國，印假鈔票不至於死，在台灣，製作偽鈔卻是槍斃重罪。個中關鍵，就是這種「穩定金融」基本國策。

蔡辰洲就是憑徐立德這幾句話，吃定了這金融基本國策，這幾年才如此膽大妄為，肆意掏空十信，因為他曉得，十信不能出事，要是出事，政府會出來扛，會出來頂。也就是這幾句話，讓他心中篤定，不怕洪小姐等民間存款人大量提款。如此大量提款，殃及十信現金水位，十信拉警報，他就向政府要錢，就這麼簡單。

然而，這簡單道理，他卻不願對屬下說明，於是，擺了個高深莫測眼神，對六名手下道：「我說沒問題，就是沒問題。到時候，要多少錢，都拿得到，他們會乖乖捧錢送過來。這事情，宗源，你多費點心。民間存款帳目，一直都是你在管，你比我清楚。」

林宗源點點頭，又拋出一個問題：「到時候，通知民間存款人提前來兌現支票，是到國塑總管理處？還是直接到十信各分社？」

蔡辰洲答道：「這次不一樣，人數多，金額大，直接到十信兌現支票。不過，不要集中，要分散，告訴他們，去不同分社兌現支票。」

國泰塑膠以高利吸收存款，一般年利率為二一%，特殊關係者則有二四%，甚至二五%。通常，都是對方把錢交給國塑，國塑開出一年期十信支票。譬如，存入一百萬元，則開出一百二十一萬元支票，一年後，提領一百二十一萬元。不過，通常支票到期後，存款人不會持支票，到十信兌現提款，而是由國塑再開立一張一年期支票，利上滾利，屆期支付一百四十六萬四千一百元。

如此這般，只要存上三年多，不到四年，存款就能翻倍。為此，民間游資趨之若鶩，認為國泰招牌硬，蔡家家大業大，不會吃倒帳，絕對靠得住，都往國塑存。也為此，利息愈背愈重，週轉不過來，蔡辰洲才掏空十信，五鬼搬運，支付高利存款本息。這根本是飲鴆止渴，愈喝愈渴，窟窿愈掏愈大。而掏空手法，則是人頭冒貸。

國塑集團下屬關係企業，就是冒貸人頭來源。譬如，國泰塑膠公司組長級以上，共有六百多名大小幹部，都成了貸款人頭。這裡面，有些人知情，有些人始終蒙在鼓裡。橫豎，報加班費、領獎金、請假，以及其他各種名目事項，都得簽名蓋章，很容易弄到印鑑證明，拿去當冒貸人頭。知情者，有些是看在薪資、升職、飯碗份上，不得不然，心裡只盼著國泰招牌夠硬，不會出事。另一些知情者，則是別有心思，以為這是老闆看得起自己，才讓自己當人頭。

國塑關係企業各級幹部，職別愈高，愈可能當人頭，所背負人頭貸款額度也愈大。一般而言，普通員工當人頭，貸款額度一兩百萬，課長人頭六百萬，襄理、協理、經理級則是千萬元起跳。

此時，蔡辰洲有點不放心，轉頭瞧著林宗源道：「剛才我說，有金山、銀山，鉅額資金可拿。到時候，資金進來了，必須有管道弄出去。這都得靠新的貸款名額，時間有點緊迫，你得趕緊把貸款名額準備好。」

林宗源是資金調度總指揮，心裡一本帳，比誰都清楚。他稍微想想，回答道：「可以，沒問題。關係企業裡，就剩下理想工業公司，還有大量員工沒當貸款名額。等下星期一，我就處理這件事情，弄出足夠名額。當然，名額出來，印鑑準備好之後，後續工作還是得由十信授信部處理。」

授信部協理余壯勇，心思比較簡單，慣於直線思考，老闆說什麼，他就幹什麼。要貸款，先得徵信，徵信部有一套作業體制，正常貸款，都得照這體制走。然而，余壯勇當徵信部協理，把個徵信部變成了「免徵信部」。大量人頭貸款，省掉所有徵信手續，直接核放。曾有二愣子職員，新調到徵信部，看不下去，不願蓋審核通過章，要余壯勇自己去蓋。於是，余壯勇威脅二愣子職員，若不蓋章，寫辭呈滾蛋。對方不答應，說是沒犯錯，為何要自請辭職？於是，兩人拉拉扯扯，在徵信部辦公室裡，就打了起來。末了，還是職員走路，辭職了事。類似事情，在所多有，余壯勇也不避諱，久而久之，不但他個人，連帶整個十信授信部，都已聲名在外，他也不在乎。反正，大老闆蔡辰洲怎麼交代，他就怎麼辦，達成任務為要，其他事情，他根本不管。

此時，輪到他說話：「沒問題，你國塑送多少名額過來，我連夜處理，弄出貸款帳戶。只要資金到了，馬上轉進貸款帳戶裡。轉進去之後，隔一天，就再轉到國塑帳戶裡，支應存款戶提領。」

討論至此，該議之事，都有了結果，蔡辰洲伸伸懶腰，對眾人道：「好啦，現在就動手吧！你們根據這兩份帳本，挑出提款與轉債兩份名單。弄好了，該提款的，下星期就通知對方來領錢；該轉債的，趕緊調整帳目記錄。」

之後，六人轉到一張大餐桌那兒，聚作一堆，掏出紙筆，低頭俯身，都戴著老花眼鏡，緩緩細看兩份大帳本，不時喃喃低聲交換意見。偶爾，碰到不確定的人物與金額，就轉過頭來，徵詢蔡辰洲意見。那民間存款人名單，真正要緊人物，都是假名或代號，這些化名與代號，有些蔡辰洲曉得，有些則記不住。這些化名、代號，背後真實身分，只有林宗源最清楚。

就這樣，滴滴答答弄了將近兩個小時，這才算完事，敲定兩份處理名單，將之交予蔡辰洲過目。蔡辰洲對轉債名單沒興趣，反正都是人頭，都是消耗品，這次調整，只不過拿掉這些人債務，免掉禁錮而已。至於那提款人名單，他則屏氣凝神，一個個看過去。他邊看，林宗源邊在一旁說明，哪些假名、代號，真實身分是誰。在洪小姐之後，是一長串黨政軍大員家眷，再往後。則是工商界名人家眷。

翻完兩份名單，蔡辰洲對六人道：「今天就是這些事，沒其他事情了，都散了吧，早點回家休息，明天就開始認真辦正事。」

這話才說完，就聽見林宗源對其他五人道：「今天這份提款名單，可是很要緊啊！大家小心謹慎，名單內容可不能外洩，不然會死人的。」

蔡辰洲聞言笑笑，有點漫不經心道：「是啊，小心謹慎點，總是沒錯。」

其實，他心裡早就有底，絲毫不怕。他出自本省鉅商之家，長袖善舞，與他哥哥蔡辰男連作一氣，揮金如土，結交黨政軍大員高幹，因而，儘管年紀輕輕，才三十八歲，卻總有高人調教。這些黨政軍大員高幹，久經政壇風霜，道行高超，已經修煉成精，往往幾句話，就夠蔡家兄弟受用不盡。

剛才，蔡辰洲說，有金山銀山，等著他去搬，就是前任財政部長、現任經濟部長徐立德講過國民黨政府基本金融政策。現在，他又想到國民黨祕書長蔣彥士之言。有次私宴，就蔡家兄弟與蔣彥士、洪小姐，那天氣氛好，洪小姐伺候周到，殷殷勸酒，蔣彥士幾杯酒下肚，開了話匣子，講了幾段話，令蔡家兄弟頓開茅塞。

蔣彥士說，政府遷台以來，幾件大案都與強人鞏固權柄有關。來台頭十年，先整得省主席吳國楨流亡美國；繼而，軟禁了參軍長孫立人。到了民國五十八年春天，老強人決定提升強人為行政院副院長，於是，藉金盤金碗案，搞垮了中央銀行總裁徐柏園。那時，高屏地區香蕉輸日暢旺，蕉農賺了大錢，青果合作社主席吳振瑞，打造大量金盤、金碗，分送政府財經金高官。

究其性質，吳振瑞只是心存感激，拿金盤、金碗當禮品，並無賄賂之意。真要賄賂，也不會如此明目張膽送金飾。財經金部會首長，大家都有份，都拿了金盤、金碗，也都視金盤金碗為禮物。大家都沒事，獨獨外匯暨貿易審議委員會主任委員兼任中央銀行總裁徐柏園出事，徐一堆外貿會手下吃了官司，關進牢去，徐雖無刑責，卻因此垮掉。

到了民國六十一年，強人出任行政院長，未久，就將行政院人事行政局局長王正誼移送法辦，名目是興建外雙溪公教人員住宅中央社區收賄。這王正誼，名字取得好，竟然與清末江湖豪客「大刀王五」一模一樣。這人，是強人親表弟，還當過老強人八年貼身侍從祕書，結果，碰到強人出掌行政院，就被砍了祭旗。在那之後，強人權柄穩固，政府部會首長就沒人再因案被關。

那天私宴，蔣彥士酒上了頭，話不但多，還都是平常聽不到的掏心話。蔣彥士說，人在官場，一旦晉升至某一品級，就有特殊身價，倘若出事，頂多就是行政罰，丟官下台，除非謀反，否則，不至於弄到身繫囹圄，吃官司坐牢。因為，國家要顏面，政府要威信，若三天兩頭總是有黨政軍大員吃刑事官司坐牢，對大局並無好處。

強人剛抓權之際，位子還沒坐穩，須得揚威風，顯能耐，故而掀起官場大案。眼前，強人日薄西山，殺氣收斂，局面但求穩定，不會再抓國家大員高幹，興出大獄之案。

蔣彥士這幾句話，讓蔡家兄弟吃了定心丸，此後與黨政軍大員勾串往來，更加肆無忌憚。尤其，蔡辰洲心裡隱約覺得，強人總統情報靈通，情治單位細胞密布，豈會不知政府高官顯要家族，與蔡家企業有金錢往來？既然知之，卻多年來安然無事，顯然此事還能容忍。

當然，這道理蔡辰洲只是放在心裡，不會告訴眼前這六名手下。轉念至此，正想出言催促六人趕緊回家，就見十信營業部經理葉煌良期期艾艾，欲言又止。因而問道：「怎麼？還有事嗎？」

葉煌良稍微想了想，然後開口道：「主席，我們不知道到底發生了什麼事情，但看情況，形勢有點兇險，將來我們說不定會吃官司。當然啦，也可能沒事，但也真的可能有事。我在想，我們這幾年也算冒險犯難，沒有功勞，也有苦勞。我今年都五十歲了，將來如果出了什麼事，我無所謂，但我家裡上有父母，下有孩子，好像歌仔戲裡所說的，母老、妻小、子未成，好像應該給他們準備點後路。」

蔡辰洲聞言，臉神凝重，金絲框眼鏡裡，兩顆眼珠子瞪得老大，襯托著肥下巴，就是個一臉橫肉模樣。他盯著葉煌良道：「什麼後路？」

葉煌良見老闆臉色不善，心中有點栗六，但轉念一想，醜話都已出口，覆水難收，乾脆，把話挑明了說：「社裡資金這樣來來去去，動輒上億，都是我們六人居中運作，將來不出事則矣，要出事，我們六人難逃厄運。我是說，主席能不能賞我們六人一筆錢，算是安家費，好讓我們沒有後顧之憂？」

蔡辰洲咬著牙問道：「你要多少？」

葉煌良也緊繃著臉，想了想，緩緩答道：「我想，一人一千萬，不算過分。」

蔡辰洲畢竟是商場梟雄，當場，念頭一轉，臉上肌肉線條立時鬆弛，面色轉為平靜，和緩對六人道：「葉經理講的也是有道理，皇帝也不能差遣餓兵，你們放心，我不會虧待你們。先回去休息，下星期一趕緊辦事。至於安家費，我會有處置。」

話講到這地步，主僕雙方都算有了下台階，這北投別墅之會，到此畫下休止符。

眾人推門而出，到了外頭庭院，但覺寒氣逼人，霧濃露重，鼻子一吸，就是溼氣。抬頭仰望，但見清空明月，滿天星斗。松江分社經理方鏡煌，低聲對著民權分社經理陳文良道：「好冷，今天我老婆晚上喝喜酒，我特別交代，要她給我弄一份菜尾回來，等下趕回家，把菜尾熱了，正好當宵夜。」

陳文良聞之頗奇，有點詫異道：「菜尾？那是小時候吃的，把喜宴剩菜全倒在一起，混做一處，打包帶回家。現在都民國七十四年了，誰還吃菜尾？那東西，冷的、熱的、葷的、素的、湯的、乾的、甜的、鹹的，全攪在一起，你不覺得噁啊？」

方鏡煌道：「沒辦法，小時候口味，長大了改不了。」

陳文良嘆了口氣道：「唉！眼前形勢，看起來很兇險，希望這次沒事。要是出了事，先送土城看守所，後轉龜山監獄，關了進去，別說菜尾了，能有菜頭吃，就不錯了！」

財稅人員訓練所

寶通大樓

信義成園

台北市調處

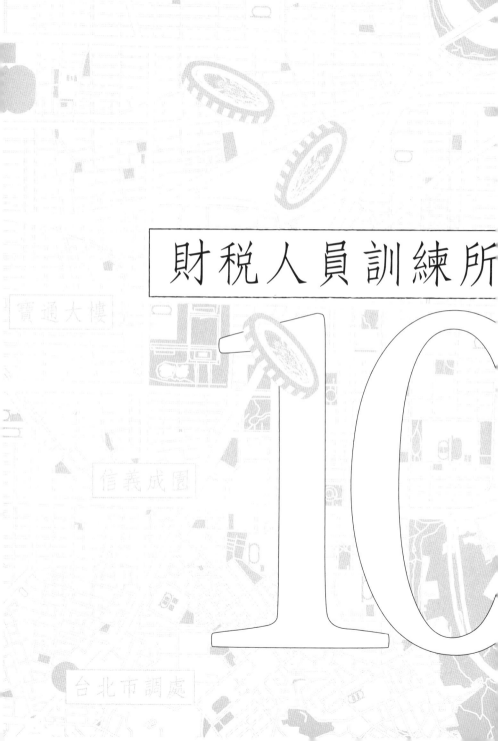

自元月五日央行突襲金檢後，財政部長陸潤康並金融司長戴立寧，採取相應措施，指示合作金庫，派輔導小組，進了十信，協助處理危局。然而，合庫那小組只是從旁輔導協助，並未介入經營管理。這當中，金融司長戴立寧不放心，在元月十日那天，找合庫總經理陳曉鰲、副總經理廖和璧、稽核室主任李來春等人，開了個會，決議要求合庫人員待命，次日一大早，再次衝進十信檢查。

不過，部長陸潤康知悉後，要戴立寧謹慎，先去問問央行意見。戴立寧主戰，說是財政部本於職權，有權如此，何必再問央行？陸潤康說，這事古怪，一開始竟是央行起頭，而行政院長俞國華當過十五年央行總裁，又能直通七海官邸，裡面說不定有什麼文章，小心點為上。戴立寧聽話，去問央行金檢處長程光蘅。果然，程光蘅反對此事，說是央行正進行檢查工作，財政部不宜此時涉入。於是，戴立寧於元月十日晚間，電話告知合庫總經理陳曉鰲：「取消明天金檢計畫，央行說，會自己負責。」

又過了幾天，這一天，民國七十四年元月二十二日，財政部長陸潤康約了十信理事主席蔡辰洲，到財稅人員訓練所問話。目的，是想了解十信狀況，聽聽蔡辰洲說法。

上回，雙方在財政部大樓後頭南昌白宮見面，為的是躲記者；此番改到光復南路財訓所，也是為了避新聞界風頭。

這地方，全名叫「財政部財稅人員訓練所」，簡稱「財訓所」，位於台北市光復南路。站在財訓所門外，背對大門，右前方是中華電視台。左後方則是松山菸廠，廠區腹地廣闊，林蔭處處。松山菸廠位於光復南路、忠孝東路交口，隔著忠孝東路，對面就是國父紀念館。

約好上午九點半見面，這時，九點十五分，陸潤康帶著金融司長戴立寧，到了財訓所，蔡辰洲還沒來。事前打過招呼，財訓所長避了開去，好讓部長商談機密大計。

財訓所為財政部旗下財稅學校，訓練新進人員。凡通過財務、稅務、關務、金融類別高考、普考、乙等特考、丙等特考、基層特考等財金類準公務員，分發之前，先到此上課受訓。過去徐立德當財政部長時，用王建煊當財訓所所長。王在財訓所當所長，仿照美國哈佛大學國際租稅班，也在財政部財稅人員訓練所，成立國際租稅班，請各友邦國家，派遣稅務員，到此受訓。這國際租稅班，一律英文授課，這時，國際學生當中，以南韓學生最多。

蔡辰洲尚未到，陸潤康與戴立寧閒聊，談到財訓所國際班替南韓作嫁，代訓大量南韓稅務員。陸潤康對戴立寧道：「形勢很明顯，南韓遲早要與中共建交，為此，他們大量派學生、公務員到台灣來受訓。莫說我們財訓所了，政大那兒，研究所就收了許多韓國學生。這些南韓學生，到台灣來，學語言、學文化，將來與大陸建交，就派上用場。」

「有次，行政院開院會，討論這件事，說是為何明知南韓遲早要與對岸建交，我們還替南韓訓練人才？不過，當時就有人講，上頭意思，是說我們幫忙訓練，對方在台灣待過，對台灣會有感情，將來即便南韓與大陸建交，來台留學、受訓者，還是會產生正面作用。所以，財訓所國際租稅班，就收了一堆南韓稅務員。」

兩人談談講講，話題就轉到財訓所前任所長王建煊。王在財訓所當所長，最有意思的，是他親自上街，吹哨子指揮交通。

財訓所位於台北市光復南路，接近忠孝東路口，正好在華視大樓斜對面，這地方交通已經很亂，尤其下午放學時間，附近光復國民小學學生四處走，交通更形混亂。於是，王建煊就身體力行，在傍晚下課時間，拿著哨子往馬路當中一站，吹起哨子指揮交通。

後來徐立德當經濟部長，王建煊跟著徐立德去了經濟部，現在當次長，主管貿易業務。然而，這一陣子，王建煊不知吃錯啥藥，三天兩頭在報紙、雜誌、電視上，衝財政部叫陣，要求財政部實施「兩稅合一」。

台灣所得稅制度，公司賺了錢，得繳營利事業所得稅。繳稅之後，把盈餘發給股東，股東拿了股利錢，又得繳個人綜合所得稅，一條牛，剝兩次皮。因而，王建煊當經濟部次長，卻天天壓著財政部，要財政部實施「兩稅合一」，使得股利只課一次稅。這理論，固然正確，卻得損失天文數字稅收，財政部當然不幹。

講到這兒，陸潤康忿忿不平道：「他在經濟部當次長，卻管著財政部的事，誰不知道，兩稅合一符合理想？但損失稅收，壞了國家財政，誰來負責？他這是見人挑擔不吃力，我則是當家才知柴米貴。他就是一張嘴，就顧著自己出鋒頭，也不想想，我們財政部要擔多大責任？依我看，將來有一天，要是他當了財政部長，當家才知柴米貴，他也不敢再提兩稅合一，更不敢推動兩稅合一。」

戴立寧接碴道：「那也是，我曉得，他當初在政大讀財政研究所，那碩士論文，就是講兩稅合一。」

說到這兒，陸潤康看看手錶，已是九點三十五分，還不見蔡辰洲人影。陸潤康不滿道：「奇怪，他十信總社、國泰塑膠總管理處，就在忠孝東路寶通大樓上頭，距離這兒，不過幾百公尺，怎麼人還沒到？」

這話才出口，就見房間門口人影一閃，進來一人，卻不是蔡辰洲，而是台北市政府財政局長林振國。台北市財政局，是十信地方主管機關，故而，事前通知了局長林振國，今天一起開會。

這林振國，也是老財政部，之前在財政部當稅制會執行祕書，半年前才調去當台北市財政局長。這人，是財經金部會異數，他雖出自台大經濟系，卻不是明星高中出身，而是台北市育達商職校友。私立商職出身，而當財經金大員者，他是史上第一人。

財經金官場大員裡，還有另外一人，同樣奇特。那人，是財政部關政司司長賴英照，這人也是沒進高中，讀五年制宜蘭農校，後來自學苦讀，進中興大學法商學院夜間部、台大法律研究所，公費留學進了哈佛大學。賴司長在哈佛大學，攻法學博士，與當今國民黨副祕書長馬英九，同時進去，同時拿到博士學位，同時畢業。博士班，雖無「同班同學」體制，賴英照與馬英九，在哈佛其實就是「同班同學」。

三人談談講講，又過了幾分鐘，這才見蔡辰洲現身。

雙方略略寒暄，隨即走入主題。蔡辰洲哀兵哭窮，軟語討饒，一起頭，就細數苦處道：「去年八月，長春分社經理挪用客戶存款一億兩千萬到一億五千萬，數額龐大。消息傳開後，從九月到十二月，國塑民間存款每個月被提領兩億到三億元，十信因此產生庫存虛浮現象。到十一月底，情況仍未改善，才開始以土地向十信融資，以因應此種變化。十二月底，領薪者累累，此都有帳目可查。」

「到了元月五日，央行突襲檢查十信現金庫存，查出現金短少，但十信迅速補足現金。不過，因報章雜誌報導，致國塑民間存款戶仍持續提領。這段期間，合庫派駐專案小組，曾將國塑向十信借貸之資料，向財政部、財政局、合作金庫等單位報告。」

蔡辰洲倒豆子一般，滴滴答答熟背連串時間與數據，金融司長戴立寧頗感不耐，白皙臉龐湧上血色，搖搖手打斷道：「這些我們都知道，說些我們不知道的事。比方說，你估計，十信何時可以穩定下來，轉危為安？」

蔡辰洲想都不想，順口回道：「年後，年後，馬上就要過年了。春節前夕，最是要緊，提款人必多，局勢必然緊張，一個不小心，就會出亂子。二月十九日是農曆除夕，距離現在剛好四個星期，慢慢進入農曆年前階段。依十信現在體質，現金恐怕捱不過農曆年前提領人潮。都要過年了，倘若現金供應不上，消息傳出去，馬上就是擠兌風。不單是十信擠兌，我哥哥那國泰信託，一定也受影響。國泰信託要是出現擠兌，其他信託公司，像是亞洲信託、華僑信託，也會跟著出事。要是那樣，局面就壞了。」

蔡辰洲幾句話，就掐死在座三大員，陸潤康、戴立寧、林振國，俱都都作聲不得。蔡辰洲心中暗暗得意，曉得捏住了小辮子，不怕官兒們不就範。

陸潤康腦袋裡跑出一幅圖像，台北金融圈烽火連天，存款人奔走呼號，衝破幾家信合社、信託投資公司大門，電視新聞、報紙頭題，都拿這事大炒特炒。事情一出，自然震動七海官邸，強人一定會追究責任，想到這兒，不禁暗暗打個冷顫，覺得腦袋上財政部長這頂烏紗帽，隱約有點搖搖欲墜。當下，定了定神，陸潤康緩緩言道：「只要是正常提領，我們自然支持，總不會讓十信捉襟見肘，沒錢支付提領。這一方面，我會告訴合作金庫陳總經理，要合庫妥善準備，充分支援十信。」

話說到這份上，蔡辰洲心中狂喜，他才略施巧計，說是十信恐怕撐不過春節，陸潤康就趕緊開了合作金庫這天大金庫，金山、銀山由他掏弄搬運去。看來，徐立德所私下透露，「國民黨政府不會讓金融機構倒下」這基本國策，真是好用，要多少鈔票，有多少鈔票。蔡辰洲志得意滿，曉得自己已然打通關節。

事情談到這兒，大致有譜，陸潤康要蔡辰洲好好維持局面，合庫會背後支撐，力挺十信平穩渡過春節前提領高潮。過了農曆年，再進一步商定妥切辦法，重整十信不良貸放，改善體質。對此，蔡辰洲自然唯唯諾諾，點頭如搗蒜，將三位官爺敷衍過去。

11

中央黨部

這是棟兩層樓紅磚房，年頭悠久，日本殖民地時代，這是紅十字會台灣分部。現在，則是國民黨中央黨部。這「中央黨部」四個字，只是一般俗稱，其真正名稱，則是「中國國民黨中央委員會」。紅磚樓外頭，是寬闊庭園，庭園門口，則是個石造大門。大門外，是中山南路，路對面則是個古老城門，景福門，俗稱「東門」。繞著景福門，是個圓環。越過景福門圓環，則是介壽路，只有幾百公尺長，走到底，就是總統府。

這紅磚建築，位居中山南路、介壽路、仁愛路、信義路四條大道交口。隔著仁愛路，是台大醫院；隔著信義路，則是中正紀念堂。從堪輿地理、陰陽風水角度來看，這紅磚建築可謂水火交濟，龍虎纏鬥，是個出大事的地方。每個星期三上午，國民黨中央常務委員會，在這兒開會，簡稱「中常會」。與會者，是國民黨中央常務委員，簡稱「中常委」。

每星期中常會，由強人主席主持，與會者除中常委外，尚有中央委員會祕書長、副祕書長、各工作會主任列席。這是國民黨最高權力機構，也是國民黨最高決策會議。這幾年來，強人主席受糖尿病拖累，健康欠佳，無論介壽路那頭總統府，還是介壽路這頭中央黨部，都少見強人蹤影。今天不一樣，強人拖著病體，親自主持中常會。

今天，民國七十四年二月六日星期三上午，強人主席一大早就到了中央黨部，這時還不到八點半，距離九點鐘開中常會，還有半個多小時。眾中常委陸續抵達會場，卻不見強人主席身影，並且，氣氛有點詭異。主席辦公室關著門，門裡靜悄悄。其實，強人主席就在辦公室裡，坐在辦公桌後頭椅子上，眼神凝重，不發一語。

除了強人主席之外，這辦公室裡還站著兩個人。一人，是強人機要祕書，立於強人身旁。另一人，則是中央黨部祕書長蔣彥士，隔著辦公桌，站在強人對面。這主席辦公室裡，三人都沉默無言，靜得出奇，只聽見外頭中山南路、仁愛路、信義路、介壽路上，上班汽車、摩托車潮，發出各種噪音。

過去一個多月來，行政院長俞國華持續回稟台北第十信用合作社最新狀況，說的是財金部門金檢結果、處置方式。另一方面，調查局長翁文維也不斷有密報，揭露蔣彥士與蔡家關係密切，蔣彥士紅粉知己洪小姐招搖斂財。十信弊端積重難返，須得徹底割除，為防高官礙事，今天，就得翦除阻礙。

此時此刻，強人內心其實頗感悲愴。眼前這人，學識、才幹、處世能耐，都是上上之選，多年來跟著自己，鞍前馬後，既有功勞也有苦勞，卻是臨老入花叢，受紅粉知己拖累，釀成今日局面。

強人體氣兩衰，兩眼昏花，兩腿虛浮，心思卻是格外清明靈敏，想起往日種種，不禁感嘆無限。他不出聲，身旁祕書、身前蔣彥士，也只好默然站著。

這蔣彥士，浙江杭州人，民國四年生，今年剛好七十歲，早年出自南京金陵大學農學院，來台後，入農復會任職。當年，美援時代，政府有兩個機關，直接由美國政府編預算，員工待遇以美元計酬，再轉換為台幣，發給員工。一個，是農村復興委員會，簡稱農復會，為現在農委會前身。另一個，則是美援會，為現在經建會前身。

蔣彥士對人誠懇，無論做人做事，眼光弘遠精準，善於提拔後進。當年在農復會，提拔台籍農業專家李登輝。如今，李登輝已是副總統。蔣彥士受強人提拔，一路晉升，先當行政院祕書長，後當教育部長。民國六十六年四月，大專學生組團，去蘇澳港參觀十大建設，結果翻船，死了一堆學生，教育部長蔣彥士立刻自請辭職，搶在強人行政院長前面，擋下責難波濤。

之後，蔣彥士投閒置散一年，六十七年五月，強人就任總統，以蔣彥士為總統府祕書長。半年後，六十七年十二月，美國斷絕與中華民國外交關係，強人總統立刻起用蔣彥士，出任外交部長。一年後，強人又任蔣彥士為國民黨祕書長。如此，蔣彥士先後任過行政院祕書長、總統府祕書長、國民黨祕書長，創下官場先例。強人對蔣彥士信任有加，頗為寵信。不料，賓主關係卻落得今日下場，強人心中難過之餘，不禁想到國劇《孔明揮淚斬馬謖》。

難過歸難過，眼前這過場，卻須走完。這時，強人抬手，點著眼前辦公桌上兩份資料，小聲對身邊祕書道：「你唸唸，唸大聲點。」

這一陣子以來，蔣彥士就覺得氣氛不對，他闖蕩官場幾十年，早已成精，宦海之事，瞞不了他，稍有風吹草動，他都能察覺。他是國民黨祕書長，多少國家大事，須與強人主席保持密切聯繫，彼此互動頻仍。過去兩個多月來，他明顯察覺，強人對他態度有異，較過去冷漠許多。最簡單徵兆，就是兩人會面，幾乎都是他稟報公事，強人幾乎完全無話。強人對屬下，本來就是聽得多，說得少，這兩三個月間，強人對他話更少，令他覺得惴惴不安。

今天一大早，到中央黨部中常會場，就見俞國華、倪文亞、嚴家淦、黃少谷、谷正綱等要員或大老，臉色異常。隨即，祕書處手下過來，說是主席召喚。他進了主席辦公室，就見強人與祕書等在那兒，強人面前辦公桌上，擺了幾份刊物，他一見那刊物，心裡發涼，曉得今天要玩完。原來，那些刊物都是七十二年底立法委員選舉時，國民黨文宣刊物，裡頭大力替蔡辰洲擦胭脂抹粉，說盡好話。

此時，強人點手，要祕書讀宣傳資料。顯然，之前強人已經找人讀過內容，明確圈定若干段落，現在要祕書大聲讀出來。

強人祕書拿起一份雜誌，《中央月刊》七十二年九月號，稍微翻一翻，開始朗讀：「蔡辰洲同志二十一歲開始加入工商業的行列，具有高度管理能力的根基，在短短十六年內，由慘澹經營的小工廠，發展成中小企業，乃至於國內頗富盛名的國泰塑膠公司，擔任國泰企業的領導人之一。認識他的人都知道，他是靠自己苦幹實幹所獲得的知識經驗，方能有今天的局面。蔡辰洲先生是友儕中聞名的孝子，平常沒事，喜練書法，對民俗文物更有研究……。」

唸到這兒，強人搖搖手道：「換一份唸。」

祕書放下《中央月刊》，又拿起一份刊物道：「《群眾》半月刊，標題：〈慈善企業家〉。蔡辰洲先生在工商企業界方面的成就，為許多人所熟知，他為善不欲人知，而為社會大眾忽略。他投入工商界，自基層做起，在嚴格的磨練下，使他累積而素養成企業家的基本概念，建立了以基層為礎石的不移信念。他擇善固執，擇難而就，苦幹實幹，充滿魄力與膽識。」

唸到這兒，強人又一搖手，祕書放下刊物，不再作聲，等著強人進一步指示。

強人有如雕像，凝滯不動，彷彿時間停止流轉，辦公室成了靜物照片。須臾，強人稍微抬頭，看看祕書道：「不是還有兩份雜誌嗎？一併讀了。」

那祕書，緩緩從桌旁強人公事包裡，掏出兩本雜誌，一本較厚，彷彿是書；另一本則體積較大，但較薄。前者，是《財訊》月刊；後者，是《雷聲》周刊。

祕書先拿起《財訊》月刊，隨手一翻，即順口唸道：「自七十四年元月中旬起，約有一千人向國塑提款。其中包括蔣彥士的女友洪小姐，她個人即提走三億元。」

唸完，祕書放下《財訊》，順手拿起《雷聲》周刊，也是隨手一翻，就順口讀出內容：「蔣彥士的紅粉知己洪小姐，便曾持未到期票據，由蔡辰洲親自修改日期，准其提前向十信提走新台幣三億元。」

顯然，強人有備而來，那祕書早就在兩本雜誌做了記號，因而拿起雜誌，找都不必找，隨手就翻到該讀之處。

至此，答案揭曉，蔡辰洲東窗事發，強人要徹底查辦，蔣彥士遭了池魚之殃，看樣子，這國民黨祕書長職位，保不住了。蔣彥士回想稍早俞國華、倪文亞、嚴家淦、黃少谷、谷正綱等人臉色古怪，明白這幫人已經得了訊息，曉得強人今天要拿他開刀。

蔣彥士眼睛看著強人身前那辦公桌，偶爾抬起眼光，就見強人還是默不吭氣，靜靜坐在那兒，臉上不顯顏色，也不知心裡想些什麼。就此，蔣彥士也不知該如何啟齒，只好陪著緘默。就這樣，主席辦公室又歸於寂靜，只剩下窗外汽機車引擎聲、喇叭聲、輪胎滑地而過聲。

這份寂靜裡，蔣彥士頗有度秒如年之感，嘴不能張，身不能動，只是僵直站在那兒。過了不知多久，就聽見強人操著濃濁浙江奉化口音道：「你寫個辭呈吧，等下我就發布。」

說完，強人顫顫巍巍，勉強起身，當先而行，出了辦公室。身後，祕書也跟著離開。剩下蔣彥士，多待了幾十秒，也推門而出。

強人、祕書、蔣彥士在主席辦公室這會兒工夫，在外頭中常會會議室，中常委陸續到齊。過了開會時間，強人主席仍未露面，眾人等待之餘，不免交頭接耳，竊竊私語。這裡頭，《聯合報》老闆王惕吾這天剛好坐在行政院長俞國華身旁，對著俞國華小聲嘀咕道：「你聽說沒有？祕書長好像要換人。昨天有人見到駐日代表馬樹禮，今天大老闆又把蔣彥士找進去，恐怕，這是要換人了，蔣下馬上。」

國民黨中常會，有中常委三十一人，其中，有三位報老闆：《聯合報》王惕吾、《中國時報》余紀忠、《中央日報》曹聖芬。這裡頭，王、余是真老闆，而《中央日報》是黨報，黨部派曹聖芬去《中央日報》管事，曹只能算是假老闆。

大半年前，民國七十三年夏天，洛杉磯奧運會，中國大陸首度參加，台灣也首度以「中華台北」名義與賽，這是兩岸同時參加奧運會。大陸首次參加奧運，成績斐然，獎牌拿了一堆，中時報系旗下《美洲中國時報》，頗為捧場。結果，在台北中常會引發論戰，王惕吾、曹聖芬聯手，猛攻余紀忠，那意思，是說《中國時報》長敵人志氣，滅自己威風。鬧到後來，強人拍板，逼得余紀忠關了《美洲中國時報》。

那場風暴，王、曹二人聯手，但肚子裡緣由不同。在曹聖芬，他是《中央日報》頭頭，講的是政治意識。至於王惕吾，表面上講大道理，骨子裡，還是生意經。聯合報系旗下《世界日報》，在美國開疆闢土，經營多年，中國時報系旗下《美洲中時》，卻異軍突起，後來居上，搶了《世界日報》市場。故而，趁著洛杉磯奧運，王惕吾聯合曹聖芬，猛攻余紀忠。

大半年後，《美洲中國時報》已經關門，時報老闆余紀忠，這時留滯美國，韜光養晦，遲不回台。因而，今天中常會這場「鍘蔣大戲」，余紀忠就沒趕上。這會兒工夫，王惕吾坐在俞國華身旁，嘟嘟囔囔，小聲匯報蔣彥士羅曼野史。畢竟是報老闆，手下記者眾多，情報訊息也靈通，所講內容，頗為精彩。

說起來，這王惕吾，與俞國華一樣，同是「官邸出身」，但時期與位階差別甚大。俞國華早年跟著老強人委員長，前後十年，是老強人貼身機要祕書。至於王惕吾，則是國共內戰時期，出任總統府警衛大隊上校隊附，兼第二團團長。如今，兩人都是中常委，每週三上午，同處一室，開中常會。

俞國華本是謹言慎行之人，但畢竟是凡人，免不了愛聽小道消息。好在，他只聽不說，不違本性，於是，就靜坐不語，由著《聯合報》老闆王惕吾吹耳旁風，說著蔣彥士羅曼野史。

原來，這洪小姐今年五十七歲左右，保養得宜，望之如四十幾歲。此女籍隸浙江奉化，曾在浙江大學農化系就讀，後轉金陵女子大學農業經濟系。來台後，美國中央情報局派克萊恩當台北站站長，成立西方公司，是為中情局在台機構。西方公司招募華籍職員，洪小姐讀過金陵女大，英文底子好，進入西方公司，經濟情況大為改善。

西方公司結束後，洪小姐從事保險業，因駐顏有術，保養極佳，女人味十足，談吐不凡，應對得體，長於肆應，成了台北交際圈紅人。就在蔣彥士接任教育部長前後，洪小姐四十多歲之際，在金陵大學、金陵女大聯合校友會，認識了蔣彥士。此時，洪小姐四十多歲，已離婚，望之卻如三十許，蔣彥士一見傾心，立即交往。兩人交往後，蔣彥士帶著洪小姐出入公共場合，對熟識朋友，總是稱洪小姐為「洪經理」。蔣彥士當時已經是政壇上響噹噹大人物，洪小姐仗著蔣彥士名頭，大開生意門道，在台北官場引人側目。

王惕吾說到這兒，就見強人主席走進會場，主持中常會。後頭，蔣彥士垂頭喪氣，跟著列席。強人就著斗大方塊字，好不容易，把國父遺囑唸完，然後開會。會中，強人頗感慨，講了些大道理，無非是堅持操守，杜絕舞弊之類話語。末了，強人向所有在場中常委宣布，更換國民黨祕書長，兩天後交接，由駐日代表馬樹禮接任。眾中常委，有些明白原委，有些則不明所以，會後交頭接耳，都覺納悶。

要說身體，蔣彥士年方七十，身強體健，比馬樹禮還健旺。要說年紀，蔣彥士還比馬樹禮小著一大截。再者，要換祕書長，為何不遵照傳統慣例，等到三中全會時，順勢而為？為何要如此匆忙更迭？有那不明白行情者，就指望能向嚴家淦、倪文亞、俞國華等人，探聽內情。自然，曉得內情者，無不是沉默是金，三緘其口。

這時，還不到十點半，俞國華正打算回行政院，卻見強人祕書過來，低聲傳訊，說是強人在主席辦公室召見。

俞國華趕忙進了主席辦公室，就見強人滿臉倦容，表情疲憊，低聲問道：「台北十信，現在怎樣了？不會出什麼亂子吧？」

俞國華定了定神，腦袋裡翻了翻日曆，緩緩回報道：「上星期六，二月二日，十信情況告急，向合作金庫申請融資，金額十億元。到了前天，也就是二月四日星期一，合作金庫向財政部請示，財政部本於職權，已經同意。財政部長陸潤康後來向我回報，我告訴陸部長，春節前特別重要，必須把局面穩住，不能出事。」

「昨天，二月五日星期二，十信又再度向合庫申請十億元融資。陸部長回報說，財政部與合庫達成三原則，錢還是借給十信，十億元申請照准，但限制資金用途，僅能用於支付十信存款戶提領，不得轉用他途。如果發現十信以合庫所融通資金，繼續貸款，就停止撥款。」

「局面是有點危險，但合庫資金充沛，如果十信有擠兌，合庫應該能頂得住。更何況，還有其他公營銀行，只要一起聯手，就能擋得住風潮，穩定局面。」

強人聞言，面色凝重道：「絕對不能有風潮，當年在上海，我們就吃了金圓券風潮大虧，擠兌風潮怎麼樣也壓不下去，整個金融都崩潰了。」

俞國華立刻回道：「不會，我會緊緊看著，不會發生這種事。」

強人稍稍鬆了口氣，緩緩言道：「實在沒想到，我投注這樣多心血，費了多少力氣，在軍隊裡建立起政工制度，怎料到現在竟然墮落到如此地步。」

俞國華不知強人所指為何，他生性謹慎，不知道之事，就保持沉默。

國民政府遷台初期，強人出任國防部總政治作戰部主任，手下猛將奇兵，在所多有，不但監視軍情，還慢慢四面八方，朝所有領域滲透。到了後來，更成立劉少康辦公室，號稱「小行政院」，政府所有施政領域，全都伸手干預。這塊範圍，俞國華向來無涉，因而聽聞強人抨擊政戰體系，俞國華悶不吭氣，聽強人繼續發牢騷。

強人接著道：「三年前，跑了馬璧；現在，蕭政之又與蔡家勾結，自甘墮落，去蔡辰洲手底下，當關係企業董事長。當年的革命精神，當年的軍人魂，全都扔到爪哇國去了！」

這馬璧，在總政戰部當過出版社主任，又在政治作戰學校當過系主任，是軍方掌握思想工作重要筆桿。教育部有個編輯委員會，負責編寫全台灣高中三民主義課本，馬璧即是這編輯委員會負責人，高中學生政治思想也由他掌舵。這樣一個政戰旗手，卻在民國七十年十一月，叛逃大陸，當了共產黨全國政協委員。俞國華都聽說，馬璧投共後，去了浙江省奉化縣，夜宿強人老家豐鎬房。次日睡醒，詩興大發，還在豐鎬房牆壁上，提筆寫促進統一統戰詩句。

至於蕭政之，更是總政戰部頭面人物，這人以前當過憲兵司令部政戰主任、金門防衛司令部政戰主任、聯勤總部政戰主任、華視副總經理。後來，到總政戰部，當王昇副手，出任總政戰部副主任兼執行官。詎料，離開軍職後，卻去了蔡辰洲那兒，出任國塑關係企業理想工業公司、國璽印刷公司董事長。

見強人落寞發脾氣，俞國華只好換個說法，安撫強人：「以前他們也想處理十信，不過，後來總是有干擾。我想，現在干擾因素都拿掉了，這次我們會好好處理，把問題徹底解決。總之，等這個春節過後，我們會讓十信回歸正常。」

強人許多星期沒出席主持中常會，今天露面，砍了蔣彥士，心情自然低盪。這會兒工夫，他在親信俞國華面前，疲憊之態顯露無虞。俞國華想起，前幾天收到駐美代表錢復密電，詳盡報告美國政府、國會，針對江南案最新處置。根據錢復書面報告，美方壓力極大，恫嚇不絕。偏偏，黨外雜誌連篇累牘，指稱強人次子是江南命案幕後指使人。雖無明確證據，坐實外界傳言，但總是瓜田李下，跳到黃河都洗不清。

外有江南案美方壓力，內有十信弊案，強人內外交迫，日子自然難過。強人抬起了頭，撐著昏花兩眼，看著俞國華吩咐道：「前幾天，國家安全會議，你也在場，也聽到警備總部報告了。這幾年，愈來愈多人繞道第三國家或地區，到大陸去探親訪友。這種事，已經成了趨勢，以後會愈來愈多，看樣子，是擋不住了。都三十六年了，這些人想家，想回去看看，也是常情，不能永遠這樣禁絕。你回去之後，找內政、外交、國防相關單位，想想辦法，討論出一套制度，看看該怎麼辦。」

幾年前，警備總部發現，台灣旅客出國後，轉經第三地，前往大陸。待旅客返台後，警總傳喚當事人，向警總說明內情。然而，此類案例一而再，再而三，愈來愈多，警總頻頻盤問，問來問去，內情千篇一律，都是回鄉探親。上次國安會議，討論此事，眾情治單位頭頭都承認，擋不住、禁不絕，現行體制已無法維繫。至於該採何種新制，則無定論。

今天，俞國華首度聽強人露出口風，有開放大陸探親打算。當即心裡盤算，待會兒回行政院，要找哪些首長、主管來開會。正想著這事，就聽見強人又絮絮叨叨往下繼續說道：「也不是單單讓老百姓回去探親，這裡面恐怕要有很大變化，其他事情也要跟著換換體制，才能弄出一整套作法。像戒嚴令實施了三十幾年、報紙限定家數、限定張數，恐怕都得檢討。」

講到這兒，就見強人低著頭，揮揮手，就此結束了談話。

12

成功嶺上

民國七十四年二月九日，星期六。這一天，台中縣烏日鄉陸軍成功基地成功嶺大專學生寒訓班，舉行結訓典禮，由行政院長俞國華主持。

民國五十二年起，成功嶺開辦大專學生集訓班。民國七十四年間，這大專集訓班，暑假兩梯次，稱為暑訓，寒假一梯次，稱為寒訓。每年七月底，大學聯考放榜後，錄取新生在八月中旬上成功嶺，接受陸軍步兵入伍教育，等同新兵訓練，為期六週，至十月初結束，是為第二梯次暑訓。至於第一梯次暑訓，以及寒訓，則是由三專、五專學生、大學僑生受訓，也是六週。

舉世滔滔，獨有中華民國，大專役男要兩度進入新兵訓練中心，接受步兵入伍教育。在學時期，上成功嶺大專集訓班，剃光頭受新兵入伍訓練。待畢業之後，入伍服兵役，無論當預備軍官，或當大專兵，都要再度重回新兵訓練中心，再度剃光頭，再度受新兵入伍訓練，其他國家，沒有此種特殊制度。

此時，成功嶺有兩大單位，預備師一〇四師全部，以及預備師三〇七師一個旅，駐紮於成功嶺上。這兩個預備師，訓練內容包括一般新兵與士官隊。至於預官隊，以及大專集訓班，則專由一〇四師承擔。

成功嶺，無論暑訓或寒訓，每梯次集訓有兩項重大典禮：開訓典禮與結訓典禮。每次典禮，都由重量級人物主持，開訓典禮授槍，結訓典禮頒獎。

強人任行政院長時期，以及任第一任總統時期，政躬康泰，每年都上成功嶺，或開訓，或結訓，主持大典。其他典禮，則由行政院長、國防部長、參謀總長等，輪流主持。現如今，強人身體衰弱，不堪舟車勞頓，早已不上成功嶺，這一天，碰上寒訓結訓典禮，由行政院長代打，俞國華早早就到了成功嶺。

此時，俞國華與眾軍方將領，同坐司令台上，等候結訓大典開場。台下，面積好大一塊校閱場，萬餘名受訓學生，穿著甲種服裝，打綁腿、繫S腰帶、戴鋼盔，右肩上扛著國造五七式步槍，正整頓隊伍，排列方陣。

俞國華往下看，但見萬餘名少年兒郎，渾身草綠戎裝，頭上墨綠色鋼盔，在朝陽照射之下，猶如起伏綠色波濤。幾十個連隊，排成幾十個方陣，數不清的五七式步槍，槍尖上粗大防火帽、防火帽尾端突起準星，在台下不住晃動。此情此景，讓俞國華想到，自己二十二歲那年，隨著強人委員長，在洛陽閱兵，也是如此壯觀。

民國二十五年十月底，強人委員長五十大壽，抗日氛圍濃郁，全國軍民發動獻機運動，購買三十多架美造「霍克三式」驅逐機，以為日後抗日張本。當時，日寇圖我日急，強人委員長依舊堅持「先安內，後攘外」策略，因而，五十大壽前夕，委員長赴西安視察，督促守將張學良儘速剿共。嗣後，十月三十一日，強人五十大壽當天，強人委員長在洛陽閱兵，俞國華就跟在委員長身邊，親睹閱兵大典，也是幾萬兒郎，全套德械裝備。

五十大壽之後，強人委員長又再度趕赴西安，行前，西北諸省將領力勸委員長，謂張學良不穩，怕委員長出事。強人委員長執意前往，結果，爆發兵變，是為「西安事變」。兵變之際，俞國華即住於委員長隔壁寢室。

西安事變，導致國共合作，國民政府提早抗日，實力耗損，洛陽閱兵那幾萬德械精銳部隊，全在次年八一三淞滬戰役中，為了粉碎日寇「三月亡華論」，與日軍精銳陸戰隊，在上海硬頂了三個月，結果全數報銷。抗戰後，四年內戰，國民政府被攆到台灣。想到此處，俞國華正心中暗暗感慨，就聽見廣播喇叭裡，號角聲響起，台下萬餘名學生，已經列隊完畢，靜待結訓典禮開始。

這時，侍從軍官走到俞國華身旁，伸出戴著白手套手臂，示意俞國華就主席位置。俞國華起身，前行幾步，站到司令台主席桌後頭。隨即，台下一員武將聲嘶力竭，扯著喉嚨喊道：「陸軍第二十軍軍長，兼任成功嶺大專集訓班班主任，陸軍中將丁之發報告，陸軍預備么洞四師大專集訓班實到官兵……。」

丁之發喊完了，就是頒獎典禮，自有軍方人員安排，俞國華只是過個場，接過獎狀、獎章、獎品，轉交給受訓成績優異學生而已。頒完了獎，就是訓話，俞國華嗓音較尖，講的又是浙江奉化土腔，受訓學生其實也聽不懂，反正就是一套勉勵官話。俞國華講完了，由其他將領輪流訓話，全講完了，唱陸軍軍歌，唱完，大典結束，幾十個方陣部隊逐漸離場。觀禮台上，班主任丁之發過來，恭敬邀請俞國華院長，至集訓班班本部，聽取簡報，簡報之後，則是大會餐。

就在這工夫，有個一顆星少將急急忙忙，小跑步衝到台上，先向丁之發敬了禮，繼而轉向俞國華，又敬一禮道：「報告，台北行政院來電話，說是急事，請院長立刻去聽電話。」

說罷，少將一轉身，在前領路，俞國華心裡打鼓，七上八下，不曉得台北出了什麼大事，莫非強人身體出了緊急狀況？下了司令台，一輛四分之一噸吉普車已經等在旁邊，俞國華上了吉普車，少將坐司機旁，車子疾駛而去，直奔大專集訓班班本部。進了司令部，少將領路，入一套間，有沙發，有辦公桌，桌上有電話。少將示意，請俞國華坐於辦公桌後，隨即轉身而出，到外頭以軍用電話撥回台北。

未久，辦公桌上電話響起，俞國華接聽。電話那頭，竟然是中央銀行總裁張繼正，語氣有點短促，講了這幾日以來十信種種。結果，就是大事不妙，非得勒令停業，並由合庫全面接手，才能止住亂局。

張繼正生性嚴肅，素來話少，交際應酬少，外不柔而內剛。此時此刻，在電話裡，張繼正依舊言簡意賅，說是財政部長陸潤康託他，代為向行政院長俞國華報告十信現況。陸潤康請張繼正，代轉陳述二月初以迄今天上午，財政部對十信所作處置。二月二日，十信蔡辰洲向合作金庫申請融資，額度十億元。二月四日，合庫向財政部報備核准，將十億資金，融通予十信。詎料，二月五日，十信蔡辰洲又來要錢，一開口，還是十億。

為此，陸潤康特別指示金融司長戴立寧，帶著金融司地方金融科科長張慶堂，到合作金庫去，與台北市財政局長林振國、合作金庫總經理陳曉鰲開會，訂下三原則：一、十信不得承作新放款。二、合庫對其融資，只限於彌補票差。三、若發現十信留用融通資金，即予停止融資。這三項原則，等於築起一道堤防，阻擋蔡辰洲惡性挪用合庫資金。

到了二月六日，十信明顯不符合財政部前一天會議所訂三原則，但合庫還是同意蔡辰洲所請，繼續融資十億元給蔡辰洲。

電話裡，張繼正報告至此，即被俞國華打斷話頭。俞國華語帶責備道：「等一下，等一下，不是說，五號訂出了三原則，如果十信違反這三原則，就停止對十信融資。那麼，為何到了六日，十信還是違反這原則，合庫卻繼續融資十億元？這是重大失職，我回台北之後，要查辦此事。」

電話那頭，張繼正陳述道：「是這樣的，陸部長告訴我，合庫總經理陳曉鰲說，五號白天，訂了那三原則，所以，六日上午，蔡辰洲請合庫撥款，合庫拒撥。可是，陳總經理說，到了六日下午，他接到財政部金融司長戴立寧電話，說是取消五日決議，不必考慮三原則，於是，合庫在六日下午，就撥款十億元給十信。」

俞國華聞言大奇道：「怎麼會這樣，頭一天會議訂下三原則，第二天戴司長卻下令取消。這是怎麼回事？」

張繼正解釋道：「這事情很棘手，陳總經理說，戴司長打過那電話，所以，他才撥款。不過，陸部長說，他問過戴司長，戴司長說，絕對沒有打這電話。」

聽到這兒，俞國華曉得，事情要壞。連最基本的通訊聯繫都出了問題，還有什麼爛事不可能發生？當下，他覺得後悔，悔恨太過相信財政部這批官僚，倘若一開始就把事情交給錢純，定然不是這種結果。錢純在央行當他十餘年副手，他曉得這人精靈古怪，足智多謀。倘若一開始，就指定由央行副總裁錢純全權督導十信處置措施，定然不會弄到如此地步，財政部與合庫簡直被蔡辰洲吃得死脫，成了蔡辰洲私家庫房。

當下，俞國華反問道：「你覺得呢？戴立寧、陳曉鰲，誰的話才是真的？」

張繼正回道：「兩人都沒留下證據，很難斷定。合庫第二次融通十億元給十信，主要原因，是蔡辰洲一再告急，說是十信庫存現金短缺，如合庫不融通，十信難以支付提領，將爆發擠兌。為安定金融秩序，穩住局面，避免爆發金融危機，所以，合庫才第二度融通十億給十信。」

張繼正繼續言道：「陸部長對我說，二月六日又給了十信十億元之後，二月七日，陸部長在部裡又開了專案會議。會後，陸部長親自打電話給蔡辰洲，告訴他兩件事情。首先，要蔡辰洲在一個月內，寫一份具體計畫，改善十信體質。其次，要蔡辰洲打電話給合庫陳總經理，主動要求合庫加強輔導，今後五百萬元以上放款，都要經過合庫輔導小組同意。」

「又過一天，到了二月八日，也就是昨天，蔡辰洲又來急電，還是告急，說是十信已經快頂不住了，再不融資，就會爆發金融危機。為了安定局面，合庫第三度融資，還是十億元。總計，本月四日、六日、八日，合庫共融資三十億元給十信。陸部長說，他發現這三十億給了十信之後，彷彿泥牛入海，立刻消失得無影無蹤。陸部長說，今天上午又開緊急專案會議，合庫陳曉鰲總經理說，根據合庫了解，下星期一，十信開不了門，沒法子繼續營業了，撐不下去了。」

「因而，陸部長決定，下令十信從下星期一，二月十一日開始、連同十二日、十三日，連續三天，停止營業。並且，由合作金庫再添加大量人手，同時進駐十信十八個營業據點，這次不再輔導，而是直接進駐代管，全面接手貸款業務，並徹底查帳。唯有這樣，才能防止蔡辰洲再以擠兌、金融風暴為口實，向合庫套取資金。」

俞國華聞言，曉得事情已壞。徐立德當財政部長兩年半，十信不良放款翻倍，增加了三十多億元。陸潤康當財政部長，竟然在一個星期之內，就讓十信掏弄走三十億資金。事已至此，發脾氣，責備屬下，於事無補，因而，俞國華輕輕嘆了口氣道：「暫時也只好這樣辦了，往下走，你們責任重大，不但要穩住農曆春節前金融局面，防止擠兌，還要追究蔡辰洲責任。此外，到底有沒有那通取消三原則電話，也要查清楚。」

講完這話，俞國華又問道：「那麼，為什麼陸潤康不直接打電話給我，要請你幫忙轉話？」

張繼正答道：「這話，我也問過陸部長。他說，由我代為報告，比較能冷靜而客觀，向您分析十信局勢。」

俞國華嘆了口氣，掛上電話。他曉得，所謂「不是一家人，不進一家門」，陸潤康與自己雖是長官、部下直屬關係，但畢竟過去殊少淵源，並不親近。他當了十五年半中央銀行總裁，直接指揮調度金融人脈，門生故舊遍布金融界。而陸潤康，則受李國鼎提拔，遍歷財政部多項要職，與王昭明、李模、王紹堉、王建煊這幫人，都被歸為「ＫＴ派」人馬。

現在出了事情，杆格依然存在，陸潤康不願直接向自己報告，改而委請央行總裁出面轉話。俞國華又嘆了口氣，曉得就此包子蒸爆，滾湯四溢，十信於焉炸鍋。

13

《工商時報》

台灣還是戒嚴時期，許多行業都受管制。十信能坐大，是因政府管制金融業，各種金融事業執照有限，沒法子添增。同樣，新聞業也受管制，雜誌、通訊社容易申辦，報紙、電視、廣播電台，則是執照固定，只能有那麼多，無法增設。不但限制報館家數，每天所發行報紙頁數，也受管制，最多只能有三大張，十二個版。

此時，台灣經濟早已起飛，廣告需求大增，而報紙家數固定、版面固定，因而，無論是工商業者還是市井小民，要登個廣告，得求爺爺、告奶奶、託人情、講關係。如此一來，外頭就有個說法，說幾家報館印報機，其實就是印鈔機，機器一開，鈔票嘩啦嘩啦往裡頭賺。

報社當中，就數《中國時報》與《聯合報》最賺錢，兩家報紙還發胖擴展，成了報系。《聯合報》，另有《經濟日報》與《民生報》。《中國時報》，則有《工商時報》與《時報週刊》。中時與聯合，向來是死對頭，隔三差五，就在自家報紙上，吹自己是「第一大報」。只要一吹自己是第一大報，第二天，對頭保證回擊，說他們才是第一大報。

到底誰第一大報，言人人殊，沒個準答案。可以確定的是，《中國時報》與《聯合報》，其每日發行份數，都超過一百萬份。儘管每份報紙只有三大張，十二個版面，但報館卻是人力密集產業，養了大量人工。這裡面，有記者、編輯、校對、美術繪圖員、撿字工人、排版工人、印刷工人，雜勤工人、以及總管理處大量行政人員。其他，還有警衛、司機、清潔工，種類族繁不及備載。所有這些工作人員，只有行政人員白天上班，其他同仁，都是晚上上班。因而，白天報館有如死城，要到晚上，才活過來。

這一天，七十四年二月十一日，星期一，黃昏之後，天色慢慢暗了下來，到處都亮了燈。台北市萬華大理街一百三十二號，《中國時報》大本營，這時，報館員工逐漸進報社上班，白日裡人煙稀少，這時候，人氣漸旺。中國時報系，面積挺大，圍牆之內，自成格局，主樓是一棟四層長條老樓房，朝東背西，前頭是柏油地面停車場，後頭則是更大一片停車荒地。後頭這塊地，已決定起造新大樓，但此時尚未動工，還是停車荒地。

中時報系、聯經報系，這兩個死對頭報業集團，各自座落於台北市西區與東區。《聯合報》，早早就在忠孝東路四段，靠近基隆路口那兒，一連起造三棟大樓。這時，東區已然崛起，《聯合報》三棟大樓西南方斜對面，國父紀念館旁邊，已經劃出空地，準備興建台北市議會新廈。

至於《聯合報》大廈東南方斜對面，原來陸軍後勤司令部汽車基地保養處、聯勤四四兵工廠、眷村群，都已遷走，空出極大面積，將成為台北市明日新興與新星都會區。現在，這兒已經大興土木，建起了台北市政府新廈，以及世貿展覽館。

中時報系，則窩在萬華，附近有華西街風化區，街面上流氓多、流浪漢多、流鶯多，與東區完全兩樣。不過，中時報系大本營，卻是高牆環繞，自成一格，有個園區模樣，不似《聯合報》那樣，三棟大樓就臨街矗立。

這會兒工夫，記者跑完新聞，紛紛回到報社。無論是開車，或者騎摩托車，抑或走路步行，都得從大理街大門進報社。這當口，天色暗了下來，大理街《中國時報》大門那兒，警衛室裡，十三吋小螢幕彩色電視，正放著中視公司益智節目《大家一起來》。

那電視機雖小，音量卻挺大，就聽見主持人趙樹海魔音穿腦，邊拍手，邊高聲吼道：「大家一起來！」隨即，攝影棚裡現場來賓跟著鼓掌，吵成一團。就在這時候，《工商時報》財政記者小方，騎著野狼一二五摩托車，放慢速度，一個左轉，滑進了報社大門。

在報社後頭停好了摩托車，小方先趕緊到二樓員工福利餐廳，吃頓晚飯，然後，開工寫新聞。二樓餐廳，賣自助餐，擺了二十多張長條餐桌，這時幾乎都坐滿了。中間靠牆一桌，坐了六個人，全是《工商時報》採訪組同仁，年紀都在三十以下。這家報社，成軍至今不過六年多，報社年輕，報社記者也年輕。

這一夥六個記者，邊吃邊扯，聲浪不小。領頭那人，叫張海濤，是財金組召集人，正聽著身旁記者發牢騷。發牢騷記者，叫阿洲，跑金融路線，圓圓臉龐，油光滿面，嘴裡邊嚼邊說：「人家聯經系，事前都計畫好，打團體戰，《聯合報》與《經濟日報》緊密合作。哪像我們？《中國時報》和《工商時報》各幹各的，也不合作，也不通訊息。我總覺得，我們《工商時報》在時報系裡，好像後娘生的，出去跑新聞，都矮《中國時報》記者一截。」

阿洲話才說完，跑社會、司法路線記者油脂小生接著話碴子道：「你們知道嗎？聯經報系記者每天回報社，都可以領一張餐券，價值五十塊錢，去頂樓餐廳，吃一份客飯，點一道現場熱炒菜。像現在，我們六個人，如在聯合報系，就可以點六道熱炒，吃得多過癮。人家每月薪水、採訪獎金、福利，都比我們好。你們知道嗎？他們那五十塊錢餐券，如果不去餐廳吃掉，竟然可以拿去搭計程車，抵用五十塊錢車資。」

一旁，財政記者小方為報社開脫道：「人家那熱炒，可是容易吃的？我們時報系，不怕漏新聞，若漏新聞，再去跑一條獨家新聞回來即可。聯經報系不是這樣，他們比報，比得瘋狂，只要我們這兒登了雞毛蒜皮一條小獨家，他們那兒，就會一大早打呼叫器，把記者吵起來，質問記者，今天為何漏了這條新聞？他們那日子，比起我們，苦多了，那客飯，不吃也罷，還是吃吃時報福利餐廳自助餐算了。」

說到這兒，話題轉入新聞。自今天起，十信停業三天，原本，財政部宣布，就是三天完全停業。後來，考慮正規客戶存款、提款需求、票據交換需求，這停業就打了折扣，變成停止放款，其他業務照舊。因而，今天十信鬧了大擠兌，這一桌子六個人，除了海濤是召集人，沒去跑新聞外，其他五人，都在外頭蹦了一整天，裝了一肚皮新聞。

金融記者阿洲先開砲：「財政部真是笨得可以，人家十信早就要出事了。上星期，十信櫃台員工都發現情況不對，趕緊打電話給熟識客戶，要客戶趕緊來提款。所以，停業前，十信現金就已經大出血。後來更厲害，不到一個星期時間，就把合庫支援的三十億元，以不良放款方式幹光光。放款，事前必須有徵信手續，就算閉著眼睛徵信，那手續也費時間。現在可好，三十億元，幾天之內就跑光光，不曉得那徵信手續是怎麼弄的？」

海濤聞言道：「蔡辰洲上電視說，他事前完全不知道合庫接管之事。他說，上星期六下午，台北市政府財政局派了一個股長，把停業、接收公文交給他，他才曉得出事了。」

阿洲道：「屁啦！不知道才怪！問問十信的人就曉得，上星期十信松江、城內、長春、民權四個分社，外加總社營業部，搞五鬼搬運，掏弄合庫那三十億元，都忙翻了。他們早就知道，一定會出事。今天，十信十七家分社與總社營業部，共被提領三十六億兩千多萬，佔總存款四分之一。國泰塑膠、理想實業、國際海運、國璽印刷、大亨建設等五家關係企業，也受波及，出現大量退票，總計退票金額兩億九千餘萬。擠兌啊，各分社都一樣，都是人潮洶湧。」

今天，各報都是一級動員，能派的記者，全都派出去。《工商時報》這兒，除了正規財金要聞路線之外，還調集地方組、社會組記者，到處支援。地方組記者阿布拉就機動支援，在十信幾家分社之間，轉來轉去，觀察現場。這會兒，他餓壞了，邊狼吞虎嚥吃晚飯，邊描述白日見聞：「今天一大早，還不到九點，我就到西門町附近十信城中分社，等著開門。那時，外頭已經排了一條人龍，等著衝進去提款。」

「時間一到，城中分社拉起鐵門，一堆人就往裡面衝。愈到後來，人愈多，提款人長龍總是不斷，分社裡現金卻愈來愈少，櫃台後面辦事員臉色也愈來愈難看，經理不斷打電話求救。現場，十信有人在櫃台後面，踩上了椅子，居高臨下，拿擴音器說，合作金庫已經出動運鈔車，去台灣銀行金庫，裝了現鈔，馬上就到。不過，因為今天下雨，加上快過農曆年，所以，交通堵塞，運鈔車要晚一點到，希望客戶耐心等候。」

「有一度，城中分社鈔票領完，客戶無錢可領，大聲鼓譟。更要命的是，後來連提款機也被領乾，沒法子往機器裡頭補款。等了幾十分鐘，合庫運鈔車總算到了，一箱一箱鈔票往裡面抬。十信收了現鈔，也不放進金庫了，乾脆全部堆在櫃台上頭，堆成好高一座鈔票山。這下子，營業廳裡情緒才慢慢和緩。好笑的是，這些鈔票都是合庫運來支援，而客戶領得巨款後，出了十信，走沒幾步，就進了合庫城中分庫，開個存款戶頭，把這些鈔票，又存回了合庫。」

阿布拉講到這兒，飯也吃完了，站起身來，端著空餐盤道：「今天稿子多，得趕緊上去開工。否則，等下又要寫到天荒地老，十點半以後才能寫完。」

阿布拉走後，剩下這幾人還坐著不走，繼續談天扯淡。金融記者阿洲，講了今天他在十信總社見聞：「今天，合作金庫又加派八十多人，進駐十信所有營業據點。十信開門後，大量存款戶湧進來，造成擠兌。不過，合庫總行反應很快，通知十信所有營業據點合庫進駐人員，趕緊貼公告，說凡是十信存摺與存款，當場可以請合庫監管人員簽名蓋章。只要合庫監管人員簽名蓋章，合庫保證支付。這樣一弄，很快把擠兌風潮壓下去。」

「今天，合庫總共向十信輸血三十億元，當然啦，十信已經停辦貸款業務，今天送進去這三十億元，都是支付存戶提款，所以，沒有負面後遺症。不過，說到底，合庫還是丟了三十億資金進去，加上十信原來六十多億元窟窿，這下子，十信錢坑已經高達一百億元。」

扯到這兒，召集人海濤道：「差不多了，也該上去了，走吧。」

於是，眾人全都推盤而起，送回餐盤，搭電梯回了四樓《工商時報》採訪部。

七點二十分，採訪部編前會議，總編輯彭鬍子主持，採訪主任鄭大頭點將閱兵，聽取各組簡報。彭鬍子與鄭大頭，都出自台大經濟系，差個幾屆。鬍子冷靜，話較少，速度慢，音量小，不損人。大頭則是吒呼慣了，話多，音量大，偶爾發尖刻言語，讓記者下不了台。

原本，這種編前會都是找各組召集人，圍著桌子開會。今天不一樣，十信出大事，因而，鄭大頭要相關路線記者，也出席編前會。記者小方，主跑財政部，入行沒多久，卻是躬逢其盛，碰上十信大案，跟著瞎忙和。這時，就見鄭大頭連珠炮一般，叫囂指點，揭櫫今日報導重點：

「你們剛才報的這些現場消息，其他報紙也有，沒什麼特別的。我們要有不同的角度，依我看，有幾件事情要搞清楚。首先，過去兩個星期來，合庫給了十信三十億元，這筆錢，到底去哪裡了？到底被誰領走了？這一點，我們要查明白。還有，蔡辰洲十信出事，蔡辰男國泰信託，是否會受到影響？能不能撐過這波危機？也是報導重點。」

「再來，蔡辰洲出事，整個國泰家族，包括他叔叔蔡萬霖國泰人壽集團，會不會伸出援手？願不願意搬錢協助十信？也要有交代。接著，國泰塑膠那一大批民間存款戶，有些人消息靈通，手腳比較快，已經把錢提走。但絕大多數存款人，都還沒來得及把錢領走，現在出事了，這些人注定沒法子領回老本了。這些人，到底該如何是好，我們也要處理。」

「還有一件事情，十分重要。本來，財政部與合庫已經商定三項原則，只要蔡辰洲亂搞放款，就不再融資。誰知道，後來蔡辰洲還是亂搞，而合庫依舊繼續融資。合庫總經理陳曉鰲說，是金融司長戴立寧臨時打電話給他，取消這三原則限制。但戴立寧則說，他沒打這電話。這件事情很重要，事關十億元行政責任，總不能讓陳曉鰲與戴立寧各說各話，總有個真相吧？這一點，我們應該弄清楚。」

小方白天在財政部上上下下跑了一整天，本來就疲憊非常，剛才吃了晚飯，血液往胃部跑，腦袋就有點昏沉沉。這時，望著鄭大頭逐漸稀疏腦袋瓜子，心裡正想著，這人遲早要禿光，成了鄭光頭。正想到此處，就聽見鄭大頭衝自己喊道：「小方，你是要睡覺了嗎？問你啦，今天那批國塑民間存款人，跑到財政部去討公道，結果咧？戴立寧對那通神祕電話，又有何說法？」

小方定了定神答道：「金融司長戴立寧接見了這批民間存款人，他們呼天搶地，要財政部不能只照顧十信存款人，也要替他們討公道。戴立寧說，他們不是金融機構存款戶，而是民間存款人，把錢借給國泰塑膠公司，與十信無關，所以，財政部幫不上忙，只能把案子轉給證管會與法務部。我聽這批人說，要去國泰人壽、來來飯店鬧場，說是蔡家債務蔡家還，蔡辰洲捅的婁子，哥哥蔡辰男、叔叔蔡萬霖，要負責還。」

「至於那通神祕電話，戴立寧另有說詞，等下我會寫新聞。反正，他還是不承認。」

鄭大頭一陣轟炸，編前會議總算結束。眾人散去前，鄭大頭衝著小方道：「小方，明天你不必去財政部那兒，打電話採訪就好，換你去十信總社，盯著現場。阿洲今天盯了一天太累了，明天換你去盯。」

小方回到位子，腦袋還是昏沉沉，攤上稿子，掏出原子筆，開始寫稿：

「台北訊，針對合作金庫總經理陳曉鰲指稱，二月六日接到財政部金融司長戴立寧電話，指示取消前一天所決議三項限制原則，合庫才繼續以十億元支援十信之事，戴立寧昨日強調，他絕對沒有打那通電話。他說，陳曉鰲顯然記憶有誤，誤把他元月十日晚間所打電話，誤記為二月六日。」

「戴立寧說，元月十日那天，他曾找合庫總經理陳曉鰲、副總經理廖和壁、稽核室主任李來春等人，召開會議，要求合庫人員待命，次日一大早，再次衝進十信檢查。不過，部長陸潤康知悉後，要戴立寧謹慎，先去徵詢央行意見。嗣後，戴立寧去電詢問央行金檢處長程光蘅。果然，程光蘅反對此事，表示央行正進行檢查工作，財政部不宜此時涉入。於是，戴立寧於元月十日晚間，電話告知合庫總經理陳曉鰲，取消次日金檢計畫，因為央行表示，會自己負責。」

「戴立寧表示，他元月十日晚間，打電話給合庫總經理陳曉鰲，指示取消次日突襲檢查十信。他說，陳曉鰲張冠李戴，將元月十日取消次日檢查電話，誤記為二月六日取消限制融通三原則。」

工商時報稿紙，毛邊黃紙，質料粗而厚，每頁十行，每行二十字，兩百字寫滿一頁。小方寫這新聞，共寫了三張稿紙。寫完，從桌上漿糊瓶裡，抽出塑膠軟片，沾著漿糊，將三張稿紙一張接著一張，黏成一片，彷彿清宮電影裡，太監所捧聖旨一般。邊黏，小方心裡邊想：「什麼亂七八糟理由？沒多久的事，記性再壞，也不會壞到把一個月前事情，記到一個月以後。」

這時，就聽見採訪部前頭那架十三吋小電視裡，正播著電視新聞。一而再，再而三，講的全是十信風波。先是十信今天開理監事會議，下午四點多，蔡辰洲由多名保鏢夾護，進入會場。先開放記者攝影，然後閉門會議。開完會，蔡辰洲由後門溜走。會議決定，由合庫代理經營十信，執行理事會、監事會、經理人職權。

之後，影片一轉，變成人頭新聞，說是兩百名國塑竹南廠課長級以上幹部，以及組長級職員，兩年前被公司以個人名義，向台北十信申請貸款，每人貸款一百五十萬元，計貸得三億元左右，交由公司周轉。該公司借用員工「人頭」，用以貸款，曾引起部分員工恐慌，但公司以工作獎金名義，發給這些職員若干酬勞後，員工已不再計較，直到十信發生問題，這些員工才緊張。

接下來，國泰信託受十信擠兌波及，也出現擠兌，營業部、信託部、全省各分公司，今天全日支付七億元，較平常明顯增多。

講完國泰信託，又報國泰蔡家四大集團。新聞說，國塑集團出事，其他三個集團，國信集團、霖園集團、富邦集團，已明白表示，不會援救國塑集團。財政部曾詢問霖園集團，有無可能伸出援手？不過，遭到蔡萬霖峻拒。今天，蔡萬霖要求各級主管，轉知所有員工，霖園集團與十信、國塑系統無關，要求員工，若外界詢及，趕緊闢謠，說是沒關係。

寫完財政部新聞稿，小方動手寫配合稿，因為十信風波，整個採訪組亂烘烘，採訪主任鄭大頭不時吒吒呼呼，喊著諸記者早點交稿。將近十點半，小方一個頭兩個大，總算寫完了所有稿子，繼而從抽屜裡翻出採訪日誌，隨意糊弄，填了今天所寫新聞摘要。然後，收拾收拾，趕緊下班。明天，一定又是昏天黑地，從早忙到晚。

財稅人員訓練所

寶通大樓

信義成園

14

台北市調處

第二天，七十四年二月十二日，星期二，小方天未亮就醒了。為了跑十信新聞，昨日一整天東顛西沛，不可開交。晚上回家，腦袋裡猶是滿山跑馬，各種念頭、想法、計畫，轉燈籠一般，晃來晃去。如此，影響睡眠，一夜沒睡好，天不亮就醒，腦殼裡轟隆轟隆跑火車。

才七點多，呼叫器就著火一般狂響。這東西，壓根就是個「電子拴狗鏈」，記者在腰際皮帶上，別著這玩意兒，就彷彿狗兒脖子上套了條鐵鍊子，無論跑到天涯海角，都逃不出狗鍊子魔掌。呼叫器響，小方趕緊打電話回報社，向編輯行政組報到，問是誰找他？編政組早班同仁說，採訪主任鄭大頭有令，要小方早早去十信總社報到。

掛了電話，小方心想：「這不是廢話嗎？昨天晚上，已然交代，要我今天去十信總社。怎麼，信不過我？一大早就急急如律令，呼叫器吵得小爺不得安寧。」

九點過後，小方跨上野狼一二五機車，猛加油門，呼地一聲，起步猛衝。其實，裕隆公司速利Sunny一千兩百ＣＣ轎車，十八萬元就能買到。不過，小方還是習慣騎摩托車，一來交通巔峰時期可鑽車陣，不怕塞車，二來停車不傷腦筋，隨處可停。為此，他寧可「肉包鐵」騎摩托車，也不願「鐵包肉」開轎車。

野狼一二五衝出巷子，走興隆路，左轉辛亥路，過辛亥隧道，右轉基隆路。此後，一路向北，到忠孝東路左轉，越過國父紀念館，穿過光復南路口，路旁右邊，忠孝東路四段三二五號，就是寶通大樓。

這寶通大樓，可謂是蔡辰洲老巢，蔡辰洲所有事業，都窩在這寶通大樓裡：一樓，十信營業部。二樓、三樓、四樓，十信總社各部門。五樓，大享建設、大享營造、大朝建設。六樓，國泰塑膠。七樓，國塑關係企業總管理處。八樓，理想工業。九樓，國際海運、聯泰通運、國璽彩色印刷。

今天，這兒可熱鬧了，人山人海，人聲鼎沸，人進人出。小方停好野狼一二五，三步併作兩步，往寶通大樓裡衝。跑進寶通大樓一瞬間，小方見到大樓外頭，面對忠孝東路騎樓那兒，牆上有個公共電話，當即放心，可以隨時打這公共電話，向報社回報最新情況。進了寶通大樓，小方趕緊先待在一樓，觀察十信營業部擠兌。

這時，一樓十信營業部大廳裡，已是人潮洶湧，萬頭攢動，排隊等著提領存款。那隊伍，也只是大致排著，後頭還好，還有個人龍模樣，到了前頭櫃台那兒，就亂成一團。櫃台後，十信行員埋頭苦忙，應付擠兌。有個中年大肚漢，站在後方椅子上，拿擴音器，不斷吼叫：「各位存款貴賓，我是合作金庫進駐代管領組，請大家放心，所有十信存款，政府百分之百保障，由合作金庫當後盾，十信絕對不會倒閉，各位存款絕對有保障。」

大肚漢喊個不停，櫃台前擠兌人龍卻是不散。有個中年女人，手上還提著個菜籃，對身旁排隊眾人道：「別信他的，要倒還是會倒。我是上海人，三十八年春天，政府要大家交出黃金，改發金圓券，說是百分之百保證，金圓券隨時可以兌換回黃金。結果，我爸媽笨哪，拿了金條去換金圓券。後來，金圓券垮了，我爸媽去外灘銀行大樓排隊，排了一天，也沒領到一分一錢黃金。這回，十信出事，我爸媽人老心不老，要我趕緊來提錢，別信政府保證那一套。」

小方瞧瞧現場情況，隨即出去，打公共電話回報社，請編政組記下十信總社營業部現場情況，然後，呼叫採訪主任鄭大頭，回報這則新聞。其實，報社要到下午才開主管會報，商討當天新聞大計，這時還是上午，時間還早，不必這麼趕。但小方曉得，如他不回報，待會兒鄭大頭一定呼叫他，問他情況。因而，現在先發制人，回報訊息，一來免得鄭大頭待會兒煩他，二來，請編政組呼叫鄭大頭，回報情況，搶先煩煩鄭大頭。

電話打通，還沒來得及回報十信營業部擠兌實況，電話那頭，編政組倒先傳達指示：「司法記者回報，十信營業部經理葉煌良捲款潛逃，但只知道跑了，不曉得詳情。鄭主任說，要你去問問，葉煌良是怎麼跑的？捲走多少款項？」

掛上電話，小方心想：「真衰，偷雞不著蝕把米，本來想騷擾鄭大頭，不想，反而自投羅網，來了新任務。」

小方翻身又衝回寶通大樓一樓十信營業部，直奔經理室，就見經理室門戶洞開，一堆人在裡面翻箱倒櫃，上窮碧落下黃泉，動手動腳搜資料。剛才踩在椅子上，拿著擴音器喊話那合庫領組，也在裡頭。見此光景，小方知道，那經理葉煌良真的出事了。

小方心生一計，抄下牆上所張貼十信總機電話號碼，轉身往外跑。跑出寶通大樓，放眼張望，不遠處，就有家咖啡館，這時已經開門營業。小方進了咖啡館，看明白了，櫃台上有個投幣電話。這種電話，並非公用電話，模樣就是一般私人電話，但電話上頭有個投幣孔，塞進一塊錢，就可以往外打。小方也不理會咖啡店店員招呼，直接就掏硬幣打電話，打到十信營業部。

撥通電話，小方告訴十信總機，接營業部經理辦公室。電話轉過去，響了許久，這才有人接聽，電話裡頭，依舊是人聲鼎沸，嘈雜吵鬧。小方定了定神道：「我這兒是合作金庫總經理辦公室，找合庫進駐十信營業部領組聽電話。」

約莫過了兩分鐘，電話裡重新有了人聲：「我是黃領組，您哪位？」

小方又定定神，壓低嗓音，緩緩言道：「我是總行林副理，陳總經理正在開會，他開會前，要我問你，葉煌良捲走多少存款？」

講完這話，小方心裡打鼓，深怕對方聽出破綻，質疑小方身分。大約是局面炸了鍋，兵荒馬亂，電話那頭，那黃領組竟然上鉤，乖乖答道：「目前查到盜領金額為五個帳戶，共兩千一百萬，還要繼續查證。這五筆存款，都是二月九日星期六，也就是財政部宣布十信停業三天那天，所盜領出去。我們推測，葉煌良應該是那天晚上，趁營業部沒人，連夜搞鬼，盜走款項。」

「昨天上午九點多，我還和葉煌良談話。中午過後，就沒見他人影。沒想到，竟然潛逃出境。剛才，我問過樓上十信總社，曉得葉煌良是在下午一點十五分，搭乘泰航班機，逃往香港。算算時間，他應該是昨天上午，到這兒晃了一下，隨即馬上搭車去機場。現在，調查局的人就在樓上，盤問十信總社相關人員。我剛才了解，財政部前幾天已經通知內政部入出境管理局、警政署、警備總部等單位，禁止十信理監事與高級主管出境，不過，公文跑得太慢。昨天下午一點半，葉煌良搭機跑掉，下午四點多，禁止出境公文才到機場，太慢了。」

聽到這兒，小方心中怦然大跳，曉得摸到大魚，趕忙又壓低嗓門，緩緩言道：「謝謝你，辛苦了，我馬上向陳總經理回報。」

掛上電話，小方又扔進一塊錢銅板，這回，打電話回報社，把寶貴訊息向編政組詳盡回報，要編政組趕緊通知鄭大頭。打完電話，小方就覺得渾身無力，腦袋上冒熱汗，身上卻出冷汗，兩手有點微微顫抖，曉得這是早上沒吃東西，血糖偏低。於是，在咖啡店櫃台買了塊奶油蛋糕，囫圇塞進嘴裡，推門而出，又奔回寶通大樓。

這會兒工夫，場面更熱鬧，各媒體記者都到了，報社記者、電視台記者，在大樓裡四處遊走。這兒，小方碰到政大新聞研究所同班同學，台視記者袁乃娟，帶著跟班，也來跑十信新聞。電視記者出門採訪，好像城隍爺出巡，一出來就是四個人一組。一個文字記者，一個攝影記者，一個燈光師，外加一個司機。四人一組，裹在一起，跑一則新聞。

電視台家數也受管制，一共才三家電視台。這裡頭，台視新聞部待遇尤其好，單月領單薪，雙月領雙薪，一年正規薪資就領十八個月。年底，年終獎金起碼六個月全薪。通扯計算，一年可領二十四個月全薪，一百多萬元跑不掉。在台視當記者，一年薪資就足夠在木柵、景美、南港、內湖等台北市郊區地帶，買一戶小面積全新公寓。

電視公司記者跑新聞，也有其限制，不能自顧自採訪，非得找人訪問不可。因而，小方指點袁乃娟，去找那合庫進駐代管領組問話。當然，這兒營業部經理葉煌良捲款潛逃之事，小方就按下不表。同學交情，歸同學交情；同業競爭，歸同業競爭。這裡頭，有個分寸在，指點同學去訪問合庫領組，已經夠意思了。

小方在一樓十信營業大廳梭巡一陣，見沒啥新意，就想搭電梯，往上頭樓層而去。沒想到，今天這大樓到處是人，眾人又四處亂竄，電梯死等不來，因而，小方乾脆爬樓梯，一鼓作氣爬到六樓國泰塑膠公司。國塑辦公室這兒，也是一堆人，這些人，都是國塑所吸收民間存款債權人，今天都衝到國塑，要求提前解約，領回存款。

起先，這些債權人默默排隊，三三兩兩成群，互吐苦水，但國塑員工並未受理任何提款手續。後來民間債權人愈聚集愈多，群眾情緒高漲，就有人鼓譟，打算鬧事。國塑員工有點著慌，趕緊開了禮堂，要數百名債權人到禮堂裡坐著等候。

幾名年輕債權人掛出海報，寫著：「請蔡家的人拿出你的良知與良心，出面解決問題」。這海報，後來被撕掉。不久，國塑總經理李超倫跑出來，進了禮堂，眾債權人一擁而上，把李超倫團團圍住。小方見狀，趕緊上前，瞧瞧熱鬧。

就見李超倫紅了眼睛，帶著哭腔，對著國塑債權人與員工喊道：「各位，各位，有話慢慢說，不要激動。我在公司裡，也有存款，我也是債權人，和大家都一樣，也希望把錢拿回來。拜託，拜託，拜託大家保持冷靜，我們國塑員工情緒也不好，蔡老闆正在會商解決辦法，有結果就會告訴大家。如果把公司擠垮了，大家都拿不到錢。」

當場，群眾七嘴八舌回罵道：「你不是蔡家的人，你去把蔡家的人叫出來！」

後來，民間債權人總算推派出代表，但眾人還是不願意離去。小方擠在人群裡，這才聽債權人說，他們今天分幾批人，到不同地方抗議。除了寶通大樓國泰塑膠總公司之外，還有其他人，到幾個政府衙門去示威陳情。

今天，十信要召開臨時社員代表大會，通過議案，同意合庫進駐代管。開會時間，定在十一點，地點在五樓會議室。小方十點五十分趕到五樓會議室，就見一群國塑民間借款人堵在會議室門口。十信社員代表被阻在外，沒法子進會議室開會。於是，臨時來了通知，改在四樓會議室開會。社員代表馬上移轉陣地，往四樓走，追債存款人也跟著往下走。

小方跟著到了四樓會議室，就見社員代表入內之後，會議室關上了鐵門。國塑民間存款人也不含糊，用力推擠，竟把鐵門擠壞，衝入會場，小方也跟著衝進去。這會場現形記，可滑稽了，議場裡已開起了社員代表大會，與會者圍著會議桌，坐在椅子上開會。四周，則站著幾十個討債人，不斷高聲叫囂。開會的，則用麥克風，也是出死力大聲講話。就這樣，一間會大議室，好像重金屬搖滾樂團開演唱會，吵得不可開交，我開我的會，你抗你的議。

小方耳朵被吵得受不了，還是得忍著，看著這會員代表大會。社員代表總數一百三十八人，實到九十三人，蔡辰洲請假，由監事主席林炎火任會議主席，財政局第三科科長彭祖稼列席。只花了八分鐘，就通過兩項決議：一、十四日起，委託合作金庫代為經營。二、提供十信財產及授信實權，連同擔保物，全部做為擔保，向合庫融通周轉資金。

開完這家家酒鬧劇會議，眾人一哄而散。小方看看手錶，都快十二點了，肚子餓得發慌，得去找點吃的。

因寶通大樓出事，外頭小生意人看出門道，中午時分，寶通大樓外頭，忠孝東路騎樓底下，竟然擺了五、六個便當攤位，十信存款客戶、國塑民間存款戶，紛紛出去買便當，帶進來吃。小方見狀，也出去，三十五塊錢，買了個梅干菜扣肉便當。

正午十二點半，三家電視台都播新聞，一樓十信營業部大廳裡，牆上釘了個角鋼高架子，上頭有架二十吋彩色電視機，放著電視新聞。國民黨中央黨部前，一群人出殯一般，打著幡旗，扛著牌子，牌子上白紙黑字，墨跡未乾，寫著：「國民黨提名的立委，國民黨包庇的十信，國民黨還我們血汗錢！」

同樣是國民黨中央黨部前，還有另一幫人，也是扛著大牌子抗議。這幫人，則是國塑關係企業員工，因當了蔡辰洲人頭，向十信貸了鉅額款項，現在出事，他們成了債務人，所以，也來抗議。

這兩幫人，邊向國民黨中央黨部抗議，邊相互爭吵。民間債權人說，受了國泰塑膠哄騙，把血汗錢、棺材本，都扔進國塑，血本無歸，國塑是害人精。國塑員工則反罵，就是因為要支付本息給這批民間債權人，所以，才犧牲他們這些員工，讓他們成了貸款人頭，背負天文數字債務。兩幫人鬧哄哄，吵翻天，堵住仁愛路、信義路、中山南路這一片地方，警察只好管制交通，把景福門一帶交通給封死了。

電視新聞鏡頭一轉，兩撥抗議群眾移轉陣地，先後到立法院、監察院、財政部、中央銀行舉牌抗議。反正，這些地方都在中央黨部附近，走走就到。

接下來的新聞更精彩，新聞主播先唸稿，說是國塑民間債權人大鬧來來飯店一樓自助餐廳，見座位就佔住，據案大嚼，根本不理會來來飯店服務人員勸阻。吃完了，這批人抹抹嘴，就抬屁股走人，一毛錢不付，存心吃白食。來來飯店一樓自助餐，加上一成附加服務費，每人三百三十元左右。一群人白吃不付錢，來來飯店當然不答應，擋著眾人要飯錢，雙方激烈推擠。

主播報完乾稿，影片上場，就見來來飯店一樓自助餐廳裡，約二十多人，全是中年女人，太太幫，佔了四、五桌位子，吃得肚皮都鼓了起來。來來飯店工作人員，有職員，有服務生，也有二十多人，把太太幫團團圍住，有個服務生喊道：「你們昨天已經來白吃過一回，怎麼今天又來？要是妳們下次再來，我就在菜裡放瀉藥，讓妳們拉肚子拉到脫腸。」

另一個來來員工，頭戴紅帽，應是大門口司閽，此時聞聲跑過來，戟指衝著太太幫罵道：「今天收不到錢，就不准妳們出大門。」

其他客人見吵吵鬧鬧衝突場面，紛紛走避，使原本接近客滿的自助餐廳，人走了大半。

在場職員比較斯文，對白吃太太幫緩緩言道：「各位要是不付帳，我就要喊警察了。」有個大肚子太太，滿臉橫肉，額頭泛油光，口角噴吐沫，厲聲喊道：「兒子蔡辰洲欠債不還，我們就到老子蔡萬春飯店吃飯。什麼時候蔡辰洲還錢，我們就付這頓飯錢，把他從債款裡扣掉。」雙方吵了一陣子，後來，來來飯店同意這批太太幫簽帳。電視攝影機緊緊盯著跟拍，就見大肚子太太在簽帳單上姓名欄下，簽了「蔡萬春」三個字。之後，又在「還款日期」欄下，填了「蔡辰洲還錢那天」。

這批太太幫，簽完名，大搖大擺走出來來飯店時，有個女服務生追出去，高聲叫罵道：「不要臉，來白吃白喝。」當場，一個太太幫頂回去：「不曉得哪個不要臉？我看，就是你們蔡家不要臉！」

電視新聞攝影機跟著出了來來大門，就見眾太太幫回頭，齊聲高叫：「把帳單收好了，哪一天蔡家還錢了，可以把這些飯錢扣掉。」

這時，有人拿過一張椅子，踩在椅子上，轉了電視換台鈕，換到另外一家電視台，也是電視新聞，同樣，一連串全是十信事件相關報導。

這會兒，電視新聞裡，來來百貨中華路分公司襄理陳奐文接受訪問。他說，民國六十九年間，蔡辰洲當來來百貨公司董事長，他和另外三名來來百貨課長級同事，經國塑財務主管個別談話，同意當人頭。四人同意，加入十信為社員，由國塑公司提供十足擔保品，以四人名義，向十信貸款，最高額度六百萬元，供國塑使用。

他們對公司有信心，而且國塑出了擔保品，所以，認為沒有問題。六十九年迄今，國塑六次用陳奐文名義，向十信貸款，最近一次是去年六月，金額六百萬元。如今，公司出事，他們成了待宰羔羊，前途一片漆黑。

訪問完來來百貨員工，接著訪問來來百貨董事長蔡辰洋。這人，是蔡辰洲同父同母親兄弟。蔡辰洋說，他原預備出國，但臨時改變主意，不料資料已經輸進了入出境管理局電腦，所以外界以為他出國。他說，目前他戶頭已經被凍結，也不能處理財產。他今天派人前往中華航空公司，取回他與電影明星妻子王釧如的出境證。

小方正聚精會神，邊囫圇吞棗吃梅干菜扣肉便當，邊抬頭看牆上架子上電視新聞之際，就聽見耳邊有女人號啕大哭，尖聲喊叫。小方回頭一看，有個老奶奶，還牽著小孫女，在地上打滾嚎叫，說是政府不能只顧十信存款人，不顧國塑存款人。那老奶奶哭喊道：「十信存款人是人，我們國塑存款人就不是人嗎？為什麼合庫只救十信存款人，不救我們國塑存款人？」

老奶奶正鬧得興起，冷不防，旁邊有個老爺爺也跟著大喊，卻是反言相譏，諷刺那老奶奶：「妳鬧什麼？你們國塑存款人，拿多少利息？我們十信存款人，拿多少利息？我這是正規金融機構，一年期定期存款，利率六％。你們那是野雞民間存款，利率二一％。妳一年利息，夠我存三年半。你們貪圖高利息，眼巴巴把鈔票送給蔡辰洲，如今出事，怎能怪合庫？憑什麼和我們一樣，受國家保障？」

兩人對吵，吵沒多久，就有警察來，將兩人拉開。小方看完吵架，回頭又仰著脖子看電視新聞。這會兒，變成蔡家兄弟大表態。

哥哥蔡辰男說：「如果辰洲只是跌了一跤，我還可以扶他起來，但他掉在水裡，我若還要硬拉一把，萬一也被拖下水，怎麼辦？現在這時刻，必須堅持顧客第一，親情第二。外頭批評，說我不顧手足之情，事實是，國塑已經把十信拖下水，沒必要讓十信又把國信拖下水。」

大弟弟，興來集團負責人蔡辰洋說：「如果爸爸沒有中風，或是叔叔蔡萬霖能夠駕馭蔡辰洲，我們就不會分家，辰洲就不是今天這下場。事發前，我和大哥都勸過他，也出錢救過他，但辰洲實在太過份，我很不原諒他。如今，一百億元的債務，誰都幫不了他。他如坐牢，也是給社會一個交代，將來出獄，一定要出來還債。」

小弟興來百貨董事長蔡辰威說：「哥哥辰洲錯了，要自負後果。上星期財政部宣布十信停業，蔡辰洲即與我們三兄弟失去聯絡，叔叔蔡萬霖、蔡萬才，更躲得遠遠的，只有我們三兄弟碰面研商對策。」

蔡辰洋又說：「小時候，我和辰洲就是一起玩耍長大，同父異母大哥蔡辰男並不和我們住在一起，辰男不在時，我就喊辰洲大哥。我想協助辰洲度過難關，但大哥辰男說，救不了了。」

蔡辰男說：「今天國塑債權人去我經營的來來飯店鬧，其實搞錯對象，他們應該去找蔡辰洲。那些支票，名目上開票人是父親蔡萬春，但實際上都是蔡辰洲開出去的。」

蔡辰洋說：「我旗下興來百貨員工，如借錢給國信，或者當了十信人頭，我都擔下來，處理這一部份。此外，有一些親戚借錢給國塑，我也願意解決。不過，最多就這樣了，其他範圍，無力再顧及蔡辰洲。事發後，我都羞愧得不敢去洗頭，而叔叔蔡萬霖連電話都不接，實在太過份。如果我有錢，一定替二哥還錢，不會讓蔡家沒面子。」

電視新聞看到這兒，小方覺得有趣，富戶生活的確燒鈔票，這蔡家兄弟，頭都不在家裡洗，還要去外面洗頭，鬧了十信案，竟然羞得不敢出去洗頭，實在有意思。

心裡正尋思著，驀然間，電視機音量變大，播報員語氣轉趨興奮，音調拉高，速度變快，鏡頭裡，一堆記者堵在榮總手術室門口。然後，手術室電動門開啟，推出一個行動擔架床，眾記者一陣騷動，圍了上去。原來，這人就是十信放款部協理余壯勇。

電視新聞說，這人今天上午六點四十四分，在北投石牌致遠一路住處附近，步行穿越建民平交道時，被北淡線火車撞傷，經急救後，無生命危險。現在，余壯勇從榮總手術房推出來，神智清楚，看起來，傷勢不嚴重。病房外頭，一堆記者等著，立時圍了上去，伸上去一堆麥克風。余壯勇躺在移動擔架床上說話，說今天上午走路不小心，被火車尾巴掃到，只是意外，不是自殺。

說到這兒，余壯勇一再喃喃自語表示：「我很痛苦，我很痛苦！」

電視新聞裡，現場記者說，余壯勇今天上午過平交道時，一列台北往淡水方向火車正好通過，余壯勇沒有等列車全部通過，就往前走，結果，被最後一節車廂尾端掃到，左肩關節脫臼，脊椎骨折，臂部有大傷口，目前傷勢已經穩定。

看這新聞，小方覺得不可思議：「脊椎骨折，竟然只是輕傷，還能神態自若講話？這電視台記者，該回學校重修基礎生理結構學分。這余壯勇分明也就是皮肉傷，怎麼到了電視記者嘴裡，就成了脊椎骨折？」

電視機前，小方身邊有個中年人，見了這新聞道：「報應啊，當蔡辰洲嘍囉，替蔡辰洲騙錢，落得這下場。這還是開始，以後，我看這人一定會得憂鬱症。」

鏡頭一轉，余壯勇已進了病房，躺在病床上，身旁坐著個年輕女子，女人手裡還抱著孩子。這人，是他老婆，神情落寞，眼神悲愴，對記者言道：「這次十信出事，我先生壓力很大，內心很不安，說他可能被拖累坐牢，到時我們母子生活都成問題。」

這女人又說：「十信授信不是余壯勇一人能作主，上頭還有直接主管，即使不願意，為了生活，為了職業，只有勉強在行政手續上蓋章。余壯勇在十信只有五萬元存款，目前已被凍結，今天手術住院費用，還是臨時向親友借的，服務十信十五年，除了一戶公寓房子外，並無積蓄。」

電視機前，有個女人喊道：「只有五萬元存款，誰信啊？在十信只存五萬，其他銀行呢？他一定在其他銀行存了很多錢。多行不義，必自斃，蔡辰洲手底下這幫牛鬼蛇神，壞事幹絕，我剛剛才聽人說，營業部經理葉煌良捲款潛逃，查出弄走了七千萬。這人，以後長期在外頭逃命，回不了台灣，有家歸不得，摟著一堆黑心錢，也沒好日子過。這兒，放款部協理余壯勇，今天被火車撞。其他那些王八蛋，遲早都要關進牢裡去，下半輩子也算完了，這就是跟著蔡辰洲胡搞瞎搞的下場。」

電視新聞報完了，進廣告，一個濃妝豔抹女人，看起來頗鬼魅，背景音效也懸疑恐怖，播的是資生堂夢思嬌化妝品廣告。只見白點一閃，有人站在椅子上，關了電視。電視一關，觀眾也散了。小方放眼一看，這寶通大樓裡，還是亂糟糟，一堆人奔上爬下，在不同樓層間流竄。隨即，小方也跟著亂竄，在不同樓層間遊走，找尋新聞題材。

蔡辰洲所有事業，全在這大樓裡，一會兒這家公司開自救會，一群人大聲嚷嚷，鬧哄哄亂成一片。一會兒工夫，另一樓層另一家公司開自救會，另一群人大聲嚷嚷，鬧哄哄亂成一片。小方走到六樓國泰塑膠公司、七樓國泰塑膠關係事業總管理處，都見到有職員默默收拾私人用品，似乎打算就此走人，不再回來上班。這兩個地方，另有一些職員或者用手撕，或者拿碎紙機，銷毀一批又一批文件。

小方看著，覺得路數不對，實在很想衝到其他樓層，通知那一大堆亂烘烘討公道民眾，說是國塑集團正銷毀證據。但轉念一想，自己是記者，立場是中立旁觀，記下事實，不宜介入，也就忍著沒動，繼續遊走觀察。驀然間，就聽見樓下有騷動，眾人七嘴八舌喊叫，於是趕忙下樓，不等電梯，走樓梯間，小跑步往下頭衝。

衝到一樓大廳，就見十信營業部靠近大門口，那服務櫃台前面，人山人海，人頭攢動，亂成一團。小方心想，這顯然是大事，攸關新聞，非要弄清楚原委不可。於是，小方頭朝前，肩收緊，前腿弓，後腿繃，一步一步往前硬頂，總算擠開人牆，擠到最前面櫃台邊。原來，國塑關係企業員工今天向總管理處財務部門施壓，取出人頭名冊。這些名冊，現在就擺在總管理處一進門大樓服務櫃台上，像大學聯考榜單一般，擺成一長條，員工人頭攢動，爭相擠著看名單。

小方集中精神，眼睛用力看這名單，心裡用力記下重要數據，耳朵用力聽四周員工談話。這名冊，詳盡列出人頭所屬機構、姓名、各筆借款金額、種類、借款分社。名冊中，人頭分屬總管理處、國塑、理想、大享、國泰海運、國泰建設、國璽建設、聯泰通運、台鞋、來來百貨、協富、員工家屬、外界人士、十信借名等十四類，共五百八十六人。單個人頭貸款超過六百萬以上者，為數頗多。

櫃台前，有個員工說，還有些人頭與借款金額尚未列入，公司利用人頭借款已經有五、六年。多數人頭，是由主管遊說，或以考績、升遷、調職等條件作為誘餌，不少員工拒絕當人頭，因而辭職。

小方記得差不多，立刻鑽出人群，到了營業部提款櫃台那兒，取出記事本，趕緊把腦中所記內容，寫在記事本上。匆匆寫完，趕緊衝到外頭，找公共電話，打電話向報社回報。衝出寶通大樓一瞬間，小方見死對頭《經濟日報》，添派人手，兩名文字記者、一名攝影記者，也匆匆往寶通大樓裡衝。

抓起電話，小方直撥採訪主任鄭大頭桌上專線。這時，下午一點多，鄭大頭已經到班，接了小方電話。小方急急如律令，回報今天上午所有訊息。末了，小方氣急敗壞對鄭大頭道：「搞什麼鬼，時報系到現在只有我一個人在這兒撐場面？人家聯經系，《聯合報》經濟組女記者早就到場，剛才，又看到《經濟日報》另外派了兩個文字、一個攝影，你快點派人來！」

鄭大頭答道：「那個地點，對聯經系有利，寶通大樓就在聯經報系附近幾百公尺，他們派員方便。你先撐著，我馬上派人過去，等人到了，你們換班，你趕快回財政部，下午要開記者會。你對財政部熟，你去守財政部這條線。」

掛了電話，小方不禁咕噥發牢騷道：「聯合報系距離這兒近，派記者就方便？這話，拿去哄三歲孩子吧！記者又不是住在報社裡，記者到採訪地點快慢，與報社距離採訪地點遠近，一點關係都沒有。這是什麼鬼話？」

小方重回寶通大樓，發現櫃台前面人群已經散去，那份人頭名單也不見了，不曉得被誰收了去。這時，就見《聯合報》經濟組女記者黃淑娟盯著陳情抗議人採訪。這女記者，頗為優秀，出自政大新聞系，小方則是出自新聞研究所，說起來，也算是同門。此女讀政大新聞系時期，成績就好，拿《聯合報》獎學金，畢業之後，直接進《聯合報》，跑起新聞，頗為拚命。小方過去，和黃淑娟打個招呼，彼此扯扯，隨口聊聊。

幾句話扯完，小方就見自家《工商時報》社會組記者李健果，帶著攝影記者，後頭跟著《中國時報》社會組記者徐寧賓，也衝了進來。小方趕忙扯過李健果，匆匆簡報現場情況，算是任務交接。幾句話講過，李健果拍拍小方，拿手向前邊指指，示意小方瞧瞧。小方放眼看去，就見徐寧賓與黃淑娟聊上了，李建果有點神祕兮兮道：「十信姻緣，兩家對頭報記者，一個是《聯合報》經濟組，一個是《中國時報》社會組，有點苗頭。」

15

財政大樓

出了寶通大樓，小方騎上野狼一二五摩托車。發動之前，小方從隨身背包裡，掏出個新力牌隨身聽與耳機。隨身聽掛在左腰際皮帶上，與呼叫器並排，鼓鼓一大塊，擠得左邊肋骨有點生疼。把耳機前端插進隨身聽，末端罩住兩耳朵，又把錄音帶塞進隨身聽裡，然後按下播放鍵，蘇芮唱起了〈一樣的月光〉。隨即，小方用力踩下啟動桿，野狼一二五呼呼作響。

野狼一二五風馳電掣，沿著忠孝東路往西猛衝。一樣的月光之後，換成于楓唱〈愛在旋轉〉。之後，楊耀東的〈怎麼能夠〉還沒唱完，野狼一二五就越過行政院新聞局舊磚房，到了中山南北路口。摩托車由東向西走忠孝東路，到了中山南北路口，必須轉彎，或者右轉走中山北路上復興橋，或者左轉走中山南路，不能再向前。再向前，就是火車站，火車站前忠孝西路禁止摩托車進入。

於是，小方左轉，繞過圓環，走中山南路，越過愛國西路，衝到羅斯福路口，違規逆向騎上紅磚人行道，不過一百多公尺，就到了愛國西路財政部大門口。這時，曹西平〈九月星空〉才唱到一半，小方就在財政大樓前人行道上，停好摩托車，關了隨身聽。就見財政部大樓小小前庭，擠了三家電視台採訪車，以及一堆報社記者轎車。

這棟財政部大樓，民國五十八年動工，六十一年完工，是KT派掌門人李國鼎，在財政部長任內扛鼎力作，沿用至今，已然有十三個年頭。行政院已核定，在這大樓後頭，再建一棟一模一樣大樓，兩棟樓串連，不過，此時尚未動工。

進了財政大樓一樓穿堂，小方想都不想，直接向右轉，走過十幾公尺長窄窄走廊，左邊就是會議室，專門用來開記者會。這時，記者會剛開沒多久，小方擠進去，但見三家電視台燈光師都打了燈，白花花一片，十分耀眼。那白熾熱燈泡，溫度更是驚人，把個會議室烘得讓人冒汗。

回字型會議桌，對面坐了部長陸潤康、政次李洪鰲、金融司長戴立寧、台北政府財政局長林振國、合作金庫總經理陳曉鰲，十信官場苦主，全都到齊。這當中，還有兩隻鰲魚，大鰲李洪鰲，小鰲陳曉鰲。

眾記者七嘴八舌，不斷提問，這批十信災官，則是見招拆招，逐一答詢。陸潤康說，今天還有擠兌，十信各營業據點被提領二十五億六千多萬，額度較昨天減少十億。林振國宣布第一批失職人員處分名單，十信總經理陳澤生等七名停職查辦，有關理事主席及理監事，將等到合作金庫調查報告定案後，再依法追究有關刑責及保證責任。

林振國又說，合庫代管期間，十信重要幹部，包括總經理、授信、業務、稽查、會計等部門經理，由合庫派員兼任，其他人員包括各分社經理，仍由十信現有人員擔任。

幾番官式話語講完，馬上就有記者戳中要害，哪壺不開，偏提哪壺：「部長，這次十信出事，很關鍵原因，是元月下旬到二月上旬，十幾天內，十信從合作金庫掏空三十億元。外界都很關心，這到底是怎麼回事？前幾天，合庫陳總經理說，是部裡戴司長電話指示，棄守三項限制原則，才導致三十億元付諸流水。但戴司長說，他沒打過那通電話。現在，陳總經理和戴司長都在這兒，兩造當面對質，大家把話說清楚吧？」

小方偏著頭一看，這是《中央日報》記者。小方心想：「拜託啊，問題都沒搞清楚。合庫起頭放十億元給十信，還沒三項限制原則，那是第二次放十億元之前，才訂下這原則。真要追究，就是後頭二十億，而非全部三十億。可歎，連財政記者都搞不清楚原委，外頭社會大眾怎麼會弄得明白？」

這問題，可夠尷尬的，陸潤康皺皺眉頭回答道：「這問題，我們終究會弄清楚，不過，眼前還有更重要的事情，等著解決。事有輕重緩急，我們先揀重要的辦。」

就這樣，幾句話糊弄過去。小方隱隱覺得，這通電話會成世紀大謎團，永遠也解不開。

還有個重要問題，小方正想開口詢問，不想，中央通訊社女記者搶先問了：「請問部長，十信出了這麼大的事情，怎麼都不見蔡辰洲出來面對？這兩天，蔡辰洲去了幾個地方，每到一地，都是保鏢簇擁，來去匆匆，財政部曉得他行蹤嗎？他躲到哪兒去了？」

陸潤康瞪了那女記者一眼，想了想，緩緩答道：「我們一直與蔡辰洲保持聯繫，今天上午，立法委員王金平曾到財政部，替蔡辰洲傳達訊息。根據王委員說法，蔡辰洲請我們徹查他資金流向，以釐清他並未中飽私囊。同時，王金平立委也傳達蔡辰洲另外一項訊息，說蔡辰洲正努力尋求各種援助，避免國塑關係企業走向解散。」

「王金平轉達蔡辰洲意思，說蔡辰洲這次大量膨脹不良放款，主要原因是國塑不定期民間借款發生擠兌，為了支應擠兌緊急情況，而自十信套取大量資金，以避免國塑被退票。經過這幾天思考後，他決定以冷靜方式來處理有關善後工作。蔡辰洲對政府這次行動，毫無怨言，只希望澄清他並未中飽私囊。」

中央社女記者又問：「那麼，我們財政部會不會清查蔡辰洲資金流向呢？」

小方聽了這問題，心裡頗覺煩悶，這壓根是浪費時間廢話，財政部當然會查。並且，不但財政部會查，調查局、地檢處將來也都會查，這還用問嗎？

果然，陸潤康說，財政部職責所在，當然會協調中央銀行、合作金庫，追查蔡辰洲資金流向。

又有個二百五記者問：「財政部有沒有時時掌握蔡辰洲行蹤？萬一蔡辰洲跑了呢？」

陸潤康有點無奈答道：「財政部沒有司法警察權力，也沒有司法管轄權，掌握行蹤這類事情，是執法部門的職責。」

隨後，有其他記者追問國泰信託情況，說是蔡辰男國泰信託受蔡辰洲十信波及，今天也鬧擠兌，問陸潤康詳情。

陸潤康打起精神，對著記者信心喊話：「十信事件已近尾聲，有關作業也已恢復正常，國泰信託經營良好，政府將全力支持該公司，使投資人獲益確切保障，希望投資人勿急於提款。財政部非常關切國泰信託提款情形，今天下午已經指示交通銀行等六家銀行，全力支援國泰信託公司需要，以協助該公司應付客戶的提款。今天下午，國泰信託公司負責人蔡辰男先生，已經去中央銀行，拜訪過張繼正總裁。央行與財政部一樣，都會支持國泰信託，保證客戶權益。」

說到這兒，陸潤康回頭，對著後頭靠牆站立的幕僚咕噥幾句，幕僚隨即在紙條上抄寫數字，交給陸潤康。陸潤康看著紙條答道：「今天，國泰信託共支付現金與票據提領二十五億元。」

當場，有個女記者高聲喊道：「哇！那不是與十信今天提領總額一樣？十信還有十八個營業據點，國信就只有總公司與幾個分公司，竟然也被提領這樣多，豈不是也要出事了？」

隨即，另一個電視台記者跟著喊道：「這數字不對，剛才我們公司新聞部呼叫我，說是根據最新數字，國泰信託今天擠滿提前解約民眾，預估提款金額約三十億元。我們電視台其他記者，從現場發了報導，說是國信總公司與各分公司，擠進去兩千多人，心焦氣燥，都搶著解約、提錢。國泰信託倒也沉得住氣，一整天提供養樂多與三明治，隨便客戶吃喝。」

這話一出，會議室內情緒頓然升高，諸記者都被這話撩撥，個個燥然而動，改了方向，都質問國信現況。本來開這記者會，財政部這批官兒，心裡就是準備打十信爛仗，沒想到，現在轉了風向，記者會改攻國信。報紙也就罷了，這電視新聞，可不是好玩的。現在講的話，過幾個小時，三台晚間新聞一播，全台灣民眾都知曉，都說國信要出事。如此一來，本來沒事，都會搞出擠兌，更何況，現在已經有擠兌。

眾財金大員曉得事關緊要，都封死訊息，只有陸潤康發言，來來去去，就是說政府支持國泰信託，國信不會有事。

幾十名記者一陣猛攻，也問不出個子丑寅卯，於是，記者會宣告結束。三家電視台還是不死心，堵在會議室外頭狹窄走廊上，燈光師高高舉起白熾熱燈泡，攝影記者把笨重攝影機架在肩膀上，文字記者擎著麥克風，圍著陸潤康。電視採訪，一組就是四個人，司機此時守候車上，其他三人在此採訪。

這會兒，三家電視台九個人，把走道堵死了。三家電視台攝影記者，腰際都裹著厚實護具，加強脊椎支撐力道。攝影記者成天扛著攝影機，那機器死重，扛久了，就落下個「腰肌勞損」毛病，脊椎筋骨也受影響。故而，電視台攝影記者幾乎人人都腰纏護具，成了新聞界一景。此時，電視台文字記者拿話問陸潤康，報社記者見狀，只好止步，也堵在那兒，聽陸潤康答話。

小方曉得，官兒無論大小，私底下或許還會講講真話，一旦對著攝影機，絕對是幾棍子打不出個屁來。陸潤康對著三架攝影機，不可能講有營養的話。於是，小方默默踅過人牆，到了大廳，按電梯，去四樓金融司，進司長戴立寧辦公室。女祕書薛玉枝，出自政大財政研究所，是小方政大校友，見小方進來，就說司長剛回來，正忙著，現在不方便進去。正說著，戴立寧出來，交代女祕書事情，見了小方，就招招手，請小方進去。

水能覆舟，也能載舟；每一扇門，可以朝裡開，也可以朝外開。記者這職業，也是這樣，有時候討人嫌，有時候受歡迎。人家有事想瞞著你，你就討人嫌；人家有事想訴諸外界，你就受歡迎。這會兒工夫，小方自忖，戴立寧大約悶得慌，心裡憋得緊，想向外界吐露心聲。

採訪新聞這檔事，有其訣竅，最忌諱一點交情都沒有，就單刀直入，開門見山，直搗黃龍，問敏感問題。這一點，電視台就吃虧，三家電視公司新聞部人手少、路線多，與採訪對象較難建立私交，此外，還得開了攝影機鏡頭，錄影問話，當然難以採訪到精彩新聞。報社記者人數多，每個記者所主跑路線遠較電視記者少，有時間慢慢深耕慢慢磨，培養與採訪對象感情。小方跑財政部，不算久，但也有一段時間，和戴立寧有點交情。進了司長辦公室，才坐下，戴立寧就指著牆上一幅小畫道：「小方，你瞧瞧，這幅畫，就是我現在心境。」

那小畫，白紙黑墨，國畫筆觸，畫了幾個盲人，手中各拿拐杖，目不視物，揮杖亂打，鬥成一團。

戴立寧說：「十信這局面，就是一團混亂，我們在財政部收拾善後，穩住局面，偏偏，就受干擾，許多方面都有亂棍伸過來，在這裡面攪和。」

小方知道，這就是戴立寧想向外界傳達的訊息。沒問題，套句英文俚語，這叫「You scratch my back, I'll scratch yours.」彼此合作，相互幫忙，戴立寧能借報端吐露心聲，小方則有個特寫材料，可以寫點新鮮特稿。

講到後來，小方有點感性，對戴立寧言道：「司長，十信這檔風波，對你與陸部長都很傷。你看，十信從民國六十八年開始坐大，主要是經過張繼正、徐立德兩任部長。陸部長、李次長，還有你，與十信都沒什麼淵源，更沒什麼瓜葛。所以，你們重辦十信，毫無後顧之憂，為所當為。然而，上個月底到這個月初，在你們手裡面，竟然讓蔡辰洲從合庫盜走三十億元。世事多變，四十天之前，央行金檢處突襲檢查十信，戳破十信大膿包，那時候，你們摩拳擦掌，準備大幹一場，沒想到，這盤棋現在竟然走成這樣。」

小方講到這兒，戴立寧有點激動道：「我們也不願意這樣，大家都曉得，財金施政有個不成文基本國策，法律裡頭從來不說，但只要當財政部長，當中央銀行總裁，就得服膺這個隱形基本國策……。」

沒等戴立寧發完牢騷，小方就搶著接碴道：「我知道啦，金融穩定重於經濟成長，鈔票不能貶值，銀行不能擠兌，不管出多大事情，燒了多大火焰，都得動員公營銀行去硬頂，拿國庫墊進去，一切力求安定。不過，這道理雖然大家都知道，但社會大眾還是對財政部肉包子打狗，讓蔡辰洲弄走三十億元，十分感冒。這事情，等十信風波過去之後，恐怕不會善了。」

戴立寧兩手一攤道：「兵來將擋，水來土淹，腦袋掉了碗大的疤……。」

這次，還是話沒說完，就被打斷。門開處，湧進一堆記者。原來，樓下眾人散了之後，一堆記者四處遊走，金融司長辦公室是採訪要地，非來不可。門口薛祕書不能撒謊，只好說工商時報記者小方在裡頭。於是，眾記者一湧而入。小方見來人眾多，曉得之後不會再有營養言辭，於是，趁亂溜走，打算去五樓部長室轉轉。

到了外頭電梯間，按了電梯，門開處，恰好，陸潤康就站在裡頭，小方就與陸潤康一起搭到五樓。到了五樓，兩人走出電梯，小方這才見到，陸潤康手上捏著一雙土黃色皮手套。那手套顏色與質感，都挺獨特，看起來，不像牛皮或鹿皮手套。

陸潤康見小方瞧這手套，就止了步伐，站在部長室外頭，對小方道：「這皮手套，很難得的。這是鴕鳥皮手套，幾年前，有次去南非訪問，南非財政部接待我們，送我這小禮物。這大概也就是兩三年前的事，現在感覺起來，好像很久很久以前了。」

說完這話，陸潤康神情落寞，走進了部長辦公室。

16

千里馬偵防車

七十四年三月一日，上午九點二十分左右，台北市基隆路調查局台北市調處前庭，停了兩輛黑色福特千里馬偵防車。兩輛車司機，都進了駕駛座，發動引擎，等候專案小組人員上車。

這種車，馬力夠，兩千八百ＣＣ汽缸，外型穩當，方方正正，跑得又快，能文能武，當偵防車正適合。以房車市場而言，裕隆速利Sunny一千兩百ＣＣ，算是入門基礎市民車。往上一點，則是一千六百ＣＣ福特跑天下。而福特千里馬，等級又比速利、跑天下要高。

國產房車以飛禽走獸命名，不只這福特千里馬。裕隆公司正研發一款新車，性能獨特，風阻係數頗低，就以「海東青」為名。這「海東青」，是東北黑龍江、吉林所產猛禽，南宋時期，遼帝國稱霸中國黃河流域，逼迫東北女真族年年奉獻猛鷹海東青，女真人受不了，起而反抗，滅了遼帝國。裕隆這款車，研發期間頗為保密，但外界對「海東青」一詞，反應不怎麼樣，因而，新車將來上市時，將改個名字，從猛禽改為走獸，改稱為「飛羚」。

眼下，裕隆「飛羚」尚未量產上市，福特「千里馬」地位穩如泰山石敢當。不過，福特這款車英文名字古怪，叫「Granada」，與加勒比海小國「Grenada」極為類似，只差一個字母。這國家，台灣稱為「格瑞納達」。十信案爆發一年多以前，民國七十二年九月間，美軍揮兵攻入格瑞納達，轟動國際。

台北市調處前庭兩輛千里馬偵防車上，司機發動引擎，等了約莫十分鐘，就見辦公大樓裡走出五人，分別上了這兩輛偵防車。隨即，車子滑出市調處前庭，出了大門，向右轉，進入基隆路。前行不遠，進入圓環，繞行幾十公尺，右轉進入和平東路，朝市區而去。

兩輛車，前面那輛，坐了兩人，分別是台北市調處經濟犯罪調查科科長吳信謹、台北市調處十信專案小組組長翁祖焯。後面那輛，則坐了三名專案小組調查員。這兩輛福特千里馬偵防車，奉上級指示，今天上午十點前，赴台北地檢處，向十信案受命承辦檢察官陳聰明報到。

稍早，為了江南案，台北市調處席不暇暖，上下忙得昏天地暗。眼下，江南案漸進尾聲，卻又來了十信案。調查局早早自外縣市調查站抽調人手，先是安置在新店調查局訓練所展抱山莊，繼而搬到台北市調處，協助台北市調處辦案。

局本部那兒，時時承大直七海官邸之命，採取相關措施，分兩路辦案。這兩條辦案路線，一路明，一路暗。暗中辦案，查的是蔡辰洲黨政軍人脈網路，了解官商勾結實情，釐清黨政軍大員透過家眷，與蔡辰洲金錢往來明細。明處辦案，則是協助台北地檢處檢察官陳聰明，傳喚、偵訊、移送十信及國塑相關幹部。截至目前為止，已經關押十八人，十信管理階層及重要分社經理、國塑總經理、國塑各關係企業總經理等高幹，幾乎抓捕一空。很明顯，剩下來就是蔡辰洲。

前天，二月二十七日星期三下午，調查局長翁文維親自到台北市調處視察，召集相關幹部，透露絕密訊息：當天上午國民黨中常會，內容簡單，就是社會工作會主任郭哲，做專案報告，沒有特別事情。但是，強人主席待在主席辦公室裡，連番召見黨內大員，告知即將逮捕蔡辰洲，並下達指示，要求立法院中央政策會，務必落實動員工作，黨籍立委務必鼎力支持此事。

蔡辰洲有立法委員身份，受法律保護，動他不得。不過，只要立法院院會通過，同意司法機關動手，即可剝掉法律保護傘，拿下蔡辰洲。立法院，每逢週二、週五召開院會。因而，逮捕蔡辰洲時日，就訂在三月一日星期五，這一天，立法院召開院會。

中常會後，就有訊息透過專屬管道，告知調查局長翁文維，三月一日上午，派人協助台北地檢署，逮捕蔡辰洲。

這一陣子，蔡辰洲避開信義路自宅，又跑到北投大屯山下復興三路圓形別墅待著。自十信案發後，調查局即已派人，嚴實盯死蔡辰洲，在北投圓形別墅外，設立哨點，監控蔡辰洲行蹤。大半個月以來，蔡辰洲屢次外出，都有調查局幹員貼身跟隨，不虞他腳底抹油開溜。

翁文維特別指示台北市調處，要切實監聽包括蔡辰洲在內相關人物電訊往來。

此時，兩輛黑色千里馬偵防車，一路向西，朝博愛特區司法大廈而去。前面車上，經濟犯罪調查科科長吳信謹對十信專案小組組長翁祖焯道：「這一陣子，真是忙翻了，忙得暈頭轉向，幾天都沒回家了，吃喝拉撒都顧不上，也睡不好。就等著把今天這事辦了，可以稍微喘一口氣，回家去好好洗個熱水澡，好好吃頓飯，睡個舒服覺。」

翁祖焯回道：「大家都不好受，昨天晚上，蔡辰洲也難過。監聽電話文字譯稿你看了沒有？一個晚上連續有三個人給他通風報信，他還真是神通廣大，通鬼通神，難怪可以扯那樣場面。」

十信案風雲緊急，調查局四處掛線監聽，隨時根據監聽錄音帶，將監聽內容譯寫為文字。專案小組為嚴密掌握案情，對於各路監聽譯寫文字，也是隨時查閱。

調查科長吳信謹撇撇嘴道：「還不是那批十三兄弟顯靈！他們立院黨團昨天晚上在愛國西路自由之家，開祕密會議，中央政策會祕書長趙自齊宣布，今天上午院會要討論逮捕蔡辰洲案，要黨籍立委鼎力支持。這訊息放出來，十三兄弟就知道了，當然趕緊密報蔡辰洲。這十三兄弟也機靈，曉得蔡辰洲家電話被監聽，講起話來，都很小心謹慎，怕被抓到把柄。」

立法院中央政策會，專門負責「黨政協調」，其任務，就是把國民黨中央黨部交辦事項、行政院修法大計，轉告立法院黨籍立委，爭取支持。這裡頭，當然有很大磨合空間，許多政策都會討價還價，眾立委意見多多，未必都會對黨部指示買帳。不過，事有輕重緩急，多數事情固然可以討價還價，少數重大政策，卻是貫徹強人大老闆意志，違背不得。這逮捕蔡辰洲，就是頂頂重要政策，不容打折扣，務必貫徹到底。

吳信謹與翁祖焯，夜裡沒睡幾個小時，密切注意蔡辰洲北投別墅電話監聽譯文。昨天夜裡十點多，來了一通電話，十三兄弟立委所打，通風報信道：「辰州兄，你要有心理準備，明天他們會去找你。以後的事，凡是能幫忙的，我們還是會幫忙，你要保重。」對此，蔡辰洲回道：「既然這樣，也好。」

將近十二點，又打進一通電話，另一位十三兄弟幫立委。電話裡，這人說：「據可靠消息，明天上午地檢處要傳喚你。要來的，終究要來，無法避免，你先準備準備吧，留得青山在，不怕沒柴燒。事情已經定了，你得快準備，並把家裡的事情交代一下，明天上午十一點左右，調查局人員就會到你家。天寒，保暖衣物務必準備周全，一切珍重。辰洲兄，在逆境裡，總要把壞處當好處去想，十多天以來，你所承受的各種壓力，恐怕已經難以忍受。進去之後，雖然物質方面苦一點，但精神壓力反而減輕，一切暫時別管，希望你能逆來順受。」

到了夜裡兩點，竟然還有電話，又是十三兄弟幫立委。這人膽子比較小，只講了兩句話，隨即掛上電話。這兩句話是：「辰州兄，據我所知，你恐怕得準備一下了。」

台北市調處同仁為了這件滔天大案，上下全都忙翻，吳、翁二人夜裡也沒睡幾個小時，現在又帶著人，去地檢處出任務，兩人自然疲憊異常。吳信謹張大嘴，打了個大哈欠，對翁祖焯道：「喔，都好幾天沒睡個好覺了。那天局長到市調處下達指示，也是滿臉倦容，想必也是缺睡眠。對了，你們在家裡談公事嗎？」

翁祖焯道：「公事啊，在辦公室傷腦筋就夠了，在家裡何必再談公事？」

這翁祖焯，是為調查局長翁文維兒子，父子二人都是自調查局基層幹起，也算是台灣情治圈一樁罕見異數。

說說講講，兩輛黑色千里馬駛進台北地檢處。這衙門，全名叫「台北地方法院檢察處」，名稱就有點古怪。蓋因檢察官與法官是兩碼事，檢察官代表政府起訴嫌犯，嫌犯請律師辯護，兩方面相互攻防，交手較量，最後，再由法院法官判定是非，判出結論。照理說，檢察官與法官互不統屬，各自獨立，偏偏，地檢處這衙門，名稱卻放在法院底下，不叫「台北地方檢察處」，而叫「台北地方法院檢察處」。

不但司法衙門名稱古怪，衙門裡司法官，名稱也古怪。譬如，明明是法官，在法律上，卻另有文言文稱謂。刑事訴訟法上，稱法官為「推事」。曉得的，知道這「推」字是指推理、推斷之意，靠法條、邏輯、證據，推出事情真相，就是「推事」。不曉得的，還以為法官啥事都不敢作主，碰到事情就往外推，遇事則推，所以稱為「推事」。

這會兒工夫，兩輛黑色千里馬偵防車已然停妥，五名調查局幹員進了檢察官陳聰明辦公室。這陳聰明，同樣也是一臉倦容，見了調查局來人，趕忙拿起桌上傳票，遞給吳信謹，隨即說道：「這幾天忙壞了，傳了十幾個十信、國塑主管來問話。昨天晚上，還審了國塑總經理李超倫，忙到晚上十點多才回家。」

「上床睡覺時，都一點多，快兩點了。今天一大早六點多，陳首席就打電話來，要我早點到地檢處，要辦大事。我曉得，這一定是蔡辰洲的事。前天上午，我就把公文準備好，前天下午，陳首席批了這公文，專人送去立法院。剛才，立法院院會通過，同意傳喚、逮捕蔡辰洲，並且給了正式公文。有了立法院同意公函，我們就能找蔡辰洲來問話。」

「哪！偏勞各位了，你們拿這傳票，把蔡辰洲帶過來。傳票上頭，我已經寫明白了，抗傳即拘。不過我相信，他不會抗傳，你們應該也不必拘捕，把人帶過來就是了。」

「還有，這傳票上，地址寫的是信義路蔡辰洲住家，不過，他這一陣子，都住在北投，你們去北投拿人。對了，待會兒你們把人帶來，別送到司法大廈，外頭記者多，我不能在平常開偵查庭那地方問案。我們外頭另外有個地方，就在隔壁，犯罪資料中心，你們把他帶到那兒，我在那裡問案。我另外派法警跟你們去北投，算是地檢處也派了人，走個形式。等下回來之後，法警會直接回司法大廈這兒，你們另外把人送到隔壁犯罪資料中心去。」

調查局一行五人，走出檢察官陳聰明辦公室，外頭已經站了四個人，等在那兒。這四人，一名法警長帶著三名法警，跟著調查局幹員去拿人。調查局為執法單位，跟監、監聽，嚴密掌握蔡辰洲行蹤，要抓蔡辰洲，當然要調查局出馬，派幹員執法。不過，在名義上，辦這趟差使，還是得由台北地檢處法警執行，調查局幹員則是跟著圍事保駕。

兩輛調查局黑色千里馬偵防車在前領路，後頭跟著台北地檢處法警車子，出了地檢處，三拐兩拐，穿出博愛特區彎彎曲曲路徑，走中山北路，朝北而去。

領頭那輛千里馬，此時，車裡開了收音機，中廣新聞網十一點整點新聞，持續播報立法院通過逮捕蔡辰洲新聞。

中廣記者現場報導，語氣興奮，播報速度頗快，連珠炮般，道出立法院場景：

「台北地檢處二月二十七日以北檢彥和字第七二八九號公文，祕密致函立法院，內容主旨為：大院蔡委員辰洲涉嫌犯罪，本處檢察官須進行傳喚，必要時將予逮捕或拘禁，爰依中華民國憲法第七十四條之規定，函請許可賜復。」

「立法院院會今天上午九時，舉行祕密會議，鼓掌通過台北地檢處請求，必要時逮捕或拘禁涉嫌犯罪的立委蔡辰洲。台北地檢處之所以要逮捕蔡辰洲，是因為他退票一百七十一張，金額高達一億兩千餘萬元，還可能繼續增加。此外，涉嫌侵佔、背信、偽造文書。」

「今天上午九點五分，共有一百三十名立委出席，湊足法定到場人數。立法院前後七分鐘，就通過這項同意逮捕案，並以最速件台院議字第零四二一號公文，覆函地檢處：許可予以逮捕或拘禁本院委員蔡辰洲，復請查照。」

「根據本台記者了解，在場立委中，包括張鴻學、郭林勇、李志鵬等都說，立法院若不同意儘速逮捕蔡辰洲，不但對民眾無法交代，也可能給他潛逃機會。至於十三兄弟會成員，只有三人在場。王金平與劉松藩都是在議案通過之後才到場，並對外宣稱，事前毫不知情。此外，也有立委對這項決議，抱持保留態度，以下，請聽錄音報導。」

隨即，中廣新聞播出謝生富、王金平錄音講話。謝生富說：「立法院應當想想，這樣輕率同意逮捕蔡辰洲，是否有失憲法第七十四條保障立委的精神？」

王金平則說：「逮捕蔡辰洲，對解決國塑等公司債務無益。」

新聞聽到這兒，翁祖焯哼了一聲道：「還十三兄弟咧，這是啥兄弟？表決時裝糊塗，說不知道今天要討論這事。等表決通過了，才放馬後砲，說是不該抓蔡辰洲。如此這般，裡子也有了，刻意缺席，不至於違抗上級黨意；面子也有了，講了維護漂亮話，足以向蔡辰洲交代。」

十一點三十分左右，三輛車子開至圓形別墅門外。法警警長下車，按門鈴，告訴裡面，法院與調查局的人來了。隨即，裡頭門衛按下按鈕，鐵門嘎嘎而開。蔡辰洲早有準備，等在客廳，見了來人，苦笑接過調查局專案小組組長翁祖焯所交傳票，當場簽收。陪在一旁的妻子陳藤枝，背過頭去偷偷擦拭眼角。

蔡辰洲一夜未眠，思潮起伏，這時，對法警及調查員道：「稍微等我一下，打個電話，告訴律師一聲。」

說罷，撥打電話，給律師梁開天。電話接通，蔡辰洲告訴律師，調查局與法警帶著傳票來了，自己要被帶走，他要梁開天不必趕到北投，直接去台北地檢處等著他。

臨走前，蔡辰洲又打電話給弟弟蔡辰洋，交代幾句話：「阿弟，一定要向大哥辰男、兩位叔叔蔡萬霖、蔡萬才求情，請他們看在同是一家人情分上，務必要拿錢出來解決問題。」

隨即，三輛轎車開出別墅，蔡辰洲坐在第二輛車後座中間，一夜無睡，緊繃神經，就等著這一刻。現在，此事已然了結，上了黑色千里馬偵防車，蔡辰洲反而身心鬆懈，癱坐車中，竟然有點迷糊，隱隱約約，淺淺小睡一陣。

三輛車子，由大屯山一路直下，到士林百齡五路時，地檢處黑轎車與調查局兩輛千里馬偵防車各奔不同方向，各走各路，分岔而去。法警那車，直放司法大廈。調查局車子，繞路還是去司法大廈，但略過司法大廈大門，改停在司法大廈右邊犯罪資料中心門前，調查員把蔡辰洲帶進去，陳聰明與書記官都等在裡頭。

司法大廈之內，跑法院所有記者，兵分兩路，希望能堵到蔡辰洲。

通常，上午只有大華、民族、自立等三家晚報記者，外加中廣記者跑新聞。各日報記者，則是下午三點以後，才會現身。今天不一樣，晚報、日報、電視台、廣播電台，各媒體司法記者全員到齊，在司法大廈裡，上上下下，梭巡亂竄。這當中，有兩個主力地點，為眾記者持續圍堵。一個，是首席檢察官陳涵辦公室，一群記者跟著首席檢察官陳涵，陳首席步亦步，陳首席趨亦趨。

其間，陳涵內急，要上廁所，《大華晚報》女記者以為陳首席開溜，連忙跟出去，陳首席笑著說：「我上廁所，妳總不能跟進去吧？」

陳涵中午不回家，吩咐工友買了十幾個便當，每個七十塊錢，請守候在他辦公室的記者吃頓便當午飯。眾記者邊吃便當，邊問陳涵，今天到底在哪兒開庭？陳涵道：「檢察官問案，當然在司法大廈。」

眾記者另一個圍堵地點，則是司法大廈博愛路正門入口兩旁，那十幾間偵查庭。通常，檢察官問案，都是在這十幾間偵查庭。偏偏，今天這些偵查庭，都沒蔡辰洲影子。更要命的是，辦案檢察官陳聰明行蹤成迷，不曉得上哪兒去了。

大群記者上午九點多就聽聞風聲，曉得今天要拿下蔡辰洲，乃蜂擁而至，在司法大廈苦候蔡辰洲。結果，到了中午時分，還是不見蔡辰洲人影。熬到下午將近兩點，這才見承辦檢察官陳聰明腳步姍姍，晃進了辦公室。司法記者蒼蠅一般，嗡然一聲，都圍了上來，七嘴八舌，質問陳聰明：「檢察官，蔡辰洲呢？」

陳聰明慢條斯理道：「來過啦！已經問過話，開完偵查庭，收押禁見，禁止通訊。現在，他在路上，往土城看守所而去。」

大群記者又是嗡地一聲，有人趕緊找電話，回報報社，請報社趕緊派記者去土城看守所追新聞；有人繼續質問陳聰明，葫蘆裡賣的是哪門子膏藥？怎麼神龍見首不見尾，剛才把蔡辰洲藏哪兒去了？

陳聰明笑笑，緩緩答道：「陳首席檢察官沒騙你們啊！他說，我在司法大廈問案，我就是在司法大廈問案。要知道，司法大廈不僅僅就是這一棟大樓，旁邊還有附屬建築。剛才，我就是在旁邊犯罪資料中心，開偵查庭問案，也算是在司法大廈裡問案。」

記者自然追問陳聰明，問了哪些內容？蔡辰洲怎麼回答？陳聰明又笑著說道：「各位跑司法，不是一天兩天的事了。這偵查不公開，總聽過吧？我只能說，經過偵訊，蔡辰洲涉嫌犯下背信罪，又有逃亡、串供之嫌，被我依法下令收押，禁止接見，禁止通訊。其他的事情，現在還不能講。」

有那心細女記者，針對細節問道：「那麼，你中午問案，蔡辰洲吃午飯了嗎？」

陳聰明道：「妳怎麼不問，我吃中飯沒有？我們事先準備了七十塊錢一個便當，請蔡辰洲先吃，吃過再問案。不過，他沒心情吃午飯，就沒吃那便當。後來，他上了手銬，準備帶往土城看守所時，我要法警把便當交給他。就我所知，他是戴著手銬，手裡提著那個便當，上了囚車。」

陳聰明打了個哈欠，接著又道：「好啦，我多說點，讓你們多點新聞。像蔡辰洲這樣重要的嫌犯，到土城看守所，會放在獨居房，與其他嫌犯隔開。土城看守所，不久前新落成一批獨居收押房，每間面積約有一坪半，大概是三個榻榻米大。這裡面，有地板，有棉被，還有浴室、廁所。在土城看守所，每人每天伙食費新台幣十八塊錢，有魚有肉，營養與口味都不差。」

17

財政大樓

七十四年三月四日，《工商時報》財金組記者小方又是一大早起床，睡眼惺忪，腦袋裡有一群麻雀，吱吱喳喳吵個不停。日報記者作息與常人不同，下午跑新聞，晚上進報社寫稿，深夜回家，凌晨三點才上床，睡到中午起床。這十信案，卻往往一大早就有重要劇情，搞得整個記者圈雞犬不寧，作息大亂。原本，收押蔡辰洲之後，十信風暴就算進入尾聲。詎料，十信風暴才伏，國信風暴又起。

昨天星期天，大家都不上班，偏偏，出了大事。昨天下午，傍晚時分，財政部驚天一聲雷，部長陸潤康開臨時記者會，宣布交通銀行、農民銀行、中央信託局等國營三行局，聯手組成銀行團，進駐國泰信託，全面接管。陸潤康特別指出，財政部這是應國信老闆蔡辰男之請，伸出援手，解救國信危局。

小方曉得，今天必有好戲，故而不等採訪主任鄭大頭指示編政組呼叫他，就自動自發，早早起床，一通電話打到報社，通知編政組早班同仁：「小爺跑新聞去了，隨時會有回報，轉請編政組通知鄭大頭。」

在路邊小店買了套燒餅夾油條，裝進紙袋裡，外頭再包上塑膠袋，揣在背包裡，小方跨上野狼一二五，絕塵而去。野狼一二五馱著小方，在上班車潮裡鑽進鑽出，走興隆路、羅斯福路，賽車一般，費時十二分鐘，就到了財政部。停好車，進了記者室，瞧瞧牆上大掛鐘，八點五十分，小方這才發現，自己還不算早，《民眾日報》記者小謝早就到了。古怪，這小子住天母，怎麼會這樣早就到？

小謝見小方眼神詫異，就自己招了：「小方，台北市北區很多人都知道，強人如果去總統府上班，一定是早上八點鐘出門，八點半到總統府。這當中，整條中山北路、半條中山南路都交通管制，一路綠燈到底。當然啦，強人現在身體不好，未必每天都去總統府上班。我今天上午八點五分，就騎摩托車，等在圓山那兒，碰碰運氣。」

「沒想到，今天老天爺照應我，果然，八點十分左右，強人車隊就從北安路經過圓山，轉進中山北路。我就跟在車隊後頭，保持幾十公尺距離，跟在後頭，車隊走快車道，我摩托車走慢車道，不過，這根本沒差，反正都是綠燈一路到底。

不只我這樣，一堆騎摩托車上班族，全都這樣，跟著強人總統車隊屁股後頭，一路往前衝。從圓山中山橋到忠孝東西路口復興橋，再到中山南路、介壽路口，整條中山北路、半條中山南路，一路上所有路口，全是綠燈。我在總統車隊屁股後頭，跟著車隊一起衝，不到十分鐘，就從圓山衝到財政部。所以，早早就到了財政部。」

兩人說笑一陣，小方坐下，掏出燒餅夾油條，一邊啃，一邊瀏覽著各家早報新聞。怪怪，國泰信託形勢大壞，報紙上全是怵目驚心壞消息。

十信事件爆發後，國泰信託受牽連，存款共流失一百五十億元以上，資金週轉困難，情勢日益危急。國泰信託被客戶擠兌提領一百五十多億元，加上陸續有一百八十二億元由該公司保證商業本票到期，支付能力面臨嚴厲考驗。一百八十多億元商業本票當中，部分到期者，有些金融機構已要求該公司買回。國泰信託相關的一些租賃公司，向外商銀行借的近四十億短期資金，也遭到外商銀行逼債，聲稱如不償還，將採取法律行動。

國信老闆蔡辰男說，他沒想到，財政部動作如此之快，迅雷不及掩耳，出乎他意料之外，就突然宣布了銀行團進駐代管新聞。他說，他都還沒來得及，把這事情告訴國信各部門主管，財政部就發了新聞。因而，昨天晚上，他徹夜召集尚不知情高幹，說明此一新情勢。

他說，就他所知，政府已經給他一些承諾，今天，政府財金部門將開會支持他。他說，主動要求政府暫時進駐代管，藉此恢復存款大眾對國泰信託信心。他說，輔導期間，除由政府指派總經理外，董事長、董事會、國信原來各階層幹部職員，都維持不變。

小方看新聞，看到這兒，心想：「不對啊，怎麼蔡辰男說法，與昨天財政部新聞稿不一樣？」於是，小方趕緊從背包裡，掏摸出昨天財政部臨時記者會，所發布新聞稿。那新聞稿講得很明白，財政部受蔡辰男請託，派銀行團進駐，而且，要全面改組，徹底清理國信資產負債。

看看報上蔡辰男說法，看看昨天財政部新聞稿，小方恍然大悟：「哎呀，蔡辰男還在作他的春秋大夢咧！他還以為，財政部會採用亞信模式。殊不知，財政部這次用的是掃地出門策略。看來，蔡辰男要抽筋扒皮，刮骨割肉，償還欠債了。」

距今兩年前，民國七十二年，亞洲信託爆發擠兌危機，財政部下令中國國際商業銀行進駐代管。當時，中國商銀派副總經理周本頤，進入亞洲信託，出任總經理，頂住危局。然而，財政部只治標而未治本，派了周本頤當亞信總經理，取得經營權，卻仍舊由鄭周敏女兒鄭綿綿當董事長，所有權還是歸鄭家。

後來，周本頤辛辛苦苦扭轉乾坤，穩住亞信陣腳，鄭家就要中國商銀滾蛋，重新拿回經營權。當時，財金當局軟弱無能，竟然讓鄭家予取予求，撤回中國商銀進駐代管團隊，把亞信還給鄭家。為此，周本頤吃苦受罪，蒙受天大委屈，金融圈內人盡皆知。那一仗，財政部外加中國商銀，全成了軟柿子，讓鄭家騎在脖子上，予取予求，幹苦活做白工，弄到最後，一腦袋稀泥，滿臉豆花，被鄭家掃地出門。這啞巴虧，可吃大了，外頭一片罵聲，都說財金當局肉頭，上了鄭周敏大當，賠了夫人又折兵。

這次國信出事，蔡辰男跑到財政部搬救兵，由三家國營銀行，組成銀行團進駐代管。蔡辰男那心思，就是打算師法兩年前亞洲信託故技，讓銀行團進去收拾爛攤子，等局面轉危為安之後，他再拿回國信經營權。

這一回，財政部顯然吃虧學乖，下了辣手，用狠招數對付蔡辰男。小方心想，最遲今天下午，蔡辰男就會明白事實真相，涼水澆頭，懷裡抱冰，曉得國泰信託已經徹底掰掰，寡婦死孩子，沒指望重新拿回來了。

翻報紙，翻到這兒，小方嚼燒餅夾油條，嚼得嘴裡發瘆，乾得要命，又弄得記者室茶几上滿桌子碎屑。於是，趕緊站起來，把碎屑清掃乾淨，然後，推門，到記者室隔壁公關辦公室，向公關梁專員討杯涼水喝。邊喝水，小方邊問梁專員：「報紙上，蔡辰男說，財政部今天要開會，討論支持國泰信託。這會，幾時開啊？」

公關專員，隸屬祕書室，歸主任祕書管，常駐一樓記者室隔壁小辦公室，負責記者室大小事務。這類公關，介於自家老闆與記者之間，兩邊都要應付，得有本事精確捏拿個中關節、分寸。梁專員賊精得很，只要問得上路，他不會裝聾作啞，總會給點答案。不過，他也就是給一點訊息，也不會透露太多。

聽小方這樣問，梁專員想想，技巧答道：「我剛才聽說，總務司向東一排骨訂了四十個便當，雞腿、排骨各半。」

小方聽了，瞪眼張口道：「四十個便當？財政部哪有這樣大會議室，裝四十個人？哪，五樓部長室、次長室那一層樓，有個會議室，頂多裝二十個人，就擠爆了。一樓這兒，記者室對面，會議室比較大，要是開記者會，硬塞硬擠，四十個人沒問題。但是，要人人有位子，坐下來開會，還是不夠哇！」

梁專員低聲回道：「八樓，八樓大禮堂，都清理乾淨了，擺上會議桌椅。」

小方聞言笑笑，覺得夠了，不必再問，不想讓梁專員為難。轉個身，小方又回記者室，就著涼水，繼續吃燒餅夾油條，接著再翻報紙。有專訪稿，請銀行界專業人士，分析國泰信託問題。

這篇專訪稿指出，國泰信託之所以出事，除了客觀因素，受十信事件影響外，另外還有主觀因素，顯示國泰信託本來就存有經營偏差：一、辦理發行商業本票保證業務太過浮濫。二、投資股票過鉅。三、資金流入關係企業。四、逾期放款過鉅。

如此一來，國信資金運用缺乏安定性與可靠性，譬如，股票投資太多，即是明顯例子。國信投資股票最多時，一度曾有一百三十億元以上，直到最近還有一百零三億元，其中大部分股票成本均較目前市價為高，帳面上出現嚴重虧損，估計其虧損額度不低於七、八億元。

商業本票保證部分，辦理太過浮濫，另有部分為關係企業保證，多未繳足擔保品，致使一些到期商業本票，有些金融機構堅持不同意展期，使得該公司面臨極大壓力，幾乎動彈不得，無法應付。十信出事後，國信受波及，已將該公司在中央銀行的六十七億元準備金全部動支，並由交通銀行等六家行庫支援四十三億元，但這些資金已全部用盡。目前，國泰信託能變現的資金，僅剩下四十多億元。

吃完燒餅夾油條，喝乾了一大杯涼水，翻完了報紙，小方站起身來，伸伸腿腳，這才發現，記者室裡來了不少同業，也都在翻報紙。小方心想，剛才從公關室梁專員那兒聽來訊息，不妨透露給同業，也算做個人情，增進情誼。於是，小方輕輕拍手，對記者室內同業道：「我剛才聽說，今天上午要開重要會議，討論支持國泰信託。總務司已經訂了四十個便當，顯示會議規模極大。所以，會議室裝不下，臨時改到八樓大禮堂去開會。」

之後，就見財政部前庭陸續駛進黑頭座車，小方趕緊拉著同業，一起到大門口穿堂那兒，觀察哪些人來開會。沒多久，財政部前庭就停滿了車，後來的黑頭車，在門口放下主子，就掉頭而去，另外找地方去停放。小方與同業在財政部一樓穿堂，站了大半小時，看盡與會要員，簡單點說，所有公營金融機構，包括國營行局、省屬行庫，以及票券公司，總經理全到了。若加上財政部、中央銀行官方大員，這會可謂開得大頭大腦，與會者絕對超過三十人。

三家電視台記者也到了，三組人馬，共十二人，司機守採訪車，其他九人，全進了財政部。幾十名記者，全擠在八樓大禮堂門口。一陣交涉，財政部同意電視台與報社攝影記者，進去拍點新聞影片與照片。小方擠在禮堂門口記者群人堆裡，伸著脖子，撇著腦袋，眼睛朝著會場裡掃描，見財政部長陸潤康當中而坐，身旁則是中央銀行副總裁錢純。其他，則是財政部政次李洪鰲、金融司長戴立寧，以及金融司三位副司長、信託投資科科長等等。其他位子，則全是公營金融機構總經理。

幾分鐘後，攝影記者撤出，禮堂大門關上，開起了祕密會議。小方念頭一閃，心裡有了計較，曉得等下該如何弄新聞。

多數記者，守在大禮堂會場外頭，勾留不去。少數記者，則回到一樓記者室，安營紮寨，先休息一會兒，靜待會議結束。小方則賊忒兮兮，瞻前顧後，避著其他記者，悄然去了四樓金融司。此時，金融司司長、三位副司長都去開會，沒啥新聞價值。小方到此，卻另有目的。

行政院下屬各部會，比方說財政部，下頭有大量一級單位。這裡頭，凡是局、署、委員會，像是國稅局、賦稅署、證券管理委員會，都是獨立單位，有自己專屬祕書作業部門，也可以獨立對外行文，以署、局名義發公文。而司、處單位，像是金融司、人事處，則是財政部本部直屬單位，只能算是部長幕僚，既沒有專屬祕書單位，也不能對外行文。不過，儘管如此，每個司還是有間文書室，配備了刻字鋼板、油印機、中英文打字機、影印機。

小方到了四樓金融司，東張西望，確定沒有其他記者，就躡手躡腳，踅進金融司文書室。房間裡，幾個女僱員正忙著聊天，見小方進來，也沒說什麼。小方走到影印機旁，悄然打開背包，將影印機旁字紙簍裡所有廢紙，全倒進背包裡。然後，拉上背包拉鍊，躡手躡腳，走出這影印、打字小房間，直奔男廁所。

所有公家機關、民營企業都一樣，每次開會前，都會影印會議資料。這影印作業，常出問題，有時候，原版文件放歪了，影印出來文件，也就歪了，必須重印。有時候，影印到一半，卡紙，必須掀開影印機，抽出被卡住紙張，再蓋上影印機，繼續影印。所有這些印歪文件、卡紙文件，都被工友扔進影印機旁字紙簍裡。

小方在財政部跑新聞，經常以此祕技，在各司、署、局、處影印機旁字紙簍裡，悶聲大發財，翻出天大機密新聞。這些新聞見報後，財政部自然震怒，從部長到政次，不只一次，下令「人二室」徹查洩密。各政府衙門，人事處或人事室結構獨特，根據「人事一條鞭」原則，各單位人事部門都是由行政院人事行政局直接調派、指揮。然而，人事處或人事室編制內，又另有一個「人事二」部門，簡稱「人二室」，卻是由調查局所直接調派、指揮，目的在於監察政風，保密防諜。

財政部「人二室」頭頭姓徐，記者們背後稱他「徐公公」。這人，其實挺好，做人很上路，講話也得體。小方多次靠影印機字紙簍，弄出天大新聞，惹得財政部高層不悅，要徐公公查洩密。徐公公受命後，不能不找小方問話，每次，都挺客氣問道：「小方記者，我奉部長命令，來問你，你那則新聞，是從哪兒弄出來的？」

每次，小方也挺客氣回道：「報告徐長官，這新聞是我在財政部閒逛時，在地上撿到一份公文，算是天上掉下來的。」

今天，小方又重施故技，到金融司影印機字紙簍，掏弄出作廢影印公文，鑽進男廁所大號間，慢條斯理，檢視這批戰果。不對，完全沒有拯救國信方案文件。失望之餘，小方轉念一想，又去了五樓祕書室。此時，主任祕書也在八樓開祕密會議，祕書室無人坐鎮，門禁鬆弛，小方混進去，隨口與祕書室同仁搭訕幾句，就動手取走影印機旁字紙簍裡紙張。之後，小方又進廁所，檢視戰果，還是一無所獲。

無奈之餘，小方轉戰一樓總務司，重施故技，又把影印機旁印壞公文，裝進背包，帶進男廁所。Bingo!這回，收穫豐盛，拼拼湊湊，一整份公文呼之欲出。這份公文，全名為「支援國泰信託暨關係企業融資專案會議」，上頭詳盡列出三項大綱，分別為：

一、所有到期貸款，無論保證是否充足，一律給予延期。

二、國泰信託投資公司暨其關係企業，如其實際貸款額度，低於融資上限額度，則須就其差額，繼續給予融資貸款。

三、各銀行所買入國泰信託所保證商業本票，無論屆期與否，不得要求票券公司買回。

小方趷出男廁所，三步併作兩步，衝到三樓國庫署，進了署長辦公室。這國庫署，業務較為靜態，平常新聞就少，除非有重要國庫政策，否則，財政記者等閒不會到三樓國庫署這兒來。小方進了國庫署長張耀東辦公室，向署長室祕書林瑞雲打了個招呼，就一隻手抓起桌上公務電話，另一隻手從背包裡掏出公文，直接打電話回報社。電話轉接到《工商時報》編政組，小方要編政組記下公文內容，並強調這是本報獨家，請編政組回報採訪主任鄭大頭。

林瑞雲，是小方政大財稅系同班同學。小方若碰到機密之事，必須打電話回報社，既不能讓新聞同業知悉，又不能讓財政部採訪對象曉得，就跑到林瑞雲這兒來打電話。老同學，自然有交情，不會囉嗦。打完電話，小方就近與林瑞雲閒聊幾句，扯扯大學同班同學近況。聊了一陣子，小方看看手錶，都快中午了，於是，離了國庫署，又去八樓大禮堂外頭。

這會兒工夫，禮堂外頭走廊上，一堆記者席地而坐，有人乾脆從財政部福利社，買了紙碗裝麵條，唏索唏索吃將起來，吃得整條走廊一股子豬油高湯味。在這兒，又枯候個把小時，餓得小方胃裡直冒酸水，卻忍著渴餓，兀自守在外頭，不敢離開。有個女記者，開了包餅乾，小方討了幾塊，墊墊肚子。

兩點左右，禮堂大門倏然而開，幾十名與會者，魚貫步出，眾記者一轟而上。這些銀行總經理，年歲不小，在裡頭開了一上午會，都沒見人出來。這時，總算散會，出了禮堂大門，個個直奔廁所。記者群團團圍住陸潤康與錢純，電視台燈光打得耀眼雪亮，電視與廣播記者拚命往前伸麥克風。陸潤康與錢純且戰且走，也不搭電梯了，就走樓梯間，拾級而下，大批記者尾隨在後，邊走邊問。

八樓這兒，小方卻是站定腳跟，沒跟著人潮下去。等眾人離開後，小方一個閃身，就進了會議室。會議室裡，工友老李推了兩個桶子，正忙著收拾會議桌。一個桶子，裝吃盡或吃殘便當紙盒、喝盡或喝殘水杯；另一個桶子，裝紙屑垃圾。老李是退伍軍人，六十多歲，一口河南土腔，個頭不高，腿有點瘸，脾氣還好，平常話不多，也不囉嗦。

河南與山東西部，講同一種腔調語言，河南話與魯西話差不多。而山東東部青島、威海、日照、煙台一帶，則講魯東腔山東話，與魯西話相差極大。小方岳家籍隸魯西，故而小方能講幾句彆腳魯西話，此時，就打著魯西腔對河南老鄉老李道：「李伯伯，您忙您的，我正好缺記事小本子，這兒有這麼多便條紙，我就拿點，帶回去自己用。」

說罷，小方快手快腳，遊走議場，把桌上所有沒帶走便條紙，全都倒進背包裡。

許多人開會，有個習慣，喜歡在會議當中，下意識拿筆在便條紙上寫字。所寫之字，可能是會議中討論事項，可能是主席或其他人所說言語，可能是自己心情。甚至，有時候，與會者無聊，會藉由寫字，與隔鄰之人，來個「筆談聊天」。等開完會，有些人會將整本便條紙帶走；有些人會將寫過便條紙撕下，留下空白便條紙；另有一些人，一開完會，就抬屁股走人，將所寫便條紙原封不動，留於會議桌上。

小方此舉，也是碰運氣，亂槍打鳥，看看瞎貓能否碰上死耗子。今天，收穫不算多，桌上所留便條紙不多，但仍有七、八份，為小方擄獲，裝進背包裡。

這時，底下一定鬧翻了天，記者群集，在五樓部長與政次辦公室、四樓金融司長辦公室那兒梭巡。其他司署，也未必安全。小方念頭一轉，拔腳離開八樓禮堂，搭電梯下去，到了一樓，直奔財政大樓旁附屬建築二樓，去了財政部員工餐廳。

下午兩點多，午飯時間已過，離晚飯時間還早，餐廳與廚房都已打烊，員工或扯淡聊天，或假寐小睡。七、八個小學生，有人趴在桌上寫功課，有人追逐遊戲。這些孩子，都是財政部女職員兒女，中午放學，無處可去，就到財政部員工餐廳待著，等媽媽下班。

這兒，一個記者都沒有，小方鬆了口氣，打開背包，一張張翻著便條紙。有張紙上，簽字筆寫了「口說無憑」四個黑字。另一張便條紙，沒寫字，但隱約看得到字跡。顯然，這便條主人拿原子筆寫字，事後將那張寫字便條紙撕下帶走。沒關係，原子筆筆頭尖尖，在下一張便條白紙上，留下字跡痕印。小方舉起這張白紙，透空就著燈光，分辨出這些隱約字跡：「到時審計部來查帳，誰替我們解釋？監委來查，死路一條。」

其他幾張紙條上，也都有此類怪言怪語，小方一一看過，心裡暗暗記住。

離了員工餐廳，小方重返財政部大樓，發現一樓記者室對面會議室，正開著記者會。小方站在會議室外頭，把門扉稍稍推開，側著腦袋往裡頭瞧，見到陸潤康、錢純、李洪鰲、戴立寧等。所有記者，全都到齊，聽著官方說法。小方翻身就走，直奔四樓金融司，推門進了副司長簡弘道辦公室。

採訪新聞，有其特定規則。其中，有些規則頗為奇特。比方說，採訪大型會議，有個古怪定律：愈是事不關己，口風愈是鬆動，就愈能跑到新聞。反正，碰到大型機密會議，參加者眾多，來自不同單位，只要找那「事不關己」單位與會者，就容易問出線索。譬如，若是經濟部召集機密會議，內政部派了科長參加，那麼，要挖掘這會議內幕，找經濟部官兒，很難問出個子丑寅卯，若去問內政部科長，反正事不關己，口風就鬆動得多。

這金融司，有三位副司長，各有分工，簡弘道管的是外商銀行，今天這會，講的是支援國泰信託，原本不關簡副司長什麼事，不知為何，他今天卻參加這會議。因而，小方找簡弘道問事情，比較能問出個紅黃藍白。

簡弘道是世家子弟，父親是華南銀行創行元老。他出自台大經濟系，在國外留過學，洋名「Eddie」，長得一表人才，為人溫文儒雅，談吐不俗。小方敲門，裡頭應門，小方推門而入，逕自坐在簡副司長對面，開門見山道：「Eddie，會開完了喔！其實，我已經知道會議內容了，這年頭，耳報神多得是，才開完會，我就找某個銀行總經理問過，曉得你們今天會議，就是採取三項救急辦法，去拯救蔡辰男的國泰信託。我只是忙累了，過來你這兒坐坐，隨便聊聊。」

「Terrible, Eddie. How could you MOF do things like that? 你們財政部這樣幹，口說無憑啊！到時候，審計部去銀行查帳，或者監察委員去調查，那些銀行總經理豈不是都死定了？」

小方哪曉得會議裡發生了啥事情？他只不過照著便條紙上所寫內容，順口胡謅。果然，小方這幾句話問到要害上，簡弘道壓低了聲音道：「對啊，我以前也在銀行待過很久，這些銀行總經理，很多都是我朋友，和我很熟，他們也都是這樣講，說這樣幹，以後死定了。不過，小方，這不是我們財政部的意思，也不是陸部長講的話，這都是央行錢副總裁的意思。」

「你想，銀行有銀行的規矩。貸款到期，要不要延期，得看貸款公司條件。如果條件不好，銀行必須終止貸款，免得日後吃倒帳。條件不好的公司，銀行自然要收縮貸款規模，不可能把貸款額度衝到融資上限。更要命的是，商業本票到期了，該怎麼辦，就怎麼辦，怎麼可能不准票券公司買回？今天這三項指示，完全違背銀行經營原則，這簡直是逼得公營銀行吃倒帳，讓各銀行抱著炸彈過日子。」

小方一聽，當下曉得個中緣由，隨即問道：「副座，這也奇怪啊！他中央銀行，管的是貨幣政策與外匯政策，管利率，管匯率，管通貨發行，管印鈔與鑄幣。銀行放不放款、處置不處置商業本票，照理說，是財政部業務範圍，怎麼搞的，今天中央銀行越俎代庖，干涉起財政部業務了？就算真要下達這些指示，也是陸部長權責，怎麼由錢副總裁發號施令？」

簡弘道回答：「今天會場氣氛很詭異，陸部長沒怎麼講話，都是錢副總裁一個人發號施令，好像總司令。十幾二十家公營金融機構總經理坐在下頭，面面相覷，都覺得事情難辦。有個總經理，鼓起勇氣，怯生生發問，說是根據銀行經營原則，不可能不准票券公司 repur 商業本票。錢副總裁好兇悍，大聲回應，說是不准 repur，就是不准 repur。」

「尤其，錢副總裁口氣很火辣，大聲對所有銀行總經理說，如果哪個銀行敢對這三項措施打折扣，就立刻撤換總經理。你想，雖然實際上公營銀行總經理人事都是俞院長親自調度，但在體制上，國有行局總經理人事由財政部負責，省屬行庫總經理由省政府管轄。」

「以前俞院長當央行總裁時，總攬所有公營金融機構人事大權，但他那是私下為之，幕後操控，決定人事之後，還是得由財政部或省政府發布人事命令。所以，在體制上，所有公營金融機構人事，都與中央銀行無關。如今，央行副總裁跑到財政部來，公開威嚇說是要撤換總經理，實在嚇壞了這些銀行總經理。」

小方曉得，這所謂「repur」是英文「repurchase」縮寫，也就是重新買回之意。國泰信託從事商業本票保證業務，浮濫亂搞，一大堆十信或國信關係企業，發行商業本票，交給國信保證，然後，持商業本票，向銀行貸取款項。這商業本票，是貨幣市場交易工具，有其交易模式與流動軌道。倘若硬逼銀行，不准要求票券公司買回商業本票，等於逼銀行不得行使債權。

小方言道：「這樣看起來，錢副總裁一定接獲上級指示，要他如此。當然，這也要怪你們財政部，上次處理十信風暴，也太過膿包，竟然讓蔡辰洲搬走合作金庫三十億元，還弄出了神祕電話。顯然，上頭行政院長俞國華很不滿意，所以，這次國泰信託出事，俞院長乾脆指示他親信弟子錢純，直接插手，到財政部來發號施令。我看，將來除非不換財政部長，要是換財政部長，一定是錢純來管財政部。」

18 南陽街一號

台北市南陽街，短短三百公尺，南端起自襄陽路，對面是新公園；北端止於忠孝西路，對面是台北火車站。這街雖然短，卻是人文薈萃，富商盤據。這是全台灣補習班最為密集之地，幾百公尺街道，兩旁密密麻麻，全是補習班。多少大學聯考落地生，都到這兒，投身「高四班」，捲土重來，隔年再戰。

考上了大學，還得來南陽街，進「美加補習班」，補托福，補ＧＲＥ，補ＧＭＡＴ，大學畢業，通過這三大考試之後，直放亞美利加國，留學、就業、拿綠卡、歸化入籍拿花旗國護照。這南陽街，是多少青年學子人生起點，也是留美鴻圖、綠卡大業發軔之處。

南陽街一號，是棟樓房，正好位於希爾頓大飯店後頭，樓高八層，方方正正，位於南陽街與許昌街轉角，兩面臨街。這棟樓，就是國泰信託總公司。除台北總公司外，國信還有新竹、台中、嘉義、台南、高雄等五家分公司。在南京東路，另外還有個「信託部」，披著信託部外皮，弄的還是分公司營生。

以國泰信託為核心，四面八方還有一籮筐關係企業，包山包海，涵蓋各方領域。這一大籮筐關係企業，共有二十六家，涵蓋金融週邊服務業、製造業、文化事業、以及一家觀光飯店。

金融週邊服務事業有九家，基本上，全是靠國信資金做生意。這九家企業是信租公司、泰租公司、國泰租賃、國信租賃、信誼公司、來來租賃、統來租賃、泰昶公司、泰財公司。

營建及其周邊行業，共有八家，以樹德工程、海陸營造為主體，周邊環繞國建機電、國建金屬、香格里拉建設、來來開發、國誼貿易及金原閣家具。

製造業有六家，國信食品、旭順食品、大西洋飲料等三家為食品業，太平洋實業、英成紗毯、國順地毯為紡織業。

文化事業有兩家，百科文化及國泰美術館。

最後，就是來來香格里拉大飯店。

十年前，王永慶在敦化北路靠近機場那兒，緊貼著長庚醫院，蓋了台塑總管理處大樓。蔡辰男輸人不輸陣，前不久，也在敦化南路靠近仁愛路圓環這兒，國泰萬成通商大樓裡，疊床架屋一般，弄了個國泰信託關係企業總管理處。

這一天，民國七十四年三月五日下午，銀行團派駐國泰信託總經理張天林，在南陽街一號國泰信託總公司會議室裡，點將閱兵，召集國泰信託大小主管，主持就任視事會議。前天，財政部宣布由交銀、農銀、中信局等三家國銀營行，組成銀行團，進駐代管國泰信託。昨天，張天林到國泰信託就職接事，雜務倥傯，胡亂忙了一天，到今天下午，這才緩過氣來，找國泰信託大小幹部，開個正式會議。

這時，離開會時間還有十幾分鐘，與會者尚未到齊，張天林坐在主席位子上，眼神虛無空蕩，腦袋裡神遊太虛，想著前天所發生諸事。前天上午，交銀總經理賈新葆找他，要他擔下銀行團頭頭重任，去國信當總經理。他曉得，這不啻是要他跳火坑，彷彿昭君出塞、蘇武牧羊，不知要熬到何年何月，才能把爛攤子收拾好，重回交銀。想到此處，張天林不禁微微嘆了口氣，心裡感嘆道：「沒法子，土也不親，人也不親，我不上刀山下油鍋，誰上刀山下油鍋？」

原來，這張天林並非台灣本地交銀「土生土長」，而是境外移入品種，與台灣交銀淵源不深。他生於民國十三年，現年六十一歲，民國三十五年上海復旦大學經濟系畢業後，就進入交通銀行上海分行，此後始終待在交銀，至今三十七年，論資歷，絕對是老交銀。不過，他這老交銀，卻是長期待在國外。

民國三十八年，兵荒馬亂，政府遷台之際，交銀派張天林到越南西貢，在當地設立分行，一待就是二十五年，從少不更事小毛頭，成長為獨當一面金融界勇將。六十二年十二月，美軍早就全面撤出越南，越南局面危急，台北交銀總行才將張天林調回台北。他在交銀任職超過四分之一個世紀，都五十歲了，這才首度調回台北交銀服務。

前半輩子都待在外頭，因而，孩子在外頭求學、就業，老婆常在國外，他在台灣過的是單身生活。這人，生活講究品味，不煙不酒，所用物品一定是高雅卓越極品，部屬覺得他有歐洲紳士風味，每逢假日必與好友去打高爾夫球，然後吃小館子。他頗講究飲食品質，重視小館子師傅手藝。此外，這人熱愛體育，常對部屬戲稱，自己除了開飛機之外，其他體育活動都會。

他五十歲回台灣，從交銀祕書處長起家，歷經儲蓄部經理、業務部經理，前不久，才升任副總。如今，國信出事，成了超級燙手山芋，沒人想接，這苦差使就落到他頭上。這趟苦差使，表面上要對付國信亂局，內裡更深一處，還有些疙疙瘩瘩枝節得注意到，如果不小心，有個閃失，就會壞事。前天，交銀總經理賈新葆特別交代他：

「到了那兒去，差不多的事情，和財政部保持聯繫，大方向、小細節都不妨與財政部充分溝通。不過，真正事關重大，又敏感又忌諱之事，你記住，一定要問問央行錢副總裁。並且，也要告訴我一聲，別讓我置身狀況之外。財政部那兒，就是官面上關係，錢副總裁那兒，才能直通俞院長，而俞院長又直通七海官邸。財政部那些人，現在已經是泥菩薩過江，自身都難保了，將來不定要吃什麼處分。所以，你到國信去，務必小心謹慎，別走錯了步子，弄到與財政部那批人一鍋煮的地步。」

想到這兒，他又無聲微微嘆了口氣，眼睛回了神，看著會議室牆上一塊玻璃鏡屏。那長方形直立玻璃鏡屏，掛在牆上，裡頭有張毛筆寫的銘言警語：「再好的時機也有人破產，再壞的時機也有人賺錢；再好的事業也有人失敗，再壞的事業也有人成功」。這毛筆字警語，落款者不是別人，正是蔡辰男、蔡辰洲兩兄弟親爹蔡萬春。

張天林兩手輕輕搓了搓，心裡想道：「這真是現世報啊，老子要兩兒子成功、發財，兩兒子卻偏偏弄到失敗、破產的地步。外頭營業大廳那兒，還在顯著地方，掛著蔡萬春榮譽博士學位大照片。如今，老的中風，臥床不起；兩個小的，一個進了土城看守所，另一個則主動把家業交了出來，弄得好，也是散盡家財填狗洞；弄不好，也要進看守所，兄弟倆大團圓。」

前天白天，財政部宣布銀行團進駐代管，到了晚上，蔡辰男還一副人五人六態度，以強硬口氣，在電視新聞裡表示，銀行團接管國信，只是一種短期性的過渡措施，等國信的擠提風波平定，經營也趨穩定後，就會交還給他。

昨天，張天林第一天接事，才到國信總公司，就有一堆記者圍著他，他老實不客氣，對眾記者鐵口直斷，說是蔡辰男董事長職位會被撤換，而且是永久撤換。昨天上午，他到國信總公司沒多久，蔡辰男就過來，站在大廳裡蔡萬春榮譽博士大照片不遠處，一副老闆模樣，對張天林道：「一起談談事情吧，我找你共商大計。」

張天林一聽這話，心裡就起無名火，心想：「你當這是亞洲信託事件翻版嗎？你當我是周本頤嗎？」

有了亞信前車之鑑，這一回，財金當局吃虧學乖，決定同時拿下經營權與所有權，把蔡辰男掃地出門，片甲不留。因而，昨天蔡辰男還端著老闆架子，要與張天林談事情，當下，張天林表情冷漠，冰涼涼回了句：「我沒時間，以後再說。」

今天下午，張天林召集國信幹部會議。開會前，交銀那兒有人特別送了一本雜誌過來，讓他瞧瞧，多了解蔡辰男習性。現在，張天林身前桌上，就擺著這本雜誌，三年半以前，民國七十年九月號《天下雜誌》第四期，裡頭有篇蔡辰男專訪。

張天林翻閱這本《天下雜誌》，翻到蔡辰男專訪，快速瀏覽了幾頁，就見這專訪寫道：

「敦化南路國泰萬成通商大樓背對背相連的大廈，就是國泰企業少東蔡辰男的家。通過門房進入客廳，環牆垂立的巨幅真蹟字畫，和玻璃櫥窗裡的各式古董，使人發思古之幽情，恍如置身於具體而微的博物館。」

「目前為止，他已蒐藏了將近三千件古董字畫，兩千張左右的唱片跟錄音、錄影帶，兩萬多本書。為了防火，字畫古董分藏多處，倒是在他經營的國泰美術館和來來飯店客房、走廊的牆壁上，可以分享一部分他的珍藏。無論哪一種收藏，他都請人負責照管，編寫目錄。照管字畫的小姐在國泰美術館工作，整理圖書的是國泰總管理處的祕書，他喜愛的錄音、錄影帶與唱片，則由來來飯店的一位祕書兼顧。」

「他的另一項嗜好便是買書，他會利用片刻空檔，到國際學舍、商務印書館、正中書局和專賣舊書的光華商場逛逛。他的太太說，只要手邊有好書、新書，蔡辰男辦公以外的時間，就以『新娘子』自居：不愛出閨房。」

「自從書畫、古董、平劇和與他結緣最早的音樂，接二連三闖進他的生活，他自稱，已成為一個『外行人覺得是專家，內行人看不是專家』的中間人。即使如此，他仍鼓勵六個子女培養多方面興趣。」

看到這兒，張天林低聲咕噥道：「這雜誌，怎麼專拍高官顯要名流鉅商馬屁？馬屁拍得咚咚響，也不害臊？不過，此處黑紙白字為證，蔡辰男有三千件古董字畫，倒可以好好榨出來，逼他還債，自己窟窿自己填。」

想到這兒，驀然間張天林就覺得會議室裡寂靜無聲，他收神懾魄，定眼一瞧，會議室已然坐滿。尚有人上不了桌，就拉著椅子，靠牆而坐。人到齊了，可以開會了，張天林清清喉嚨道：「人都到齊了嗎？可以開會了。」

今天會議要講些啥事，張天林早就在肚子裡打好腹稿。總之，敲山鎮虎，放火立威，先把狠話說在前面，讓國信上下骨幹曉得，公司已經變天，水深火熱，日子難過。他先環視在場二十多名國信大小幹部，繼而拔高音量，講起連篇道理：

「各位，我簡單點說，時候不同了，各位現在就像拴在一條繩子上的蚱蜢，成了命運共同體。將來是福是禍，全由你們自己決定。你們老闆親弟弟十信出事，自蔡辰洲以降，總經理、總社各部門經理、分社經理等一級幹部，幾乎已經抓光。連帶襄理、副理，也抓了些，總共有二十多人，被調查局移送台北地檢處，全都下令收押禁見，不准通信。你們老闆闖的禍，不比他弟弟小，只因國家政策另有考量，所以，才沒把他抓進看守所。」

「我到這兒來，就是清理國信局面，搞清楚爛帳內幕，然後決定如何處置。這過程，要各位認真、誠實配合，弄得好，可以有個妥善結局，大家和氣收場。要是弄得不好，就像十信那樣，掀瓦砸牆，弄出滅門之禍，大家一鍋煮，不但你們老闆要坐牢蹲監獄，在座各位都成了共犯，免不了也要吃官司。不對，蔡辰男已經不是你們老闆，從今天起，國營三行局所組成銀行團，才是各位老闆。而我，就是銀行團帶隊指揮官，各位務必要與我合作。」

「我昨天才到，今天第一次與各位正式見面。現在，請各位自我介紹，我見各位都帶了書面資料，因而，請各位連帶簡報所主管業務。整個財務報表詳情，銀行團會請安侯會計師事務所，進行徹底清查。不過，在此請各位主管，先行簡報，好讓我有個底。」

之後，與會主管輪流發言，張天林邊聽邊記，尤其著重存款、放款、商業本票保證等業務，不但聽，也反問。這會開到一半，天色漸漸黑了下來，總務人員送進晚飯，日本料理套餐裝在精美木盒食具裡，一人一份，味噌湯、壽司捲、炸天婦羅、蒲燒鰻、照燒肉，弄得一室俱是食物香氣。與會者邊吃邊講，張天林邊吃邊記。吃完晚飯，工友收走食具，繼續開會。

待所有出席主管發言完畢，張天林看看手錶，九點十分。他定定神，檢點一小疊便條紙，加總算算幾個數值，然後抬起頭，環視與會者，以凝重口氣言道：「根據各位報告，粗略統計，國信現在約有信託資金三百五十五億元左右、放款一百六十九億元、上市公司股票市值約有一百億元、對生產事業投資十六億元、保證兩百一十六億元。」

「值得注意的是，在一百六十九億元放款中，對國信關係企業放款，竟高達一百二十億元，佔了三分之二以上。此一數字，證實了外界長久以來批評，從十信到國信，蔡家兩兄弟一個樣，都是利用本身金融服務業，吸收社會游資，再轉手貸放給蔡家關係企業，都是拿別人錢，作自己生意。從現在起，我帶著銀行團，與各位合作，要徹底改變這種情況。」

「首先，為了肅清國信過度濃郁的家庭企業色彩，目前董事會職權已被凍結，也會切斷國信與其關係企業藕斷絲連曖昧關係。同時，我在此鄭重告誡各位主管，魚與熊掌不可兼得，各位在國泰信託本職，與關係企業兼職之間，必須擇一專任。在座者，有哪些人同時也在總管理處掛名兼差？」

這話說完，與會主管先是面面相覷，繼而七零八落，約有十名主管舉手。

張天林繼續發作道：「我要斬斷國泰信託與關係企業長久以來人事通用管道，你們通通要下個決定，兩個職位只能留一個。順便告訴你們一聲，還是留在國信好了，因為，那總管理處，最近就要關門。它不關門打烊，我也會勒令它關門打烊。」

「至於國泰信託外圍這一大堆關係企業，我的做法很簡單，先查帳，弄清楚財務狀況與經營績效。然後，把還有前途，還值得繼續經營的公司，轉手賣出去。至於沒前途，不值得經營者，則結束營業，關門大吉。國信這兒，銀行團會設法維持國信所保證發行的商業本票，不會任其兌現跳票，俾便讓國信繼續支撐下去。所有關係企業，無論關門或賣掉，都必須把帳清得乾乾淨淨。最重要的是，虧空部分需由蔡辰男填補。」

「對你們老闆，不對，是前任老闆蔡辰男，我也定了基本對策。這對策，我之後會告訴他，在此先告訴你們，你們轉告他也行。這對策，就是請他拿出私人財產，去填補國泰信託與關係企業這一大堆窟窿。還有，保證發行商業本票到期時，所需要支付的利息，得由他自己籌錢支付。所有公營銀行在背後一齊撐著國泰信託，不讓國信保證商業本票兌現，讓這些本票繼續展期，避免跳票。然而，展期需要支付利息，那利息，得由蔡辰男自己想辦法。」

「蔡辰男闖的禍，犯的法，不比他弟弟蔡辰洲輕，只因國家政策不同，對國泰信託，採取與十信不同的處理策略，希望蔡辰男協助處理，所以，他才沒有隨著他弟弟，一起關進土城看守所。挑明了對你們說，我曾向調查局與台北地檢處，說明長遠的國信處理政策，希望他們不要急於一時。簡單點說，你們前任老闆蔡辰男，現在就是花錢買自由，要是哪天他不肯合作，不再拿錢出來填補窟窿，那麼，他弟弟蔡辰洲就會在土城看守所，向哥哥招手。」

「要是真有那一天，我會請司法當局，把哥哥也送進土城看守所。到時候，蔡辰男進了土城看守所，與他弟弟團圓去了，那麼，各位，很對不起，在座者恐怕有一大半，也要進土城看守所。我剛才已經說過，現在再強調一次，十信出事，蔡辰洲進去了，他底下一堆十信幹部，跟著陪葬，也一起進去了。若蔡辰男走到這一步，同樣的劇本還會再演一次，國信高層、中層幹部、國信關係企業幹部，要牽連一大片。各位，我醜話說在前面，大家好自為之，好好配合銀行團，否則，順風路走不成，只好朝逆風方向走，大家法庭上見了。」

放完一陣狠話，張天林額頭上冒汗，燈光照上去，滿臉油光，隱現殺氣。頓了頓，張天林喝了口水，看看會議室裡二十幾張木然臉龐，決定再放一枚震撼彈，樹立威風，殺殺國信幹部氣勢：

「蔡辰男早就有案底，你們去翻翻這一期《財訊》月刊，上頭寫得很清楚。民國六十二年間，蔡辰男以本人名義，購得內湖一筆一萬多坪土地，次年八月，再賣給六個人頭。之後，六個人頭再以一億八千多萬元，轉售給萬成開發公司。這六個人頭，由蔡辰男安排，在兩個月之間，花四千五百萬買進，再以一億八千萬元賣出，兩個月淨賺一億四千萬元。」

「事後，台北市稅捐處發現，蔡辰男有逃避土地增值稅嫌疑，乃課以五千多萬元稅捐。但蔡辰男動員市議員，向市長質詢，私下又施展政治手段遊說，終於使得該案獲得裁定『原處分撤銷』。因為，一年之內轉手，免課土地增值稅。這件漏稅案，早就被移送法院，如果認真追究，蔡辰男麻煩大了。這裡面，逃漏稅還是小事，這根本就是五鬼搬運，掏空萬成開發公司。」

「為此，我們銀行團昨天已經建議司法當局，國信事件解決之前，暫時不要將蔡辰男訴諸於公堂，逃稅案可依法律規定期限，展延追訴。這項建議，已獲得法院採納，蔡辰男逃過一劫。我這樣做，目的就是要他留在外面，拿錢出來，解決問題。他要不拿錢，對不起，馬上關進土城看守所去。」

19

福州街口

台北市福州街，靠近重慶南路那兒，有個「口」字型龐大建築，正面主建築只有三層樓高，但旁邊還延伸出一棟八層附屬樓。這建築群，就是經濟部，這一天，民國七十四年三月十一日，這兒出了大事。十信風暴颳了一個多月，經濟部始終沒脫離暴風半徑，今天，颱風眼席捲而至，經濟部地動天搖。

經濟部長徐立德，上任才九個月，在這之前，他當過兩年半財政部長，其間，十信違規放款急遽坐大，增加一倍。十信出事後，指責、懷疑、抨擊接二連三湧至，朝著徐立德發威。對此，徐立德底盤沉穩，緊緊扎根，絲毫不為所動，奉行強悍本色，堅守經濟陣營。十信風暴爆發後，監察院成立專案小組，調查相關官員行政責任。經濟部記者問他，對於監察院展開歷任財政部長調查，有何感想？他說：「我不喜歡聽，誰犯法，就抓誰。」

這人嘴巴能說，口才好，伶牙俐齒，但也常管不住嘴巴，三天兩頭蹦出情緒言語。這「我不喜歡聽，誰犯法，就抓誰」言語，充滿情緒，讓經濟部眾記者一旁看笑話。

當官的，其實不怕立法院，立委整天吵，張嘴就罵，罵過就算，撼動不了官兒們分毫。大小官兒們真正怕的，是監察院。十信出事後，監察院弄了個專案調查小組，吳大宇、張一中、馬慶瑞三個人，擰成一股，一頭栽進去，卯足了勁查案，三天兩頭向財政部要十信檔案資料。有幾次，三監委不滿意財政部所給資料，乾脆御駕親征，殺到財政部，就地坐催，非把相關公文、檔籍、資料要到手不可。

前不久，三監委殺氣騰騰，說是案子已經查得差不多了，要公布調查報告，提出彈劾名單，打算端掉相關政務官大員。後來，國民黨中央黨部祕書長馬樹禮出面，邀請三監委談話，懇請三監委以大局為重，說是俞國華內閣剛成立才半年多，現在局面正是要緊，如果揭露調查報告，指名道姓，要特定政務官負起行政責任，恐怕會使政局動盪不安。那次談話，搓圓仔湯一般，搓得三監委偃旗息鼓，蔫了氣勢。

監委消音之後，到了前幾天，三月六日，徐立德下班前，照例又有一堆記者堵在門口，要他給個說法。往常，他都揚長而去，但這一天，他卻停下腳步，好整以暇，心平氣和，對記者講了一大套：「我身為政務官，就當勇於負起行政責任，監察院如果確認我須為十信違規事件負責，我絕不戀棧職位，但是，你們新聞界切勿以訛傳訛，把我和國泰蔡家扯在一起。」

「你們去查查舊報紙檔案，多年來，十信違規事件不斷發生，我是財政部長當中，對其處罰最重一位，我若和國泰蔡家有所勾結，不敢也不必這麼做。最近幾個月來，外界對我有若干不實傳言，我始終苦無機會辯白，如今又在追究十信違規事件責任中，把我影射為與蔡家有所勾結，真讓我百口莫辯，痛苦不已。這次十信風波稍微平靜後，我願意考慮辭職，但在事情未告一段落之前，我不願不明不白離去。」

徐立德這段談話，次日在報紙上登出，顯示他意志堅定，固守經濟部，沒有辭職打算。

這人，堪稱台灣官場怪傑，搞人事行政起家，而經濟部則是他起家之地。最早，他政大政治研究所畢業之後，第一份差使就是到經濟部人事處當小職員，職稱是「人事分析師」。他嘴巴會說，能言善道，辦事能力也強，官宦仕途上屢遇貴人，不次拔擢，漸漸冒出頭來，當到經濟部人事處長。民國六十一年六月，強人出任行政院長，正巧，行政院祕書處管經濟部所屬業務的第五組組長出缺，經濟部長孫運璿向強人推薦徐立德，於是，徐立德就到強人身邊辦事。

要知道，人事體系只能算是內勤部門，並非業務部門，徐立德由經濟部人事處長，跳升為行政院第五組組長，堪稱鯉魚躍龍門，仕途大翻身。在那之後，他扶搖直上，先後出任財政部常務次長、省財政廳長、財政部長，乃至經濟部長。這一路上，都是蒙邀上賞，有強人支撐，徐立德好像屁股上綁了火箭，一飛沖天，直奔九霄。如今，十信風暴烏雲罩頂，徐立德依舊穩如泰山石敢當，在福州街口經濟部大樓裡屹立不搖。

官場上，一般看法認為，徐立德太看重人際關係，搞得尾大不掉。他當財政部長時，有次主持部務會報，中途突然離去，蹤跡杳然，過了一小時，又回來開會。後來有人打聽，這才知道，他在那段時間當中，跑去為友人證婚。這人，太忙於交際應酬。一個官員要是一天到晚忙著應付人際關係方面事務，其政績就難以有表現，徐立德就有這毛病。

三月六日，他對記者說，要等風波稍微平息後，才願意考慮辭職。過了兩天，三月八日星期五，徐立德又對經濟部記者說：「我絕不戀棧經濟部長職位，只是在十信案未獲澄清前，我遽然辭職，外界還以為我跟十信弊案有關，那豈不是洗也洗不清楚？」

這話擺明了，他不願意辭職。又過了一個週末，隔了星期六、星期天，今天，三月十一日，星期一，又是一個星期開始，徐立德一大早到了經濟部，交代祕書，約李模、吳梅村、王建煊三位次長，到會議室召開每週例行會議，商討本週重要業務大計。這會，開了沒多久，祕書跑進來報告，說是行政院長辦公室來電話，要徐立德去行政院，院長找他有事。

當下，徐立德找來主任祕書吳存信，對這位行政專科學校老同學道：「存信，你幫我盯著點，和三位次長繼續開會，看看本週該幹什麼，該推動哪些事項，談出個確切結果。」

吳存信回道：「部長，你不在，重大政策沒法子決定。我們四個人談，談完也不算數，要等你回來，才能定案。乾脆，這會先別開了，等你回來再說。」

徐立德想想道：「這樣也好，我去去就回來，要不了多久。」

不到半小時，徐立德座車駛進行政院，他直趨院長辦公室，卻見行政院祕書長王章清，等在院長辦公室外頭，見到徐立德，趕忙道：「快進去吧，俞院長正等著你。」

徐立德推門而入，但見俞國華立於辦公室，見他進來，趕忙笑著請他坐下。雙方坐定之後，俞國華不疾不徐，操著奉化腔調官話道：「十信案，這樣發展下去，將來可能會有一些困擾，上頭的意思，是希望你暫時離開內閣，將來再做安排。感謝你這麼多年來，為國家所作貢獻。」

徐立德聞言，瞬間震驚，但也只有瞬間而已，隨即平復，顏色正常道：「好，那我回去之後，馬上把辭呈送上來。」

這會面，前後不足五分鐘。徐立德回經濟部途中，心思起伏，他不斷努力自持，告訴自己，要穩住情緒。回想俞國華那幾句話，他曉得，其實那幾句話應是出自強人之口，只不過，經由俞國華轉述而已。徐立德早聽人說過，俞國華年輕時在老強人委員長身邊當貼身侍從機要祕書，就常替老強人委員長傳話。

俞國華二十歲至三十歲之間，在老強人委員長身邊當了十年機要祕書，深得老強人委員長信任。西安事變之際，老強人委員長跳窗逃命，摔傷腰椎，此後不能持續久坐，須避免振筆疾書。因而，西安事變之後，老強人如欲下達指令，都是口述其意，由機要祕書俞國華以毛筆撰成書面命令，交給老強人委員長覆核。老強人委員長閱後，僅拿毛筆將不妥之字圈起，在旁邊另外寫上新字。然後，這書面命令不再重謄，就直接發下。

有次應酬場合，徐立德就曾聽央行副總裁錢純言道：「我去高雄西子灣，看老強人別墅故居，裡面擺了許多老強人當年書面命令，那字跡，一看就知道是俞先生寫的。俞先生當央行總裁十五年半，其中十三年，我是副總裁，我看慣了俞先生字體。所以，上次去西子灣看老強人墨寶，我一看，差點笑出來，那哪是老強人墨寶？那壓根就是俞先生墨寶。」

徐立德也聽人說過，說是老強人委員長如遇逆境，輒動怒發大脾氣，辱罵屬下。不但辱罵，還要機要祕書俞國華，把辱罵言語一字不改，轉述給被罵屬下聽。現任行政院政務委員周宏濤祖父，名叫周駿彥，當年在軍事委員會當軍需署署長。論輩分排，俞國華與周宏濤是平輩，兩人當年同在浙江奉化「錦西高等小學」就讀，是前後期同學。因而，周駿彥比俞國華還高著兩輩。

有次，強人委員長大怒，痛罵軍需署長周駿彥辦事差勁。老強人委員長罵完，要祕書俞國華去見周駿彥，當面把辱罵言語，一字不漏，轉述給周駿彥聽。俞國華無法，只好照辦，去找幼年同窗周宏濤祖父，把老強人委員長辱罵言辭，一五一十，轉罵而出。

徐立德曉得，俞國華這一定是轉述七海官邸強人言語，要他辭職下台。既然如此，夫復何言？只能俯首帖耳，聽命而行。

回到福州街經濟部，徐立德強作鎮定，接著把週一上午例行會議開完。一直到會報結束後，才明白向三位次長表示，已經辭職照准。寫辭呈之事，則由主任祕書吳存信代勞，中午十二點前，辭職簽呈就寫好，專人送往行政院，並電話通知王章清祕書長。俞國華接到辭呈後，立刻批准，下午兩點多，通知新聞局，發布新聞稿：徐立德辭職照准。

新聞局還順道發布了徐立德辭呈全文：「憶十信之違規經營，立德於任財政部長任內業已發現，當即督促各級行政主管機關，依法處理，並即研修銀行法及研訂存款保險條例，同時指定之監督單位加以處分及飭予改進。詎該社罔顧法令，變本加厲，以致演成今日之嚴重後果。破壞經濟紀律，已為國家社會帶來傷害。立德目睹此不幸事件，內心至感愧疚，乃本個人之道德責任，懇請准予辭去經濟部長職務。」

消息一出，轟動新聞界，記者蜂擁而至，堵住部長室門口。徐立德並不走避，等在經濟部，發表最後談話。面對記者，他幾度潸然淚下，情緒難以平復。電視記者先上，白熾熱燈泡發威，把個部長室外頭弄得又亮又熱。有個電視記者問道：「部長，監察院那兒，已經受到黨部壓力，以政治和諧為由，暫緩提出彈劾。監察院都暫緩彈劾了，為何您這時候要辭職？」

徐立德咽喉哽塞，眼睛濡濕，嚅嚅而答：「只要國家好，個人怎麼樣都無所謂。」

他也只能這樣回答，他總不能說，今天被行政院長俞國華找去，轉述強人總統指示，要他自請辭職下台。

諸記者輪番發問，徐立德想想，此時不宜多話，就沒再說，黯然乘車離去。這一天，早上興致沖沖來上班，根本料想不到，傍晚時分竟然「福州王氣黯然衰」，落了個「被迫自請辭職」下場。原本，已經約好晚上有個飯局，現在倒底去還是不去？徐立德使勁想想，曉得愈是倒楣時刻，愈要堅定自持，免得外界看笑話，想到這兒，心裡頓時有了計較：「該幹啥幹啥，飯局都定了，還是去吧！」

徐立德走後，眾記者七嘴八舌，在記者室內推敲案情，眾人結論是：三月六日、三月八日都說，十信案澄清之前，不考慮辭職。隔了兩天，現在卻一百八十度轉了彎，下台一鞠躬，辭職走人，顯然，這是被迫辭職。還有，若是自行決定辭職，早早就會顯露徵兆，安排機要祕書去路、了結未竟之事，更何況，今天上午還照例開了部務會報。

這福州街經濟部，就是經濟部本部，外加商業司等幕僚單位，至於幾個重要下屬業務部門，則另在它地設址辦公。比方說，國貿局在公賣局後頭，副總統李登輝官邸旁邊；而工業局，已經在信義路國際學社對面，起造新大樓，打算搬家，但此時尚未搬家，還在西門町漢口街。各報記者為求完整，不斷從福州街經濟部記者室，朝下屬單位打電話，請各單位一級主管講講，對部長辭職之事有何看法？

記者室電話只有那麼幾具，中廣女記者手腳夠快，搶到一具電話，三轉兩轉，把收話筒外頭塑膠蓋子旋了下來，插進錄音線，撥往工業局。連打幾通，終於找到工業局長徐國安，問徐局長，對徐部長辭職有何看法？

不知是真還是假，徐國安竟然說，他還不曉得此事，聽了中廣女記者說法，才曉得徐立德辭職。這徐國安，算是老實人，竟然對中廣記者說：「我不相信，我不相信徐部長會辭職。我上星期才與部長見面，部長態度積極得很，交代我好幾件事情，要工業局積極推動。要是部長想辭職，不會是那樣態度。」

掛上電話，中廣女記者對著其他記者喊道：「搞什麼鬼，下午兩點多，行政院新聞局就發了新聞稿，宣布經濟部長辭職下台，現在都五點了，怎麼工業局長還不曉得他老闆下台走路了？」

隨即，女記者又撥國貿局局長室電話，順利找到蕭萬長，問了相同問題。這國貿局長蕭萬長，可就比徐國安機靈賊精得多，電話那頭，蕭局長靜默良久，才謹慎說道：「我不表示任何意見。」

此時，有人發一聲喊：「王次長下班了，快去問問他，有什麼看法？」

眾記者把常務次長王建煊圍上了，王建煊抓抓腦袋頂上小平頭，想了想，這才蹦出兩句話：「這是上帝的安排，上帝自有其美意。」

有個記者，長得一副少年老成模樣，這人不常到經濟部，眾經濟部記者也想不起來，此人是哪家報社記者。就見這小老頭低著頭，眼睛望著地板，彷彿喃喃自語，彷彿對眾人宣布，自顧自說道：

「這是第四個囉，這是民國三十八年政府遷台以來，第四個辭職下台部長。在他之前，有三個前輩，四十四年間，也是經濟部，部長尹仲容扯上揚子木材公司弊案，主動辭職，回家讀書兼應訟。六十六年四月，蘇澳港翻船，死一堆大學生，教育部長蔣彥士辭職。六十七年十二月十六日，美國斷絕對中華民國外交關係，外交部長沈昌煥辭職。徐立德，五十四歲，在職九個月又十一天，丟了經濟部長差使。」

小老頭念咒一般，才把這部長辭官爛帳算完。他剛閉嘴，就聽見一個二百五女記者嗲聲嗲氣道：「經濟部長完蛋了，那財政部呢？什麼時候，輪到財政部長陸潤康下台？前任財政部長都丟官了，現任財政部長還能逃得掉嗎？」

20

交銀總行

台北市衡陽路貼近延平南路口，緊臨著中山堂地下停車場出口，衡陽路九十一號，矗立著一棟大廈，樓高十層，名為「台肥大樓」。這大廈，地是台肥地，樓卻是交銀起造。大樓蓋好後，簽了契約，交銀免房租，使用一、二、九、十等四個樓層，其餘樓層歸台肥使用，為期三十年。並且，交銀員工走前門上下班，台肥員工走後門上下班。

王玉雲當台肥董事長時，聲稱台肥員工每天「走後門」上下班，氣場帶衰，不利公司營運。於是，乾脆把整棟樓賣給交銀，扣掉增值稅，台肥淨賺六億餘元。轉手之後，大樓沒改名，還叫「台肥大樓」，現在是交通銀行總行。無巧不巧，這交銀總行大樓緊臨隔壁，就是台北十信早年總社。

這大樓後頭，就是中山堂，斜對面巷子裡就是上海菜「隆記菜館」。元月五日，央行金檢處就是從隆記菜館出發，突襲檢查十信，揭開十信風暴序幕。

交通銀行是國營銀行，常務董事由政府派任，以現役財經金大員為主力，間而亦有退休要人摻雜其間。無論黨務或行政系統，特大號耆老、耄耋，年事高，血氣衰，早該回歸林下，悠然安享餘年。然而，此輩大人先生們，一來畢生公務倥傯，在權柄機器裡進進出出，一旦退休，沒法子適應諸事皆空生涯，人雖退而心不休；二來，這批人畢竟功在黨國，下台之後，給個掛名閒差，有個對外連絡窗口，也是應該。

故而，公營生產事業、金融行庫局、海陸空交通單位、報紙電視傳播媒體、高等教育大專院校，各領域全方位，所有公營事業單位，都有退役黨國大老身影，安插其間，掛名不管事。對事業經管單位而言，這批受安插遺老，最好就是掛名不管事，每個月奉送乾薪，給個辦公室，派個司機，貼個祕書，配輛公務轎車，如此而已，大家方便。

最怕老先生們假戲真唱，退而不休，真把掛名職位當一回事，凡事較真，指點江山，背後出點子，下指導棋。有些老先生，雖老驥伏櫪，卻不甘寂寞，依舊志在千里，振聾發聵，愛出主意，講起話來擲地鏘然，發金石之聲，所持意見卻又落伍不堪，貽笑大方，自己卻不知藏拙，猶堅此百忍，硬頂到底。碰到這種局面，單位主管最是傷腦筋，但覺芒刺在背，如影隨形，怎麼也擺脫不掉糾纏。

今天，民國七十四年三月二十八日星期四，交通銀行召開常務董事會議。下午兩點多，諸官派常務董事陸續抵達，這才發現，交銀電梯故障，會議室又在三樓，故而必須邁步抬腿，拾級而上。

其實，堂堂交通銀行總行，怎麼可能電梯故障？這是交銀總行故布疑陣。交銀當局事前得知，黨國大老余井塘對十信、國信弊案頗有意見，放出話來，打算趁交銀常董會，放大砲，轟雷電，痛擊財金當局。故而，今天下午常董會前，交銀電梯乃適時故障，希望藉此擋住余井塘，讓老先生知難而退，打道回府。

三點左右，交銀總行電動玻璃大門開啟，顫顫巍巍，走進個老先生。老頭身材瘦小，穿長袍，拄著拐杖，彷彿民國初年老照片裡走出個真人。老先生邁著小碎步，走向電梯，交銀女職員立時趨前，哄著老先生：「資政，今天電梯壞了，沒法子搭電梯。您年紀大了，爬樓梯太辛苦，還是別參加了，您稍微等等，我替您把車子叫過來，您回去休息好了。」

資政老先生不領這情，轉頭瞧著樓梯，一步一步走了過去。交銀工作人員一瞧，老頭打算爬樓梯，趕緊過去，攙扶著老先生，緩緩爬起了樓梯。

這老先生是余井塘，生於清光緒二十二年，今年虛歲剛好九十。此人年輕時，出自上海復旦大學，早年加入國民黨，又去蘇聯留學，與陳立夫為同學。因而，回國後成了國民黨ＣＣ派要角，當過國民黨中央政治學校教務長。那中央政治學校，就是今天國立政治大學前身。當年，老強人委員長到處兼任校長，掛名不管事，實際校務則交給教務長。大陸時期中央政治學校，就是如此，老強人是掛名虛位校長，教務長才是實質校長。

余井塘，當過政校教務長，滿朝故舊門生，影響力極大。直到現在，木柵政大校本部，還有一棟教學大樓，冠以其名，稱為「井塘樓」。進了政大校門，往前走，走到底，在四維堂前向左轉，繼續往前走。經過中正圖書館、第一餐廳，過個小橋，右手邊，有棟乳白色樓房，樓高四層，呈半圓形狀，就是「井塘樓」。

這大樓，目前是政大研究生大樓。政大有二十餘個碩士研究所，其中，企管研究所、公共行政研究所，設於金華街「政大公企中心」；東亞研究所設於校本部對面，國際關係研究中心那兒；新聞研究所與新聞系，則同在新聞館。其他所有研究所，都集中於「井塘樓」，所辦公室與教室全在其內。

余井塘後來歷任黨政要職，國民政府遷台之後，當過內政部長、蒙藏委員會主任委員、行政院政務委員、行政院副院長。目前，則是總統府資政。按年紀，他已九十，早該退休，當然，這是退而不休，還在交通銀行當常務董事。

常務董事會議，簡稱常董會，是事業機構心臟、大腦、外加神經中樞，地位最是重要。交銀常董會，每兩週召開一次，主要是討論授信案與投資案。今天這會格外重要，因為交銀奉命與中信局、農民銀行，組成銀行團，進駐代管蔡辰男國泰信託。今天這常董會，自然要聽取進駐代管報告。

余井塘奮力爬樓梯，總算爬到三樓，氣喘吁吁，滿臉通紅，血壓升高，進了會議室。

常董會一開始，先報告交通銀行、中央信託局、農民銀行等三國營行局合組銀行團，進駐接管國泰信託公司之事。報告完畢，提請出席常董討論。余井塘未必次次常董會都出席，如出席，往往默坐參與，等閒不會發言。今天不一樣，聽完簡報，老頭率先開砲，火氣挺大，操著一口蘇北腔官話放大砲：

「交通銀行，是專業銀行，本身有很多該做的事情，都還沒做好，怎麼會動用龐大資金，去接管蔡辰男國泰信託爛攤子？這天文數字資金丟進去，將來能不能收得回來？要是收不回來，你們怎麼對得起國家？對得起老百姓？之前那個十信案，蔡辰洲十幾天之內，就掏空國庫三十億元，現在蔡辰男出事了，你們又去救。是不是嫌國庫錢多了，非要這樣糟蹋，這才過癮？」

余井塘義正詞嚴，語驚四座，痛罵一通，罵完，虎著臉，環視與會諸現役財經金大員。其實，老頭對十信、國信案情並不了解，只是每天看電視新聞，有了片面印象，覺得拿政府錢去救十信、國信，壓根是肉包子打狗，注定賠本。在場諸交銀常董，心知肚明，曉得真相，但輩分低、年紀小，誰也不夠格出頭勸解。一時之間，財政部政務長李洪鰲、經濟部政務次長李模、中央銀行副總裁郭婉容，都悶不吭聲，不敢接碴，全拿眼角餘光看著交通銀行總經理賈新葆。

賈新葆硬著頭皮，吞吞吐吐答道：「我們，我們，我們這也是奉上級指示辦理，並非交銀自行決定，也非交銀主動撥發資金。」

余井塘聽了，火氣更旺，猛然挺起上身，右手抓著椅旁拐杖，砰然上下敲擊地板，邊敲邊喊道：「上級，上級，你們就會拿上級搪塞。我倒要問問你，你說，是哪個上級，要你們這樣胡攪瞎搞？」

前幾天，賈新葆已經得知，美國舊金山加州廣東銀行，即將更換董事長，自己很有希望入替。這家銀行，當初是由孔祥熙、宋子文兩個家族所創立，至今還替台北國府處理資金往來。老強人在世時，親自操持這家銀行人事。老強人死後，則由強人調度這家銀行人事。賈新葆最近聽到風聲，舊金山加州廣東銀行要換董事長，上頭行政院長俞國華，已經向七海官邸，推薦他出任斯職。

如果沒有意外，再過幾個月，他就可以離開交銀，逍逍遙遙赴美，去舊金山當加州廣東銀行董事長。這差使，又肥又美，愜意非常。然而，眼前交銀手裡卻捏著滾燙山芋，緊緊牽著國泰信託，夠讓賈新葆傷腦筋的。賈總只希望諸事順暢，平平安安渡過這幾個月，到時候遠走高飛，就沒自己的事了。偏偏，今天常董會，卻跳出這麼個老刺頭，捏著他尾巴不放，實在傷腦筋。

賈新葆定了定神，語帶委屈道：「交銀是奉財政部長陸潤康指示，與中信局、農銀，合組銀行團，進駐代管國泰信託。」

其實，國營三行局進駐代管國信，與合作金庫進駐代管十信，本質上大不相同。合庫代管十信，純然是財政部作主，行政院長俞國華同意，准許採行。不過，財政部搞砸了事情，讓蔡辰洲十幾天內，套走三十億元資金。因而，國泰信託出事，蔡辰男跑到財政部，央求財政部進駐代管後，名義上、形式上，雖然依舊是財政部操持此事，骨子裡，卻是俞國華指派大弟子央行副總裁錢純，共同參與密笏，背後發號施令。

賈新葆當然了解個中關節，但不方便在會議桌上公開陳明，故而只能按照官面上行政體制，說是奉財政部之命辦理。

余井塘不依不饒，繼續追究：「財政部長陸潤康算是個什麼東西？他搞十信，被蔡辰洲套走了三十多億元，吃了大虧，上了鬼當，就應該學乖。豈料，他現在又要銀行團砸錢去救國信，這是嫌國庫鈔票太多嗎？就算陸潤康有指示下來，我們交通銀行也不應該奉命。」

賈新葆見老頭火氣愈燒愈旺，覺得不妥，趕緊把幕後本尊搬出來：「那個，那個，其實行政院長也知道這事情，俞先生同意這樣做。」

賈總經理把俞國華抬了出來，果然有用，老頭也知道，俞國華在強人父子身邊辦事半世紀，深受兩代強人信任。賈新葆說，這是俞國華意思，那麼，七海官邸顯然也同意如此。既然這樣，余井塘就不再追打「上級」。不過，老先生話鋒一轉，開始罵起了後生晚輩，對著現場現役財經金大員們，數落兩位財政部長：

「徐立德是什麼意思？他當財政部長，前後兩年半，十信違規放款竟然翻倍，從十多億元，變成三十八億餘元。這樣的財政部長，還有臉在電視上說，哪個犯法，就該辦哪個？我看，第一個該法辦的，就是他。還有陸潤康，比徐立德更糟糕，徐立德是兩年半之內，十信違規放款增加十幾億元。而陸潤康，則是十幾天之內，就讓蔡辰洲騙走了三十億元。」

「現在，又要我們交通銀行，去接蔡辰男國信爛攤子，未來接管國信損失，要超過一百億元。你們聽聽，一百億元哪！一百億元可以做多少事？可以起造多少建設？可以造福多少老百姓？現在，全都打了水漂，塞了狗洞！」

余井塘罵完，上身頹然靠回椅背，兩手扶著把手，吭嗤吭嗤，不斷大喘氣。喘到後來，腦袋一歪，整個身體斜斜癱在椅子上，昏迷過去。眾人見情況不對，趕緊喊人，打一一九，叫救護車。

七手八腳，把余井塘送進忠孝東路中心診所，拿儀器掃描腦部，掃出來一看，整個腦部五分之四出血。拖了五天，拖到四月二日清晨五點三十分，余井塘與世長辭。

黨營報紙《中央日報》，刊出這樣標題：黨國大老余井塘被十信、國信案活活氣死。

21

台北市調處

台北市基隆路、和平東路交口，是個圓環。車子繞著圓環走，圓環外圍則是花木扶疏，綠意盎然。圓環北邊，距離圓環不遠，基隆路左側，有個公家機關，外觀普通，並無肅殺之氣。這單位，就是調查局台北市調查處。市調處在這郊區，單擺浮擱，附近沒什麼高樓大廈，倒有不少空曠之地，等著起造高樓。

基隆路往北邊走，從信義路過去，一直到忠孝東路這一大片，是軍事重地，包括陸軍汽車基地保養處、聯勤四十四兵工廠、以及大量眷村。這幾年，台北市有了都市發展新計畫，國防部讓出大量地皮，基隆路東側那一大片區域，軍方全都撤走。眼看著，東區就要醜小鴨變大天鵝，脫胎換骨，鳥槍換炮，打造出一大片新風貌。

至於基隆路往南，由敦化南路口，經過台大農學院、工業技術學院，以迄公館、福和橋這一段，目前則是大興土木，工地綿延，正起造著高架道路。這高架快速道路蓋好之後，可以有效分解基隆路車流。

十信案爆發後，幾個月來，調查局忙得人仰馬翻，其中，台北市調處更是忙中之忙，傳喚、訊問、移送，三部曲不斷上演。這當中，市調處主要還是配合台北地檢處，受檢察官陳聰明指揮，忙著對六、七十名十信案涉案人迎來送往。不過，今天不同，今天，七十四年四月二十二日，星期一，市調處辦的是「私案」，把十信案關鍵人物國塑副總經理林宗源，從土城台北看守所裡借提出來，送到這兒問話。

所問內容，則是十信案爆發前，最後那十幾天，蔡辰洲五鬼搬運，從合庫所套弄那三十億元，到底流向何方。這世紀之謎，台北地檢處檢察官陳聰明也在查，不過，調查局這兒早就奉上級指示，不管檢察官怎麼查，調查局這兒自己要把內情摸清楚，弄出明確報告。至於報告弄出來之後，又將如何，則非市調處所問。反正，把這祕密報告交給局本部即可。

局本部那兒，局長翁文維早在近半年前，就獲七海官邸密令，要清查蔡辰洲與黨政軍大員間資金往來。等這份報告名單出爐，就由翁局長親自呈交最高當局。

所有情治機構裡頭，調查局素質最高，長久以來，都是自大專院校裡挑人，因而，問案向來走的是「文」路，就算刑求逼供，也是陰柔為之，心理折磨大於肉體折磨。相較之下，警總與警政署，問案方式走的是「武」路，常搞得鮮血淋淋，呼號慘叫。整整三年前，王迎先命案更讓調查局心生警惕，局本部三令五申，提醒告誡各外勤處站，要避免此類事件。

六十九年元月，退伍老兵李師科拿土製手槍，在金華街教廷大使館，殺了保安大隊值勤員警，搶了警察左輪槍。到了七十一年四月四日，他又拿那搶來左輪槍，到台北市羅斯福路土地銀行，搶了五百四十萬元。

後來，台北市警察局肅竊組懷疑計程車司機王迎先是兇手，到王家去，連個法院傳票都沒有，就直接把王家父女帶走，帶到民生東路一間市警局招待所。進去之後，父女分開，置於不同房間，問案警察上來，先不問話，動手就打。王迎先女兒還好，就是被揪著頭髮，挨了幾巴掌。王迎先就慘了，打到痛哭失聲，大聲喘息，用力嘔吐。

王迎先受刑不過，屈打成招，承認他就是搶匪，搶劫證物從秀朗橋上，往下扔進新店溪裡。五月七日清晨，肅竊組刑警帶著王迎先，去秀朗橋取證物。到了橋上，王迎先藉口要小便，一躍而下，自盡殉命。出了人命，警察得找藉口，就說王迎先這是畏罪自殺。

王迎先熬刑不過，跳橋自盡那一天，三重警方根據祕密證人舉報，逮捕李師科。就此，王迎先才冤情昭雪。之後，調查局就拿此事當教材，從不同角度反覆探討，解析個中所涉法令、技術、細節。其結論，就是辦案要講技巧，要注重手法，不能像警察這樣蠻幹。

今天，台北市調處經濟犯罪調查科科長吳信謹、台北市調處十信專案小組組長翁祖焯兩人，率領手下人等，在市調處細細審問國塑副總經理林宗源。問案房間裡，桌上擺著香菸、熱咖啡、冷飲，甚至還有幾份報紙，毫無囹圄悽冷之氣，反而像是會客室。

一張長桌，林宗源當中而坐，身旁圍著調查局幹員。四月下旬，照理說，天氣溫暖，無虞炎熱，不過，今天豔陽高照，房間裡頭卻有點悶。吳信謹眼睛看著一名幹員，下巴朝牆上窗型冷氣機揚了揚，那調查員趕緊起身，關了窗戶，開了冷氣機。頓時，冷風吹了下來，夾雜著機器運轉低頻嗡嗡聲，房間裡又是另一番感覺。

翁祖焯起了個頭，對林宗源道：「今天找你來，是想把一些事情問清楚。現在時間還早，你放輕鬆點，我們調查局講究文明問案，大家好好談談，有話好說。反正，就是彼此幫忙，你幫我們的忙，我們也在可能範圍內，幫你的忙。怎麼樣，在裡頭吃得還好嗎?有沒有什麼特別想吃的?只要不離譜，我們可以幫你去買，讓你解解饞。」

林宗源心裡不解，為何今天不是借提到台北地檢處，由檢察官陳聰明問案，而是到台北市調處。為此，他心裡打鼓，不曉得這裡面有什麼膏藥，故而警戒之心大起問道：「怎麼是到這兒來，你們問話?不都是去地檢處，由檢察官偵訊嗎?」

吳信謹接碴道：「真的沒什麼，我們就是想知道點詳情而已。別緊張，先講點有趣事情給你聽。

你在裡頭關久了，禁止接見，又禁止通訊，外頭大事都不知道。你曉得嗎？美國奧斯卡金像獎頒獎，有部電影叫殺戮戰場，主角竟然是華裔，叫吳漢，得了最佳男配角獎。其實，他是主角，美國大概種族歧視，竟然只給他男配角獎。你看，他已經到台灣了。」

說罷，吳信謹順手拉過一張桌上擺置報紙，上頭老大標題，好大一塊版面，講的就是吳漢訪台新聞。報紙新聞說，今年三月，吳漢奧斯卡得獎後，應邀來台，委託買進「殺戮戰場」的中泰聯電影老闆蔡榮華，代為申領中華民國護照。護照很快便發了下來，兩週前，吳漢親自前往北美事務協調委員會洛杉磯辦事處，領取護照。

前兩天，吳漢手持中華民國護照抵達台北，很誠懇表示：「我是中國人，很高興回到祖國。」吳漢到台北，去中影文化城訪問，中影為吳漢播出影片「水玲瓏」十分鐘預告，讓吳漢瞭解國內狀況。隨即，吳漢去了總統府，由強人總統親自接見。

林宗源對這影劇花邊新聞，根本不感興趣，還是頗為焦慮不安，囁囁問道：「你們找我來，到底是為了什麼？」

翁祖焯答道：「今天找你來，就是想知道，你老闆蔡辰洲從合庫那兒，搬走的那三十億元，後來到底流到哪裡去？我們想知道這三十億元下落。」

林宗源聞言，這才鬆了一口氣。這問題，檢察官陳聰明早就問過他，他也早就有一套標準答案。此時，他定了定神，緩緩答道：「這個問題，檢察官早就問過我，也也交代過了。這裡面的細節，你們只要去看檢察官偵訊筆錄，就可以明白。我能說的，都已經說了。」

吳信謹挺挺身子，往桌邊靠靠，定眼凝視林宗源道：「你說的那一套，我們都知道。比方說，你已經交代，這三十億元當中，絕大部份係由你、余壯勇、江啟宏等三人以國塑、理想等公司支票先行抵用，等當天下午軋票時間，再以資金不足為由，緊急向合庫融通，進而套取鉅額款項。」

「你也向檢察官供稱，十信內部以轉帳方式，將這筆錢間接流到國塑各關係企業。你老闆蔡辰洲也始終表示，這三十億元是用來償還積欠民間存款者本金與利息。至於轉帳方式，是國塑派人負責轉帳，有時忙不過來，則由十信人員幫忙處理。你呢，身為國塑副總經理，負責資金調度，每次國塑需用資金，你就向蔡辰洲報告後，他就要你與十信放款部余壯勇聯絡，商量轉帳弄錢。」

「這些，我們都知道。我們也掌握了所謂償還民間存款人姓名，曉得向哪些人，支付了多少本金，多少利息。但是，我們發現，事情沒這樣簡單，還有一塊黑幕，我們沒有拉開，有一批真正要緊的大官，在十信事發之前，從蔡辰洲那兒拿了錢。我們就是想知道，到底是哪些大官，在蔡老闆那兒存了錢，並且在十信出事之前，早早得知訊息，把錢都領走了？」

林宗源腦袋上有點冒汗，曉得今天遇上對頭了。整個十信事件，最敏感、最關鍵、最要命的，就是蔡辰洲與黨政軍大員資金往來關係。

十信事件，有兩份完全不同名單。一份是冒貸人頭名單，整個國泰塑膠集團龐大關係企業群，有上千員工，成了蔡辰洲人頭，用來掏空十信資產。這名單，早就曝光，人頭群也已成立自救會，沸沸揚揚，到處鬧事，要爭公道。

另一份名單，就是國塑吸收民間資金的存款人名單。這一部份，也不是祕密，事發之後，幾千民間存款人領不到本息，存款泡湯，也是到處鬧事，還屢次去來來飯店砸場吃白食。然而，這份名單並不完全，曝光部份幾乎都是領不到錢的受害者。至於十信案發作前，洞燭機先，拔了頭籌，手腳俐落，早把天文數字本金、利息領走那批存款人，則不在曝光名單上。

為了這個，調查局幾次去寶通大樓國泰塑膠公司、國塑關係企業總管理處、國塑集團下屬各關係企業，上窮碧落下黃泉，動手動腳搜證據，地毯式翻查，翻出支付給國塑、理想工業、國際海運等關係企業民間借款對象支票號碼。

調查局根據這批付款支票與號碼，依照其存戶軋入兌現行庫，分別將支票正反面影印出來，並要求各有關行庫提供有關客戶的姓名、地址資料，然後再逐一約訪客戶，以瞭解其與國塑關係企業資金往來情形。這一大套資料，經過調查人員整理，按照日期先後，訂成厚厚一大冊，裡頭所列調查對象，將近一千人。

問題是，所查獲的資料，幾乎都是金額不大，領款人身分普通，絲毫不見與黨政軍大員有任何蛛絲馬跡瓜葛。因而，調查工作走到最後，今天就把林宗源提出來，打算就之前偵查盲點，從林宗源嘴裡，問出點內幕。

翁祖焯見林宗源眼神有點魂不守舍，曉得吳信謹剛才那套話，打中了要害，林宗源現在腦袋裡滿山跑馬，轉個不停，於是，又跟進補了幾句：「剛才吳科長所說的這份名單，其實並不完整。蔡辰洲開出的支票中，有一部份不畫線、無抬頭，領款人可直接提走現款，或以其他方式處理，而沒有留下姓名線索，現在已經無從追查。所以，今天請你來，就是幫我們補足這不足的部份。」

「我們很確定，這些人必定都是國塑的『特殊關係戶』。因為，許多國塑員工也是存款戶，可是，十信出事前，他們都不知道馬上會出事，來不及領走自己存款。由此可見，能提前領款者，必然是消息靈通。他們為何消息靈通？是誰通知他們，要他們趕緊把錢提走？」

「我們也知道，其實還是有一些十信與國塑員工，事前發現情況不對勁，希望能趕緊領錢，但卻並未如願，只換了支票而已。可見，就算事前發現情況不對勁，想提前取款，也不是每個存款戶都能拿到錢。到底，是哪些人能享受這種特殊待遇，早早把錢領走？這問題，我們今天要弄清楚。」

翁祖焯說完，林宗源低聲喃喃而言，好像自言自語，又好像說給其他人聽：「就算知道，也沒證據，都不是本人，都是家人，用了化名，很難追查。」

幾句話一說，這房間內諸調查員彼此互望，曉得今天有搞頭，這傢伙已經把黑幕掀起一角。

吳信謹兩手一拍，把身前桌上一本稿紙本，外加一枝原子筆，往林宗源身前一推說道：「你慢慢想，慢慢寫。把你所知道的內幕，全寫下來。哪，你仔細看看，這不是調查局正式的偵訊筆錄本，這只是普通的稿紙，一整頁共六百字，這兒是一整本。你所寫內容，我們就是存參，也就是保存下來，當參考資料，不會交給檢察官，也不會當成法庭證據。」

翁祖焯補充道：「盡量寫，想到多少，就寫多少，寫得片段、零星、鬆散，都沒關係，就是把所知道的資料訊息寫下來。對了，不只寫這些大額提款人背後黨政軍關係，最好，還寫你知道的蔡辰洲交際內幕，他與大官們往來內情。」

隨即，吳信謹指定一名調查員，留在偵訊室內，監控林宗源寫報告，其他調查員全都起身，離開這偵訊室。林宗源，則是抓耳撓腮，苦思冥想，一字一句，寫下十信祕辛，揭露蔡辰洲與黨政軍大員資金往來內幕。這內幕，強人曾在七海官邸，當面指示調查局長翁文維，務必調查清楚，私下呈遞。

到了外面，吳信謹對翁祖焯道：「待會兒我們一起進去，他所寫那份自白，我們其實也不方便知曉。這樣好了，我們就拿個公文封，要他自己把寫好資料，裝進公文封，黏死之後，把這公文封送到局裡去，親自交給局長。」

22

京兆尹餐廳

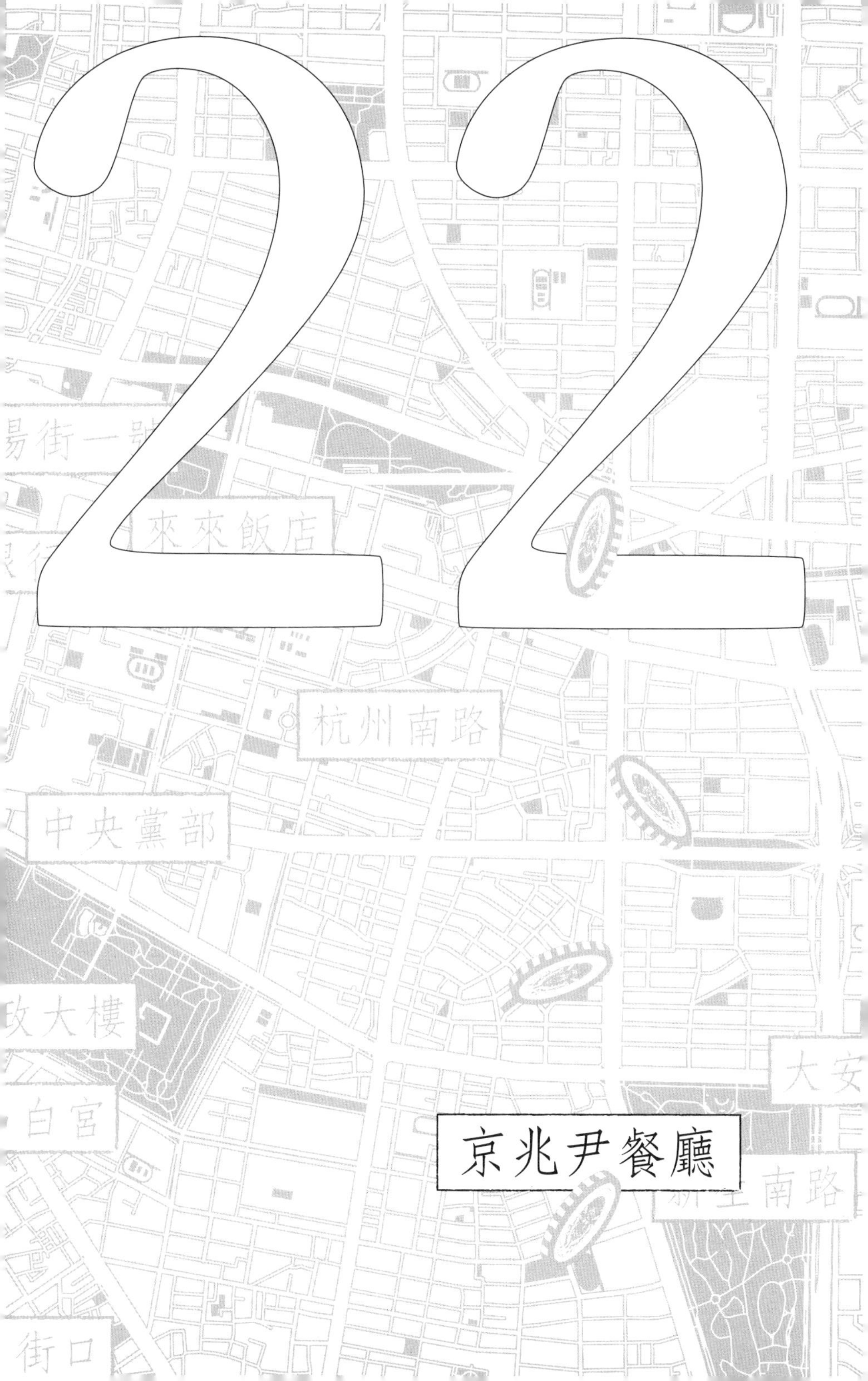

這是家新開張餐廳，位於台北市麗水街，以正宗北平故都風味小吃為號召，開張之後，在台北闖出名號，生意興隆熱絡。長久以來，台北頗多北平館，像是西門町一條龍、忠孝東路半畝園、以及都一處、東來順等等，所賣內容不外是豬牛肉餡餅、大蔥餃子、炸醬麵、火鍋涮羊肉之類食物。這京兆尹不一樣，還真有不少甜鹹點心、麵食，稱得上是獨一份，外頭還真是找不到。

這一天，民國七十四年四月底，暮春時節，連續下了十幾天悶雨，老天爺終於放晴，太陽曬在身上，暖洋洋地，一點不熱。《工商時報》財金新聞組記者小方，約了大學同學，在京兆尹餐廳吃午飯。十一點半，小方就早早騎了野狼一二五過來，停好車，風火雷電般，衝進餐廳。這附近，有淡江城區部、政大公企中心、郵政總局、電信總局，中飯時節，生意興隆，人潮洶湧，要是來晚了，沒空桌，得等上好一會兒。

小方推開餐廳大門，邁步進去，當門而立的，是個大金魚缸。金魚缸後頭，有一面屏風，屏風旁有張桌子，餐廳老闆頗有年紀，坐在桌子後面，見小方推門進來，衝著小方點點頭。老闆身旁有個收音機，音量頗小，正播著新聞：美國首位華裔太空人王贛駿訪問台灣，赴母校師大附中演講。

幸好，來得早，附近幾家學校、機關尚未下課下班，還有不少空座，小方找了張小桌子，放下背包，喘口氣，看看手錶，差五分十二點。

前幾天，有個晚上，大學同班同學黃斯達打電話到《工商時報》找小方，訴苦一般，講述國泰信託不堪內幕。小方政大財稅系同班男同學裡，頗有幾位退伍後，進了國泰信託，在不同部門服務。這幾年，若干同學陸續離開，赴美深造，獨獨黃斯達還留在國信。這次國信出事，黃斯達身處颱風眼，每天親身經歷這場風暴，目睹蔡辰男與手下作假舞弊，實在看不過去，就打電話給小方，一吐心中塊壘。

黃斯達所言之事，三言兩語難以說盡，因而小方當時約定時間、地點，今天在此與老同學吃頓中飯，聽聽國信祕辛。

這時，黃斯達還沒到，小方曉得，須得趕緊點食物，否則，待會兒午飯時間，食客雲集，再點就來不及了。因而，顧不得同學還沒到，小方作主，點了爛肉麵、打滷麵、驢打滾、豌豆黃、口蘑豆腐腦、八寶窩頭等幾樣點心，夠兩人吃了。才點完，就見黃斯達風塵僕僕，推門進來，才落座就道：「小方，我午休時間有限，只有一個多小時，等下還得趕回去上班。」

說罷，黃斯達從牛皮紙袋裡，掏出一張影印公文，娓娓講述不平之事。

多少年來，國泰信託年度盈餘狀況，全由該公司財務部門秉承蔡辰男指示辦理。蔡辰男說，今年稅前盈餘為若干，財務部門就據以編制損益表，欺瞞投資大眾。至於該公司財務簽證，則另外由會計師事務所負責。通常，經過會計師簽證的財務報表，縱使與財務部當初編列數字不符，其落差亦極有限。

以七十三年度盈餘而言，國信財務部在七十四年元月十六日，即簽具「呈核單」。這份「呈核單」文件，開宗明義，白紙黑字，說是七十三年度決算案，係依照蔡辰男指示，編制損益表，列計稅前盈餘七千兩百萬元。

張天林帶著銀行團進駐後，請安侯會計師事務所，好好徹底清查國信帳務。結果，經安侯會計師事務所簽證之損益表，列計國信全年度營業狀況為淨損十億一千萬元。而國信財務部稍早自己編列的財務報表，稅前盈餘竟然有七千兩百萬元，相差十萬八千里，差額高達十億八千兩百萬元，可見國信玩法妄為，欺瞞哄騙之一斑。

張天林知悉實情後，隨即指示手下幹員，銀行團專門委員薛金鳳與陳塘位，雷厲風行徹查真相。薛金鳳與陳塘位乃著手蒐集有關資料，約談國信財務部人員。蒐證行動中，銀行團人員不但大舉調閱國信總公司、分公司帳冊、憑證，更掌握有關人員行蹤，甚至財務部人員南下公幹，也以電話追蹤，要求立刻北返，報告當初實情。

國信一干造冊人馬立刻感到大勢不妙，腦筋動得快的人，立刻想到元月十六日的「呈核單」上，清楚明確寫明了，奉蔡辰男指示，編列財務報表。並且，還鉅細靡遺，記載了假損益表的編定方式、原則。這份文件，是為第一手犯罪證據，絕對不容許薛金鳳、陳塘位等銀行團幹部搜得。於是，財務部人員馬上帶著這份原始文件，另找高人，指點迷津。

說到這兒，黃斯達咕嚕一聲，把嘴裡一口爛肉麵吞了下去，抓起瓷茶杯，喝了口熱茶，繼續往下講：「小方，你知道這位高人是誰？這高人，就是那家會計師事務所幕後主持人。」

黃斯達說了這幕後高人姓名，小方知道，這人也是政大財稅幫前輩，名氣很響亮，小方在政大讀書時，就聽過這人名頭。這高人，是這家著名會計師事務所幕後主持人。這人，與為國泰塑膠公司負責財務簽證，以致吃上官司的阮呂芳周、陳建昭等會計師，為政大財政研究所前後期同門師兄弟。十信風暴爆發後，東亞會計師事務所大受斲創，該會計師事務所三位會計師當中，陳建昭與阮呂芳周都因替國塑簽證而受波及。而黃斯達所提到這人，雖替國信假帳遮蓋掩護，卻毫髮未受波及。

小方看看手錶，十二點十二分，這京兆尹餐廳此時已高朋滿座，滿屋子嗡嗡聲，每一張嘴巴都在說話。這當口，黃斯達專心一志，繼續講著國信內幕：「當下，這位高人即思索一計，權充不是辦法的辦法，對趕來求援的國信財務人員面授機宜。隨後，國信人員立刻根據這位會計師的指示，另行偽造一份『呈核單』，並且倒填日期，偽造之時為四月，但這偽造單子上，日期卻還是元月十六日。弄好了，連同真的『呈核單』，一一轉呈當初簽名的國信主管，這批人，包括科長陳東明、經理湯玉明、副總經理王天送、總經理謝森展、董事長蔡辰男。這些人，都在偽造『呈核單』上簽名，就此完成偽造。」

「這當中，『呈核單』送到謝森展處，要求簽名時，已去職的謝森展，尚不知死活，還反問他們，幹嘛要另造一份『呈核單』？」

「謝森展一向大而化之，一派世家子弟作風，只因他就讀行政專科學校時，與徐立德是同學，故而被蔡辰男拱出來，當國信總經理。其實，謝森展對國信實際業務狀況，並非完全瞭解。至於蔡辰男，當然知道事情嚴重性，他在偽造呈核單上簽名時，一把搶過真的呈核單，撕得粉碎。」

「真呈核單，開宗明義就說，盈餘編列方式完全係依照蔡辰男指示而為，毫無理由自行編造。而假呈核單，則不提蔡辰男指示，只是羅列出一堆估算原則，然後，根據這些原則，估計年度盈餘。當然，這些原則也是荒腔走板，違反財務會計應有準則。然而，如此一來，這十億八千兩百萬元差距，錯在財務部援引荒唐原則，做荒唐估算，而非秉承蔡辰男指示辦事。真假呈核單差別，就在於蔡辰男責任。」

黃斯達講到這兒，小方瞧瞧桌上這張影印文件，對黃斯達說道：「所以說，現在這份文件是偽造之後的新『呈核單』，之前那份原始單子，已經被撕掉了？這沒用啊！你要拿原來那份單子，這才有證據力量。」

黃斯達道：「非也，呈核單造假之事，牽涉廣泛，從上到下，多位國信基層同仁、中級與高級幹部，都捲入其中，有一大堆證人。蔡辰男撕掉原來那單據，當場就有好幾個人親眼目睹。不過幾天功夫，消息就告傳開，傳來傳去，自然傳進銀行團指揮官張天林耳中。張天林自己也不敢作主，乃呈送報告至財政部，希望請財政部指示該如何辦理？」

「照理說，這事壓根就是偽造文書，自蔡辰男以下，包括謝森展在內，所有簽名幹部，都該吃偽造文書官司，都該移送法辦。然而，財政部這時候也是泥菩薩過江，自身難保，監察院十信案調查報告呼之欲出，陸潤康步履艱難，不願多生事端。總之，財金當局一心要穩定變局，平息風潮，俾便收拾善後，不欲再節外生枝。於是，國泰信託這一筆偽造文書爛帳，也因此積壓下去，不了了之。目前，國信以每月虧損五千萬元速度，由銀行團死拖活拖維持下去。」

小方明白，黃斯達今天找他吐露實情，就是看不過去，財政部明明曉得蔡辰男偽造文書，卻不處理，希望小方在《工商時報》揭露此事。小方心裡，浮起了鄭大頭、彭鬍子等一干報社管事大員影像，曉得這些人與國泰集團交情不壞，未必肯如實揭露這檔子爛事。

這幾年來，小方按月給幾家雜誌寫稿，其中，供稿最勤對象，就是《財訊》月刊。這月刊，幕後老闆是邱永漢，實際管事總編輯則是謝金河。老謝也出自政大，比小方低兩屆，家住公館東南亞戲院旁一棟公寓裡。每個月月初，小方都會去謝金河家，領上個月稿費外加一本剛出爐《財訊》，並討論下一期題目，決定小方該寫些什麼。

記者跑新聞，除了在報紙上寫新聞、特稿之外，還累積了許多內幕，囿於新聞尺度，沒法子在報紙上寫，就另找雜誌刊登，這種稿件稱為「外稿」。一方面，雜誌有精彩內幕可登；二方面，記者有稿費可賺。如此，水幫魚，魚幫水，兩方面都得利。小方寫稿速度快，文筆流暢，內幕精彩，漸漸在台北雜誌圈築出口碑，每個月「外稿」稿費，不比《工商時報》薪水少。

想到這兒，小方略微沉吟，對黃斯達說道：「這樣吧，這事情不適合在報紙上寫，因為，我估計《工商時報》不會徹底揭露這事情。我另外找地方寫去，把稿子丟給《財訊》雜誌，保證全文照登，連這張影印公文，都製版刊出。」

「不過，現在已經是四月底，《財訊》五月號已經截稿。所以，最快也只能在六月號《財訊》雜誌，揭露此事。這樣，還要等一個多月。」

黃斯達道：「不行，太慢了，這事情現在發生沒多久，正在風頭上。如果還要等一個多月，那麼，等登出來，時效性都過了。」

小方偏著頭，用力想了想道：「好，我就換一家雜誌，換成雙週刊，頂多再過十天，就能登出。有一家八開雜誌，叫《獨家報導》，你聽過吧？我常給他們寫稿，我想，這篇內幕報導，就丟給《獨家報導》好了。」

黃斯達道：「我知道這家雜誌，在路邊書報攤上看過，這類週刊或雙週刊雜誌有好幾家，都是仿照《時報週刊》形式，八開大小的雜誌。好啦，只要能早點登出來，哪家雜誌都行，我沒意見。」

此事就此揭過，還有點時間，兩人繼續聊著國信現況。黃斯達從褲子後頭口袋裡，掏出一張便條紙，上頭筆跡潦草，寫了幾點備忘。照著這張備忘便條，黃斯達講起了最近國泰信託情況：「我每天從早到晚，天天加班，照銀行團吩咐，提供各式各樣數據資料，目前，銀行團已經查出，國信那些土地抵押品，都是低價高報，每坪價值僅數百或數千元土地，灌水數十或數百倍，申請貸款，理由堂皇，說是土地未來開發後，即有此價值。」

「此外，財團中各企業相互保證債務，彼此糾纏，以至於要是一家倒掉，全部都得倒。更要命的是，資金用途不明，各關係企業明明不需要資金，卻被點名，跳出來向國泰信託貸款，取得貸款後，交給總管理處統一調度，去路也沒有明白交代。連營收甚佳的來來飯店，都欠國泰信託一屁股債，金額達數億元之譜。張天林搞清楚情況後，曾當著大家面感慨表示，說蔡辰男從國泰信託搬錢，簡直像是開水龍頭取水一樣，愛取多少，就取多少！」

小方聽了，問黃斯達道：「那麼，張天林現在怎麼對付蔡辰男？」

黃斯達低頭看看手錶道：「我還能待十分鐘，最多十五分鐘，就得抬屁股走人了。現在真是風聲鶴唳，調查局雖然沒動手，但盯得很緊，嚴密掌控情況，我不能離開辦公室太久。」

小方撿起一塊豌豆黃，放進嘴裡，繼而把盤子推到黃斯達面前：「哪，還剩下幾塊豌豆黃，都吃了吧！時間不多，你就快言快語，把內情倒乾淨。」

黃斯達邊吃邊講，連珠炮般，說起了國泰信託諸樣事情。

目前，張天林對應原則，就是將國泰信託與蔡辰男個人清楚切割，分隔處理。國信內部蔡辰男私人物品，清理乾淨。蔡辰男安插在國信內部領乾薪，實際上在國信關係企業任職人員，全部辭退，使公司內部再也看不到蔡家身影。

在國信關係企業之間，則是鼓動「獨立運動」，鼓勵各企業暫時擺脫蔡辰男身影，由各企業總經理主動出面，分別與張天林談各該企業整頓計畫，而不必涉及其他關係企業利害。來談問題者，是代表各該企業，而非代表蔡辰男。此外，國信總管理處已無存在必要，張天林已下令解散。

國信財團所有關係企業，面臨三種命運：關門、出讓、繼續由蔡辰男經營。國信事件發生之初，第三種情況企業最多，但隨著時間演進，蔡辰男週轉愈來愈困難，終於，一家接著一家淪入出讓命運，而經營甚差企業，則難逃關門宿命。

起初，蔡辰男對銀行團不在意，說是自己有十足擔保，對銀行團要求，不一定配合照做。但一兩個月後，蔡辰男發現銀行團接管工作，並非他當初所想像，是來收爛攤子，而是整頓整個集團，於是，心中開始著慌。銀行團眼見蔡辰男不配合，姿態高，就開始實際壓迫行動。

銀行團追查十信弊端發生前後，有關國泰信託資金提供支援的情況，又要蔡辰男清理並結束經營不善關係企業。此外，更進一步要求蔡辰男應將情況良好關係企業，像是樹德工程、來來飯店等，尋求適當買主，透過拍賣方式，獲取資金融通，保障國信公司應有債權。

銀行團作法，就是「不行的關門，可經營的賣掉」。不過，說得容易，做起來難。無論關門或賣掉，實施之前，必須把帳目清得乾乾淨淨，最重要的是，虧空部分需由蔡辰男填補，但事實上他已無力填補。偏偏，這些關係企業不但欠了國泰信託與外頭金融機構一屁股債，關係企業間還彼此相互保證、背書，總額有好幾十億元，帳面亂得一塌糊塗，銀行團簡直動彈不得，只好咬緊牙關，繼續扶持國泰信託，一步一步走下去。

黃斯達兩手握拳，虛揮幾下，瞪著眼睛對小方說道：「這些關係企業，現在全靠銀行團支撐，如果銀行團斷了資金奶水，眾關係企業都要垮。財經當局承受不起大量關係企業倒閉，所造成社會亂象，因而，就由銀行團這樣撐下去。」

小方回道：「說來說去，就是這『社會亂象』四個字，左右了整個政策。十信出事前，蔡辰洲那樣明目張膽，拐了合作金庫三十億元，就是吃定了財金當局怕事，唯恐重演當年上海金融風暴，只好融資挹注，滿足蔡辰洲需索。現在看來，國泰信託也是相同情況，也是為了維持社會穩定，不能依法辦事。否則，照你剛才所說，張天林都知道蔡辰男偽造財務報表之事，上頭財政部也知道，早該請調查局動手，把人抓進去了。」

黃斯達道：「蔡辰男雖然沒進去蹲苦窯，他在外頭，日子也不好過。張天林總是逼他拿錢出來填狗洞，他如稍有猶豫，張天林就威脅他，說他弟弟蔡辰洲在土城看守所，向他招手。前一陣子，他搬家了，搬到一品大廈裡，租房子過日子。他原來的家，在敦化南路上，靠近仁愛路圓環那兒，萬成通商大廈後頭的豪華公寓裡。他那豪宅，有六百坪大，裡頭有私人游泳池、手球場、籃球場。那房子，現在撥給了國信旗下部分關係企業，做為辦公室，對外宣稱這是節省費用，度過難關。」

「現在他無論到哪兒，都有一組調查局人員緊緊跟著，怕他跑掉。我聽公司裡同事說，調查局一共派了四組人，共三十六名幹員，輪班跟監。現在，他偶爾還會來國信，都是調查人員送他來，然後，在外頭車上等著他。」

兩人聊著，先是聊國泰信託，聊蔡辰男，到了後來，就聊到蔡家長輩。

小方道：「斯達，你在國信工作多年，內部消息比較靈通，有沒有聽說，蔡萬霖或蔡萬才可能會伸出援手？」

黃斯達打了個打飽嗝，邊剔著牙，邊回答道：「不可能，這家人冷血得很，彼此分得很清楚。蔡萬霖早就料到國塑會出事，幾個辰字輩姪兒向他求援，他表現得相當冷硬。這個叔叔向來看不慣幾個晚輩作風，不止一次，對蔡辰洲愛擺排場、愛出風頭、好大喜功個性不以為然。蔡辰洲競選立委時，跑去國泰人壽拉票，蔡萬霖事先知道他要來，竟不讓他進門。」

「你知道嗎？小方，我聽同事說，蔡萬霖本來就律己甚嚴，對晚輩管教也甚嚴，兒女晚上都要按時回家。某晚，一個兒子夜飲不歸，他搬張椅子親自坐在門口等，看到兒子回來，上前就打了幾個耳光，轎車司機當時還沒走，人在門外，看在眼裡，詫異萬分。這一回，蔡萬霖拿出三億元支援十信案，可說是念在二哥蔡萬春的手足之情。總共，就這麼多了，再多也沒有了。」

聊完蔡萬霖，接著聊蔡萬才，兩人講起前幾天所發生衝突。那天，國塑關係企業債權人及冒貸人頭計三十餘人，到台北市仁愛路、建國南路口，蔡萬才所屬富邦建設公司前，持標語抗議，並且散發傳單。其中一名債權人，拿著一罐噴漆，在富邦建設公司大門前兩根大柱子上，噴寫「喪居」、「殯儀館」等字樣。此外，還在門口設立一個神位，並在牆上貼滿紙錢。

公司職員為了避免惹出不必要的麻煩，把側門及大門的鐵門都拉下。中午十二點左右，公司職員見抗議群眾沒有離去跡象，於是打電話叫便當外賣。不過，餐車開到公司時，債權人將餐車團團圍住，不讓車子進去。這時，裡面職員把側門打開，債權人見狀，一擁而上，爭著闖進去，但被公司職員擋住。

在混亂中，有幾名債權人受傷，更加激起債權人不滿。前往維持秩序的台北市大安分局警員，看到情況不對，立即趕到衝突現場，才把混亂秩序給壓了下來。其中，有數名債權人在混亂中受傷。之後，有債權人繆德鑫等三人，檢具驗傷單，到台北地檢處，按鈴控告蔡萬才涉嫌教唆傷害。

扯到這兒，時間已過一點半，餐廳裡人潮已散，小方伸個懶腰，一手抄起了帳單，衝著黃斯達道：「同學，時間到，散了吧。過兩天，等這篇稿子登出來了，我給你打個電話，你去你們公司外頭街角報攤上，買一份《獨家報導》，就知道我寫了啥。」

兩人走出京兆尹大門，金色陽光稍微偏斜，照得黃斯達左半邊臉龐發亮，右半邊臉龐陰暗。他揮揮手，對小方道：「把這些爛事情都登出來，讓我出點心裡鳥氣。真是衰啊，小方，你知道嗎？蔡辰男自許格調高，喜歡玩氣質。他搞了個鬼公司，叫百科文化，不顧幕僚勸阻，硬是印行什麼百科全書，還特意到日本去印製，全套十大冊，全是銅板紙，印刷精美。可是，誰買啊？」

「那玩意兒，銷路奇慘無比，東西賣不掉，怎麼辦？我們基層員工倒楣啊！整個國泰企業集團，每位員工都被迫認購一套。可貴著哪！我一個月薪水兩萬元，就此泡湯，等於白上了一個月班，就換回這十冊磚頭般厚的百科全書。蔡辰男這樣胡搞瞎搞，國泰信託要是不出事，太陽都會打西邊出來了！」

23

馬偕醫院

第一殯儀館
南陽街一號
來來飯店
世華銀行
交銀總行
杭州南路
中央黨部
財政大樓
大安分社
京兆尹餐
新生南路
福州街口

這家醫院歷史悠久，位於台北市中山北路、民生西路口，最早是加拿大長老會牧師馬偕所創立，至今超過一百年，在台灣素有口碑。奇特的是，海峽兩岸都有著名加拿大傳奇醫事人物。

加拿大面積全球第二，僅次於蘇聯，人口稀少，三千萬出頭，只比台灣多個四成左右。偏偏，台灣與大陸都有著名加拿大醫生，台灣是馬偕，大陸則是白求恩。馬偕史事流傳台灣民間，而白求恩則受中共敲鑼打鼓追捧，從南到北，廣立銅像，載入史冊，感恩戴德。

馬偕清同治年間到台灣，在淡水創立馬偕醫館，日後演進為馬偕紀念醫院，至今有百年歷史，成了台灣醫界骨幹。白求恩則是抗戰時到中國，成為八路軍軍醫，最後受到感染，死在河北戰區。中國大陸給白求恩立了不少銅像，共軍也在河北石家莊，設立了白求恩紀念醫院，現在對一般民眾開放。

這一天，民國七十四年五月二十一日凌晨三點多，馬偕醫院外頭，中山北路車流已疏，但滿街飯店、商號依舊燈火通明，一副城開不夜模樣。這時，馬偕醫院十二樓，一間臨中山北路單人病房裡，合作金庫總經理陳曉鰲失眠而醒，翻來覆去，想著這幾個月來種種經歷。

昨天，五月二十日，他離開醫院，在外頭折騰了一整天，晚間才又回到醫院。昨天一大早，他由兒子陪著，去調查局台北市調查處應訊，從上午八點半起始，中午稍微休息一下，一直問到傍晚，才移送台北地檢處，改由檢察官陳聰明問案。問來問去，把血壓都問上去了，後來，陳聰明見他身體實在不行，就裁定二十萬元交保。

整整鬧了一天，昨天晚上回到醫院，腦子裡嗡嗡叫，思緒轉個不停，根本沒法睡覺。家人哄著，這才吃了醫生所開安眠藥。無奈，這安眠藥生效雖快，吃下之後很快睡著，藥效卻是來得快，去得也快，睡了四個多小時，卻又轉醒，翻來覆去，怎麼也睡不著。翻了一陣子，陳曉鰲下意識伸手去床頭櫃上摸菸，這才想到，住院以後，醫生不准他抽菸。這菸，抽了幾十年，菸癮愈來愈大，愈抽血壓愈高。醫生說，降血壓得戒菸，陳曉鰲覺得，戒飯容易，戒菸難，飯可以少吃，菸不能不抽。

人上了年紀，常有失眠毛病，午夜夢迴，總想著少年時期舊事，念著少年時期故人，陳曉鰲亦是如此。安眠藥法力消逝，一覺醒來，再也無法入睡，陳曉鰲心想，吃了三十六年零五個月銀行飯，現在六十一歲，原本以為，可以過上幾年好日子，沒想到，跑出十信風暴，栽了這麼個觔斗。

夜深人靜，病房門縫裡看得到外頭走廊燈光，病房外頭護士站窸窸窣窣有點騷動，想必是住院醫師帶著護士輪流查房。陳曉鰲躺在床上睡不著，腦子裡彷彿有個輪盤，轉個不停，一會兒想到青年時期，去日本讀中央大學專門部經濟科；一會兒想到民國三十七年九月，到彰化銀行清水分行當辦事員，幾十年來歷任襄理、副理、經理、會計室科長、副主任、主任、總行稽核室主任、副總經理。距今九年前，民國六十五年九月，就當上華銀總經理。

他又想到，去年合庫召開一次理監事會議，常駐監察人許智偉現場拍馬屁，誇陳總經理精明能幹，像拿破崙那樣厲害。當場，他很不受用，站起來回答道：「我雖然不是拿破崙，但我覺得，我們做事都應該像拿破崙一樣，字典裡面不能有一個『難』字。」

其實，他對許智偉稱他是「拿破崙」，心裡挺反感。因為，他個頭不高，一百六十出頭而已，總覺得許智偉喊他「拿破崙」，重點不是他精明能幹，而是他和拿破崙身高差不多。

這話後來傳出去，合庫員工就給他取了個「拿破崙」綽號，背後都喊他「拿破崙」。另外，還有人背後說，他受日本教育，英文發音不好，講起英文有日本腔，說他把「拿破崙」說成「拿波弄」。不過，他自己心裡也承認，他處理事情，也帶有日本遺風，講究中央極權，做事果決，不拖泥帶水。

愈是想睡，愈是睡不著，陳曉鰲摸出枕頭底下手錶，夜光指針顯示，還不到四點，陳曉鰲暗暗歎聲氣：「唉！又是個失眠夜。」

今年二月下旬，十信案剛爆發那一陣子，他幾乎夜夜失眠。那失眠，倒不是沒法入睡，而是入睡後早早醒來，沒法子再度入睡，只好起來，抽菸喝茶，想事情，愈想，就愈難入睡，如此，直到天明去上班。那一陣子，他那辦公室不斷有人進出，人來人往，幾乎到了戶限為之踏穿地步。那時，總經理辦公室有如作戰指揮中心，上自局長、司長，下至派駐十信人員，每天進進出出。

他清楚記得，接管十信前一陣子，幾乎天天都與財政部長陸潤康、金融司長戴立寧、財政局長林振國綿密接觸，或者電話連絡，或者碰頭開會。每次，上頭都是告訴他，春節在即，時機敏感，不能出事，要穩住局面。因而，蔡辰洲那兒催錢孔急，他只好不斷搬錢支援十信。其實，大家都覺得不對勁，曉得蔡辰洲揑住了「穩定金融局面」小辮子，對合庫予取予求。

十信案爆發後，檢察官發動辦案，調查局動手抓人，檢調先從十信、國塑、國塑關係企業下手，抓了一大批人。然後，辦案方向移轉，開始抓公務人員。四月二十四日，調查局約談合庫金檢室主任李春來、組長許祖吉、北市財政局第三科科長兼派駐十信小組成員彭祖稼、十信主任祕書徐政夫等四人，四人移送後收押。李春來負責監督對十信金檢業務，許則是合庫金檢室稽核兼金檢小組長，兩人都承認，有洩密行為，每次合庫派人赴十信檢查，這兩人事前都通知十信。

這樣一搞，合庫上下風聲鶴唳，流言四起，人心惶惶，他當總經理，看在眼裡，心中火大。合庫只是執行單位，都是上頭財政部定好了計策，丟下來給他們執行。如今，出了事情，檢調只敢伸手到合庫攪和，不敢辦上頭財政部那些大號官兒。這不平之念，陳曉鰲積在心裡，壓了多日，都沒對外吐露。

四月二十六日傍晚，他與幾個朋友一起吃晚飯，心情苦悶，多喝了點酒。晚上九點多回家後，有記者打電話給他，他心情激動，持續講了一個多小時氣話，說是十信案光抓合庫的人不公平，如果要抓的話，應該「上面」也要抓，大家「通通有獎」。

第二天，報紙斗大標題寫著：「陳曉鰲說，上面也要抓，大家通通有獎」。新聞一出，震驚社會，他曉得事情壞了。四月二十七日，他血壓升到一百八十，四肢搖搖欲墜，大兒子在霧峰當婦產科醫生，當天從台中趕回台北照應。又過一天，兒子安排，陳曉鰲住進了馬偕醫院十二樓。經過檢查，發現血壓高，胃潰瘍復發，體重由十信案前五十八公斤，掉到了五十一公斤，因此住院。這時，他知道多言闖禍，得罪太多人，於是堅決封閉對外溝通管道，除了至親好友，或者合庫親信，誰也找不到他。

不過，此時後悔，為時已晚，調查局盯上他了，送來約談通知，要他去台北市調處談話。因他住院，因而，這約談時間就往後推遲，延後到五月二十日。

昨天，五月二十日，一大早八點出頭，他由兒子與合庫親信陪著，去了台北市調處。問話重點，就是接管十信前那段時間，合庫金援三十億元之事。他早知道調查局必然會問這段經過，事前早就細細準備，整個過程滾瓜爛熟。他也早聽人說過，調查局問案，都是兩人一組，並且，一個扮黑臉淨講恫嚇言語，一個扮白臉拿好話哄人。

那天在台北市調處，陳曉鰲心想：「我堂堂合庫總經理，都六十一歲了，怎麼會上你們兩後生小子的當？」

因而，任憑調查局那一對寶說得舌燦蓮花，陳曉鰲還是穩如泰山石敢當，來來去去就是那些說明。調查局問案，重點在於：「為何十信資金已經大量往不正常途徑流出，合庫還要對十信融資？」陳曉鰲就是咬定，合庫就是奉財政部指示辦事，財政部擬定政策，合庫奉命執行，如此而已。說來說去，就說到戴立寧到底有沒有打那通電話？

問案調查員告訴陳曉鰲：「老實對你說，陳聰明檢察官已經就此事，正式問過戴立寧司長，戴司長說，他絕對沒有打過那通電話。並且，戴司長說，他也親自查過，財政部沒有人打過那通電話。」

對此，陳曉鰲早準備好一套邏輯回應：「好，就說戴立寧沒有打那通電話，沒有指示我，要我別管之前會議所定限制條件，沒有指示我繼續對十信融資。那樣，合庫第二次以十億元資金支援十信，就是擅作主張，違逆上級指示。因而，財政部發現我擅自違背前一天會議決議，必然會質問我，必然會指責我，必然會把責任推給我。請問，合庫第二次支援十信十億元之後，財政部有沒有質問我？有沒有指責我？有沒有要我負責任？」

「要知道，那可是十億元哪！之前，財政部設下了條件，不准合庫再無條件放款給十信，要是財政部沒給我電話指示，我擅自違背財政部所設條件，繼續拿十億元送給十信，我可是犯了滔天大罪，財政部豈會饒了我？你們看看，第二次十億元給了十信之後，財政部對合庫有沒有半句責備？有沒有阻止合庫繼續給十信第三次融資？沒有，對不對？就是沒有！」

「更何況，在第二次十億元融資之後，財政部又以維持金融安定為由，要合庫第三次以十億元資金融通給十信。由此可見，合庫前後三次融通十信，總金額三十億元，都是奉財政部指示辦理。」

「你們辦案，總該蒐集報紙上新聞吧？前幾天，《聯合報》新聞都登出來了，財政部長陸潤康說，陳曉鰲是奉公守法的人，在辦理十信融資業務時，一切都按照規定。陸潤康說，規定就是政策。陸潤康都這樣說我了，可見那三十億元不是我擅自作主放出去的，你們真要追責任，就該傳陸潤康來問話。」

從早上八點半開始問案，問到下午，調查局啃不動陳曉鰲，就在下午三點鐘，臨時發通知，要合庫營業部經理王茂勳，赴台北市調處接受約談。之後，陳曉鰲、王茂勳分開問話，問到傍晚時分，陳曉鰲血壓往上衝，衝到一百八，調查局怕弄出人命，這才停止問案。略事休息之後，陳曉鰲與王茂勳都移送台北地檢處。接著，就是檢察官陳聰明問案，這一審問，就問到夜裡十點三十分。結果，陳曉鰲二十萬元交保，王茂勳則當場收押。

躺在病床上，陳曉鰲把昨天在台北市調處與台北地檢處整個過程，在腦海裡放電影一般，從頭到尾，複習一次。想完了，覺得三十幾年奉公守法，戮力上班，真是不值。十信案發後，每天兢兢業業，拚了老命處置爛攤子，到頭來，還是有如甕中之鱉，被人捉了去問話。想來想去，還是葛培保聰明，啥事不管，遠走高飛。

葛培保是林振國之前的台北市財政局長，六十九年元月上任，七十三年七月退休，四年半任期當中，十信違規業務發展急遽惡化。退休後，還撈了個位子，擔任中信局常駐監察人。二月底十信案爆發，一個多月後，葛培保在四月十六日，以探親名義赴美，就此脫離是非圈。五月八日，中信局開理監事會議，葛培保既沒請假，也沒出席，中信局高級主管還不知道他出國了。葛前局長如此腳底抹油，自然引起外界揣測與議論。

出國前，葛與獨生子、媳婦，住在士林一戶公寓裡，這公寓，六樓與七樓連通。他出國後，公寓貼出出售招貼，附近鄰居說，售屋之事，由葛媳婦處理，喊價五百七十萬元。葛有四女一子，四個女兒先後去了美國，他和他太太四月十六日離台，台灣這兒只剩兒子與媳婦。

想到這兒，陳曉鰲略略覺得，有點睏意，在天亮前，應該還能迷糊個把小時。思緒逐漸模糊，逐漸再入夢鄉之前，陳曉鰲心裡想著：「幸好，早就看出檢調辦案路數，辦小不辦大，不會動上頭那些部長、次長、司長，我就把整件事情緊緊綁在這些大頭身上，合庫都是奉財政部指示辦事。要抓我，就得通通有獎，連上頭那些大傢伙，也一起抓了去。如果不抓上頭這些大傢伙，就抓不了我。」

「王茂勳，運氣不好，檢察官總得做做樣子，調查局把人移送過去，總不能全放了。放了我，就不能放王茂勳，因而收押。倒楣啊，王茂勳。不過，看樣子，這案子沒法子辦下去，王茂勳過幾天遲早會放出來。」

經建會

南陽街一號

來來飯店

世華銀行

杭州南

中央黨部

財政大樓

南昌白宮

福州街口

24

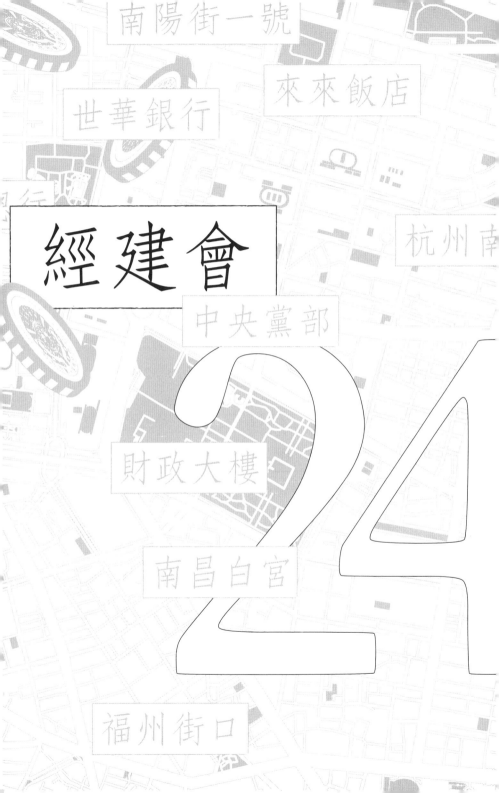

這單位是個美援產物，體質特別，建制殊異。民國三十八年，國民政府遷台，大局板蕩，風雨飄搖，失守陷落只是遲早之事。詎料，三十九年六月，韓戰爆發，美軍協防，山姆大叔把台灣納入「圍堵防線」，軍經援助源源而來。這裡頭，國府有兩個衙門，由美國編製預算，遂行業務，兩衙門員工薪資均以美元計算，再換算成新台幣發放。

這兩衙門，一個是農村復興聯合委員會，簡稱農復會，也就是今天農委會前身；另一個是美援運用委員會，簡稱美援會。兩個政府機構，分別主持台灣農業、經濟發展。民國五十四年，美援終止，美援會改制為經濟合作發展委員會，簡稱經合會。後來，又改制為經濟設計委員會，簡稱經設會。最後，距今八年前，民國六十六年，改制為經濟建設委員會，簡稱經建會。

這經建會，就是個財經小內閣，採委員制，由主任委員領導。經建會委員，則是大頭大腦，將所有與財經金有關部門首長，全都包羅入列，舉凡財政、經濟、交通等部部長、中央銀行總裁、農委會主委、行政院祕書長、行政院主計長，都是經建會委員。每星期三下午，召開經建會委員會議，討論重大經濟建設項目。

經建會位階崇隆，高於其他部會，主委自然得壓得住陣腳，否則主持起會議，與會各首長必然一人一把號，各吹各的調。去年，民國七十三年六月內閣改組前，有很長一段時間，經建會主委由中央銀行總裁俞國華兼任。俞國華在兩代強人父子身邊辦事，超過五十年，深受重用，自然能領袖群倫，毫無異聲。去年六月內閣改組後，則由趙耀東出任經建會主委。趙耀東，素有「鐵頭」稱號，嗓門大，動作強，但與俞國華相較，威望著實差著一大截。

原本，經建會位於台北市寶慶路一棟小樓房裡。那小樓房，正門外頭，就是總統府廣場。走出正門，右手邊是台灣銀行總行，右前方是總統府，左手邊則是新公園。政府遷台初期，民國四十年代，這小樓是美軍顧問團，每到雙十國慶閱兵大典，一堆老美洋人擠滿樓頂平台，居高臨下看閱兵。後來，美軍顧問團在信義路師大附中對面，現在美國在台協會那兒，築造新營區，遷址而去。

這總統府前寶慶路小樓房，到了民國七十年代初期，分成兩半，一半是經建會；另一半，則是財政部稅制委員會，以及《大華晚報》廣告部。前幾年，有了計畫，這小樓要拆掉，改建大廈，因而，經建會搬離寶慶路小樓房，搬到南京東路，在農民銀行總行那兒，暫時設址辦公。等寶慶路那小樓拆掉，重新改建成大樓之後，才重新遷回原址。

今天，民國七十四年八月十四日，星期三下午，南京東路這經建會委員會議，有幾個討論題目。其中，重頭戲就是「兩稅合一」。鑑於江南案、十信案這兩顆原子彈讓政府灰頭土臉，大失顏面，行政院長俞國華亟思反制，五月間成立了「行政院經濟革新委員會」，簡稱「經革會」。這經革會，也就是個臨時性咨議組織，底下設立多個小組，邀請產官學三界高人，齊聚一堂，集思廣益，提煉建言。

經革會主委，就由經建會主委趙耀東擔任。趙鐵頭心思極熱，一個勁希望經革會能早早定出結論，弄出新政策，火速推動上馬。巧得很，經革會下設財稅組裡，也有個一頭熱委員，經濟部常務長王建煊，在經革會出死力鼓吹「兩稅合一」。因而，今天這經建會委員會議，趙鐵頭就想著打鐵趁熱，一鼓作氣，通過「兩稅合一」議案，然後報送行政院，下令財政部修正所得稅法，實施「兩稅合一」。

這會兒工夫，下午兩點左右，經建會諸委員陸續到齊，就見財政部長陸潤康臉色凝重，手裡拿著黃色牛皮紙袋，緩緩步入會議室就座。今天下午，行政院與監察院，將同時公布十信案行政責任調查報告，陸潤康手裡那牛皮紙袋，裝的就是監察院調查報告。今天中午，陸潤康機要祕書陳智立才幾經周折，提早取得這份報告，交給老闆陸潤康。陸來不及細看，就匆匆趕赴經建會。途中，陸潤康抽出那調查報告，稍事瀏覽，就發現大事不妙，心裡備感沉重。

偏偏，趙鐵頭不知輕重，也不管今天下午行政、監察兩院要公布十信案調查報告，見陸潤康進了會議室，就扯著嗓子喊道：「老陸，今天要討論兩稅合一啊！你們財政部不要再做無謂抗拒，這是大勢所趨，時代不一樣了，你們要換換腦袋看事情，就同意了吧！」

陸潤康才坐下，聽趙耀東倒豆子般言語，心中無名火起，回嘴罵道：「不會做，就是不會做，你們這兒通過了也沒用，送到院裡，這事情也是淹了，不會有結果。」

一旁，央行總裁張繼正見狀，趕忙打圓場，對著趙耀東低聲勸道：「你就別激他了，待會兒行政院與監察院要同時公布十信案調查報告，他這會兒壓力很大。」

趙鐵頭聞言，這才住嘴，但仍忍不住咕噥道：「我哪知道這碴？衝我發脾氣也沒用，兩稅合一注定要推動實施，經革會總得弄出點成績嘛！」

陸潤康從牛皮紙袋裡，掏出那份監察院調查報告，又戴上老花眼鏡，心無二致，逐字逐句細細展讀。

調查報告裡，對於前後兩任財政部長行政責任，言辭嚴苛，指陳明確：「十信違規經營，十多年屢誡不改，至徐立德、陸潤康兩部長時，情況益形嚴重，遇機不能立斷，應負嚴重違失責任。其中，徐立德任內，雖有專案小組，督導不力，徐又未將解除十信理事主席斷然措施，導致事態惡化。陸潤康處置錯失時機，一誤再誤，拖到陰曆年關，又讓合庫融資十信，輿論譁然，實屬重大違失。」

陸潤康盯著「應負嚴重違失責任」、「實屬重大違失」這兩句評語，情緒逐漸冷靜，心思慢慢活絡，回顧過去半年來紛紛擾擾亂局。彷彿自動幻燈片般，不同場景一一閃過腦海。

十信案發後，各方譁然，都說要追行政責任。監察院那兒，很快就在二月下旬通過臨時動議，由馬慶瑞、吳大宇、張一中三人組成專案小組，追究行政責任。那關頭，自己當財政部長，當然須得回應，因而，下令財政部成立行政責任調查小組，由常務次長白培英主持，另外又邀請法務部派員參與。沒過多久，他就聽到風聲，曉得三監委主張速戰速決，打算立刻提出彈劾案，以財政部長陸潤康、經濟部長徐立德為目標，同時要把這兩個部長掃下台去。

後來，國民黨祕書長馬樹禮找三監委餐敘，提醒三人，一旦彈劾糾舉，兩名部長勢必下台，如此，牽動政局穩定。為此，三監委退讓，暫緩動手。後來，徐立德先走人，就剩下自己還在財政部苦撐。之後，他又提高財政部行政責任調查小組層級，改派政次李洪鰲主持。

外界追究責任壓力愈來愈大，七月八日，行政院長俞國華指派政務委員周宏濤，也成立一個十信行政責任調查小組。行政院告訴他，財政部專案小組趕緊完成調查報告，報呈行政院之後，由行政院專案小組審核，刪增整補之後，成為行政院調查報告，對外公布。

他要李洪鰲趕緊把行政責任調查報告送上來，報告裡，列出財政部、財政局、合作金庫等單位事務官處分名單。報告送到他那兒，他另外寫了份簽呈。簽呈裡，他向行政院長俞國華自請處分。

這份調查報告與簽呈送到行政院後，俞國華曾找他去行政院，明白對他表示：「十信不關你的事，但還是要調查一下，等調查報告公布了，就沒有你的事了。」所以，一開始他很樂觀，認為十信之所以出事，三尺之冰並非幾日可凍成，多年積弊在他任內爆發，他已妥善處理，何過之有？

八月十日，行政院調查報告出爐，預定八月十三日，也就是今天公布。這份調查報告出爐後，俞國華院長又找他去，拿出尚未公布定案報告，要他好好細看。那份報告，關於行政責任部份，開宗明義講得很明白。

徐立德部份是：「已呈請辭去經濟部長職務，其認知明晰，責任攸歸，已核准在案。」

關於自己部份則是：「現任財政部長陸潤康於本年七月十八日，以（74）台財祕第五七九八一號函，檢呈財政部調查十信案件有關人員行政責任報告中，陳明已向鈞長自請處分，因之對前後任財政首長均不待本小組予以擬議。」

那意思，是說徐立德已經辭職，此事一了百了。自己之事，因為已經向俞國華院長請求處分，到底如何處分，由俞院長另外決定，行政院專案小組就此繞過，也等於就此饒過，不予處分。

那份行政院行政責任調查報告，對歷任財政部金融司長、台北市財政局長、合作金庫首長，都有不同處分。當場，他曾向俞國華院長抗議：「不對啊，這樣對底下人不公平，報告內容和當初講定的不一樣。」

俞國華安慰他道：「十信案不關你的事，但是報告是他們寫的，我也不好改動。」

總的來說，他在行政院公布調查報告前，就已經看過調查報告，雖然不是很滿意，但仍能勉強接受。

想到這兒，陸潤康就覺得有人拿手推他，抬頭一看，是經濟部長李達海。李達海輕輕言道：「在講你哪，兩稅合一事情討論半天了，要你陳述意見！」

陸潤康這才回神，趕緊摘下老花眼鏡，環視會議廳，大家都看著他，趙耀東抬手點指，衝他言道：「你倒是說話啊，如果推動實施兩稅合一，財政部要如何因應？如何彌補稅收損失？」

聽趙鐵頭如此說話，陸潤康不禁氣往上湧，漲紅了臉道：「怎麼因應？我早說了，你們這是見人挑擔不吃力，你以為財政部長是好當的？天天都為稅收擔心，就怕國庫入息追不上支出。我早就說了，沒錯，對於公司股息，現行體制既課營利事業所得稅，又課個人綜合所得稅，是一條牛剝兩層皮。不過，財政部願意逐年慢慢降低稅率，名目上還是課兩次稅，但實質上繳稅總額慢慢減少。」

「你們偏偏不信，讓個經濟部次長王建煊當打手，天天在報紙、電視上鼓吹，非要財政部低頭，非要實施兩稅合一不可。我告訴你，見人挑擔不吃力，當家才知柴米貴，我敢斷言，要是有朝一日，王建煊當了財政部長，他一樣不敢實施兩稅合一。我再說明白點，已經有話擺在那裡，就算經建會通過兩稅合一案，案子送上去之後，行政院也不會處理。真要硬幹兩稅合一，那稅收損失，沒人擔得下來，我就是這句話！」

這話說得火氣十足，趙耀東聽了，不禁也跟著火大道：「老陸，不要這樣。這也不是我要如此，上頭成立經革會，就是希望凝聚產、官、學三界菁英，給國家施政提供意見。現如今，這兩稅合一議案，已經由經革會大會通過，按照程序，送到我們經建會來。今天就是討論這事，既然是討論，就是集思廣益，大家一起商量。你可好，一上來就風風火火把這案子給否定了，那樣，我們還談個屁啊！」

陸潤康聞言，哼了一聲道：「好啊，你要問我意見，我就是上頭那幾句話。要討論，你們繼續討論就是。」

對付完兩稅合一，陸潤康復又戴上老花眼鏡，繼續低著頭，盯著這份監察院調查報告，眼光又落在「應負嚴重違失責任」、「實屬重大違失」這兩句評語上，咀嚼其意，想著前兩天所獲訊息。在官場打滾幾十年，他自然有他的本事，有他的人脈網絡，監察院那兒，他也有朋友，充當坐探，回報相關訊息。前幾天，監察院那兒就有訊息傳過來，說是三位查案監委已經放話，送出行政責任調查報告之後，就要馬上動手擬具彈劾案，打算一傢伙彈劾二十幾名財金官員。

陸潤康眼神怔忪，推推老花眼鏡，摸摸鬍渣子，輕輕哼了兩聲，心裡盤算道：「彈劾，嗯，彈劾，光彈劾也沒用。彈劾這玩意兒，打過來不癢不痛，彈劾完了，還要送司法院公務人員懲戒委員會，還得公懲會定出結論，才能動手，才有殺傷力。光是彈劾，能奈我何？彈劾案送到司法院公懲會，司法院那兒，還得從頭來過，重新審查，重新斷案，短期內不會有結果。這樣說來，監察院這份調查報告，言辭再苛刻，甩到一邊，不理會即是。」

然而，念頭一轉，陸潤康曉得，事情沒這樣簡單。沒錯，彈劾案只是口頭警告，等於朝公務員臉上啐吐沫，只傷面子，既不疼也不癢，一痞天下無難事。人若不顧臉皮，老天爺也莫可奈何，只要臉皮厚點，即能挺過。然而，這裡頭還是有輕重之別，科長級小三子、小六子被監察院彈劾，混兩下就挺過去，他可是堂堂財政部長，十信案又舉國沸騰，動見觀瞻，倘若監察院提出彈劾案，自己無動於衷，輿論絕對不會放過，必然一路追打。

到時候，民間輿論、官方監察院，一定是睜大了眼睛，緊盯著行政院，看看俞國華院長如何處置？若是到了那樣境地，豈不是陷長官於不義？這事情，總得有人出來扛，自己要是不扛，就得連累俞國華，由行政院長出來扛。弄得不好，七海官邸那兒有了意見，一道指示下來，自己還是得被迫抬屁股走路。

想到這兒，陸潤康輕輕嘆了口氣，覺得到底是留是走，心中委實難決。無奈之餘，摘下老花眼鏡，把監察院調查報告塞回牛皮紙袋裡，聳聳肩膀，伸伸手臂，抬頭看著這經建會委員會議，心中想到：「也說不定，就這一回了，最後一次開這經建會委員會議，以後再也不來了。到底如何，待會兒再想想。」

這會兒，會已開完，眾首長起身，魚貫走出會議室。經建會副主委王昭明走過來，攔住陸潤康道：「樓下擠滿了記者，都等著你。我看，你就別走大門了，直接搭電梯到地下室吧，在地下室上車。不過，先別走，在這兒多待會兒，先等等，等下頭記者散得差不多了，我們再下去，免得有些記者不死心，跑去地下室停車場堵人。」

他與王昭明，都深受李國鼎提拔，兩人都在財政部歷任要職，也都被外界歸入「ＫＴ派」門牆。如今，師弟落難，師兄保駕，在這兒陪著說話。王昭明知道陸潤康此時必然心中栗六，情緒起伏，因而，避開敏感話題，扯扯故人老友訊息，說說高爾夫趣事，講講昔日舊情，就此混了將近二十分鐘。

諸大員每次來經建會開會，都是在大門口下車，司機把車停入地下停車場。離開時，反向而為，司機把車開上來，到了經建會大門口，接主子上車。此時，王昭明看看手錶說道：「差不多了，咱們走吧。」陸潤康沒說什麼，就隨著王昭明，搭電梯直放地下室停車場。電梯裡，王昭明也不好再說什麼，只簡單講道：「日子難過還是要過，事情總會過去。」

送到車上，就此作別。

25

世華銀行

陸潤康座車離了經建會，順著南京東路，往西邊而去。這天晚上，早就約了飯局，在館前路世華銀行總行頂樓招待所，請的是立法院中央政策會梁肅戎、趙自齊等幾位委員。國民黨中央政策會，是為行政、立法兩院緩衝潤滑機制，由資深立委組成，對於行政院所送交立法院重要法案，在兩院之間折衝磨合，謀取共識。對於修正法案有了共識，之後走起一讀、二讀、三讀程序，可省去爭辯吵鬧，順風順水，完成立法。

因而，行政院下屬各部會，都派專人職司國會聯絡，平常有事沒事，就得與立法院中央政策會骨幹往來應酬，搭橋鋪路，厚築交情，一旦各該部會有事，在立法院才會有奧援。今天這飯局，早就約定，不想，下午碰上行政、監察兩院公布十信行政責任調查報告，攪亂了陸潤康心情。不過，在官場打滾就是這樣，愈是碰上大事，愈得鎮定自若，不驚不詫，彷彿沒事人一般。

此時，從南京東路經建會往館前路世華銀行路上，陸潤康即鎮定自持，看著窗外下班車潮，回想自己這一年兩個半月財政部長生涯。

去年，七十三年五月初，他當時是財政部政務次長，陪財政部記者，到中南部參觀。時值內閣改組前夕，強人總統已經指派俞國華出任行政院長，當時，陸潤康心想，這次內閣改組後，恐怕要離開公職。路上，他私下忖度，若離開公職，就找個學校，教書兼做律師，不失為理想出路。

到了高雄，當天晚上與高雄地區立、監委餐敘聯誼。席間，監委朱安雄私下告訴他：「聽說，你是下一任財政部長。」陸根本不知此事，而且，過去與俞國華沒有淵源，乃告訴朱安雄：「沒這回事。」

回台北後，愈來愈多人私下告訴他，將出任財政部長。小道消息聽多了，陸潤康也有些迷惑，但始終沒接到通知。五月十五日，俞國華辦公室通知他，要他去見俞。當時，俞國華身兼行政院政務委員、中央銀行總裁、經建會主委三大要職，在三地都有辦公室，他接獲通知，去行政院政務委員辦公室，見俞國華。

陸潤康當時想，俞國華要見他，大約有兩個結果：一、出任財政部長。二、說聲抱歉，改派其他職務。

那次見面，談了三十多分鐘，俞國華開頭就說，強人總統要他組閣，他推也推不掉，乃要陸潤康主持財政部，因為陸對財政業務很熟。就此，他成了俞國華內閣財政部長，七十三年六月一日上任，到今天七十四年八月十四日，這財政部長任期，前後一年兩個半月，其中有大半時間用於處理十信這段期間，為了十信案，可謂食少事繁，衣帶漸寬，日子難過。

一個月前，他心有所感，拿起毛筆，寫了兩句箴言，拿玻璃鏡框裱裝，掛在部長辦公室牆上。玻璃鏡框裡，工整毛筆字寫著「法行則人從法，法敗則法從人。徒善不足以為政，徒法不能以自行。誌顧亭林語、乙丑潤康」。

這四句古語，前兩句是說十信事件當中，關係企業集中放款、擔保品抵押值過高，該如何認定？違犯何種法條？多少金融機構都有同樣問題，是否一律究辦？這些事項充滿疑義，翻遍法令，沒有明確標準。財政部手上缺乏一部健全法令，面對十信法律幕僚，雙方一旦對陣，財政部不一定佔上風。後兩句，則是陸潤康自認，處理十信案整個過程動機正確，依法而行，社會評價卻不以為然。

陸潤康是江蘇吳錫人，顧亭林，即是顧炎武，明末大儒，江蘇蘇州崑山人。無錫就緊貼著蘇州，在蘇州西邊。說起來，他和顧亭林，還是江蘇小同鄉。顧炎武一生坎坷，生不逢時，空有滿懷壯志，只能替亡明小朝廷打雜。到了清康熙年間，則不願役於胡虜，抑鬱以終。陸潤康挑這位前輩小同鄉之言，寫了四句二十六字箴言，心中苦悶可想而知。

暮色蒼茫之際，陸潤康座車沿著襄陽路到新公園正門口，右轉而入館前路。正前方，微弱夕陽殘光照著台北火車站左側，透過座車前擋風玻璃遠遠看過去，車站二樓屋頂前緣，浪琴電子鐘亮著數字燈號「18：48：26」，差十二分七點整。此時，車子方向盤向右打，滑入世華銀行地下停車場。車子進場那一刻，陸潤康重重嘆了口氣，自顧自低聲言道：「辭了吧！他們想彈劾我，要我好看，我偏不讓他們如願！」

到了世華銀行頂樓招待所，進去一看，諸立委一個都沒到，反倒是財政部政次李洪鰲、主任祕書連龍輝、國會聯繫參事吳燦輝，都已經到齊。眾人當然已經知曉行政、監察兩院調查報告內容，此時臉色青黃不定，都拿眼睛看著陸潤康。陸潤康定定神，兩手連連向上揮舉，對眾手下道：「幹什麼？別哭喪著臉，今天這頓飯請中央政策會立委，大家聯絡感情，你們該怎麼辦，就怎麼辦，別受影響。」

之後，受邀立委漸次抵達，一張十人座大圓桌，坐得滿滿的。大家說說閒話扯扯淡，把冷盤對付過去。等上了熱炒、燉菜，陸潤康站起身來，強作鎮定，舉著小酒杯，向所有在座者敬酒，一人敬一杯。一輪「打通關」喝下來，九小杯紹興酒下肚，陸潤康原本就赤紅臉龐，這時已經略呈紫色。梁肅戎見狀，也擎著酒杯，回敬陸潤康一杯，仰頭張口，把整杯酒倒入肚中。喝完，梁肅戎咂咂嘴，操起了濃濁東北腔官話，談起了敏感話題：「誰都知道下午發生了啥事，現在大家一起坐在這兒吃飯，卻把事情悶在肚子裡，憋著一股氣作文章，這難受啊！」

說罷，梁肅戎指指趙自齊，對陸潤康道：「我說老陸，我和自齊都是東北人，我們東北老鄉有話就說，有屁就放，絕不憋在心裡。這兒也沒外人，更沒記者，你心裡有啥冤屈，就直接了當放出來。照我看，上頭對你應該是沒意見，你看，行政院調查報告都說，你的行政責任他們管不著。要是上頭對你有意見，早就一句話要你滾蛋了。」

「俞國華可以通天，他行政院調查報告都把你給放了，顯示上頭真的對你沒意見。我看，就是監察院那兒，死咬著你不放。那三位監委，我也曉得習性，裡頭也有個東北人，脾氣就是硬。我私下透過黨部問過，為何馬樹禮祕書長已經關照過，不要提彈劾，他們卻執意還是要彈劾？監察院那頭說，外面輿論壓力大，他們得回應社會期盼。」

梁肅戎說完，趙自齊也跟著講了幾句義氣話，替陸潤康不平。陸潤康見來客挑破了話題，也不再避諱，兩手一攤道：「我能說什麼？還有什麼好說的！」

受委屈之人都是這樣，常以「我有什麼好說的」，為長篇大論序曲。這句話之後，必然有許多話要說。果不其然，陸潤康整一整顏色，有章法，有邏輯，對幾位立委訴起了苦：「我就先說體制吧，十信為基層金融機構，直接主管機關並非財政部，而是台北市政府財政局。歷來，台北市財政局長都由財政部推薦，以前幾任局長，像是王昭明、鍾時益，還有，現任局長林振國，都是這樣。因為，都是自己人，大家彼此熟悉，有默契，做起事情來方便。」

「可是，十信違規坐大時期，台北市財政局長葛培保卻不是財政部所推薦。葛並非出自財金圈，他是主計、會計系統出身，對財政事務也不是很熟悉，再加上承受了相當大的外來壓力，以至於，十信違規行為在其任內不斷惡化。葛培保之後，現任財政局長林振國，則是我直接推薦給台北市長楊金纕。倘若徐部長時期，台北市財政局長也是由部裡派出去，情況應該不會那樣惡化。」

陸潤康幾句話一說，飯桌上氣氛頓時轉趨熱絡，梁肅戎接著話碴子道：「這十信案，來龍去脈我不是很清楚，但天天看報，也曉得監察院就是追查最後那十天左右，蔡辰洲搬走了合庫三十億元。那個誰，那個合作金庫總經理，叫陳什麼，對了，叫陳曉鰲，他說，合庫對十信三十億元融資，都是奉財政部指示辦理。所以，檢調機關抓人、辦人、約談、移送、收押，不能光針對合庫同仁，上頭財政部也該抓，大家一起來，通通有獎，這到底是怎麼回事？」

陸潤康抿了一口紹興酒道：「三十億元的最後融資，我清楚記得，當時我明確指示，按照規定，雖然可以繼續融資，但合庫也有權不融資。如果合庫認為有必要繼續融資予十信，可逕予融資。但最重要的是，融資必須用於十信償付客戶存款，也就是用以支付擠兌，不得用於其他用途。事前，合庫有裁量權，融資不融資，裡頭有彈性。事後，合庫也該嚴格監督，派人在十信好好控制資金流向。這些事情，合庫都沒做好。」

「有些事情，我真的不能說得太清楚，這兒，我只能含混告訴各位，那時候，上頭有明確指示，要維持春節前金融局面穩定，社會秩序不能動盪。就為了這個，蔡辰洲吃定了我們，不斷伸手要錢。我們也是有苦說不出，為了『穩定金融秩序』，就被蔡辰洲掐住了脖子死要錢。尤其，我們那時候得到訊息，中南部許多信用合作社也很危急，可以用『山雨欲來風滿樓』來形容，只要台北十信倒下，骨牌就會一齊倒。我們那是頂缸坐蠟，就怕十信倒掉，只好死命維持。」

說到這兒，趙自齊插話問道：「老陸，外頭都說，有多少黨政軍大員與蔡辰洲關係密切，有多少資金存在國泰塑膠那兒。這話，到底有譜沒譜？」

陸潤康情緒略顯激動，兩眼通紅，盯著趙自齊道：「蔡辰洲以國泰塑膠名義，開票子向外界吸收存款，債權人到底是誰，始終是個謎。即使我是財政部長，我也不知道，究竟是哪些人把錢借給蔡辰洲。當時各種傳說很多，說是許多有地位、有名望的人，也是蔡辰洲的債權人，對此，我卻一直弄不清楚。我知道，調查局經調查後，有一份名單，據說很多是化名。」

「另外，調查局當時也對政府財經金部門首長、主管進行瞭解，想查出有哪些財經金官員，和蔡辰洲有資金往來。結果，並未發現財經金官員有什麼涉及。我只能說，我到現在都弄不清楚，蔡辰洲的債權人到底是誰。十信案中，許多風風雨雨，都跟債權人有關。他們放高利貸時，事前並沒問過財政部；吃倒帳之後，卻要財政部負責。財政部招誰惹誰，遭了池魚之殃，弄得一身腥臭。」

說到這兒，就見財政部總務司手下過來，傾身附耳，小聲向陸潤康悄然報告：「部長，有電話，行政院王章清祕書長找您。」

陸潤康站起來，稍微欠欠身，對在座立委道：「抱歉，有電話找我，馬上回來。」

這大套間餐廳，除了附設洗手間之外，另外還有個小套間，裡頭有兩張沙發，一個茶几，茶几上擺著電話。陸潤康進了小套間，拿起電話，那頭果然是行政院祕書長王章清：「陸部長，抱歉打攪，你在世華頂樓宴客是吧？這樣啊，方不方便我現在過去一下，幾句話，說完就走。」

陸潤康狐疑道：「什麼事情這樣重要，要親自過來講。現在電話裡講，不是一樣？」

王章清道：「沒什麼，下午兩份報告出來，你受了委屈，我就是想過來探望探望。」

大家都是老官場，王章清幾句話一說，陸潤康酒也醒了，他心知肚明，王章清這是啣俞國華之命，要來親自勸自己下台。陸潤康推斷，俞國華本來沒意思要自己下去，現在見監察院態度死硬，已經對外放話，打算動手擬具彈劾文書，野火愈燒愈大，因而改了主意，要自己下台，就此止血，開闢防火巷，擋住這把野火。

當下，陸潤康硬氣回應道：「章清啊，不勞大駕，都這樣晚了，還親自跑一趟。這樣吧，你回報俞院長，我今天稍後就會有決斷，絕不連累大家。」

掛上電話，回到大套間，陸潤康不顯山，不顯水，重拾剛才中斷話題：「有些事情，幾個星期前我還不能說，現在，我願意把內情講出來。各位知道嗎？企業向員工吸取存款，在所多有，不僅僅只有蔡辰洲國泰塑膠這樣幹，其他名門正派大企業，也一樣幹這種事情。就說大同公司吧，名氣響亮，在台灣經濟發展史上，地位顯著，卻也一樣吸收員工存款。各位知道那存款數量有多少嗎？坐穩了，我告訴各位，超過新台幣一百億元哪！」

「這額度，佔大同公司總資產四〇％，其規模甚至超過高雄市銀行。十信事件爆發後，大同公司受到牽連，員工開始擠兌存款，一傢伙被提領三十億元，公司搖搖欲墜，大老闆林挺生像是熱鍋上螞蟻，急得不得了，打電話向我求救。十信不能倒，倒了其他信用合作社也會跟著倒；大同也不能倒，要是倒了，其他收受員工存款大企業也會跟著倒。」

「林挺生向我求救，我一口答應幫忙，馬上撥了一個電話，給華南銀行總經理羅光華，要他準備十億元支援。大同公司是華南銀行大客戶，大同公司倒掉，華南銀行也要吃倒帳，首當其衝，受害最烈。因而，不如在倒掉之前，先救一把。我在電話裡，告訴羅總經理，以抵押貸款方式，向大同公司融資，事後補辦抵押手續。羅總經理瞭解情況嚴重，瞭解此事對華南銀行利害，於是一口答應。」

這幾句話一說，不但諸立委張口結舌，連幾位財政部幹部也是首次聽聞，面露詫異之色。梁肅戎驚嘆言道：「老陸，聽你這話，啊，又是三十億元，又是一百億元。幸好，大同公司後來沒出事，要是出事了，這不又是一個生產事業十信案嗎？」

陸潤康略有得色道：「就是說是啊，財政部對台北十信與大同公司，採用類似方法處置，為的都是穩定金融秩序，維護社會安寧。結果，穩住了大同，我們沒掌聲；十信沒穩住，就噓聲不斷。這樣對財政部，公平嗎？平心靜氣來看，我在財政部長任內，弭平了十信風波，保障了存款大眾權益，防止大型民營企業因擠兌而倒閉，而國庫並未損失一分一毫，我的功過如何，相信社會大眾以後自有公論。」

牢騷發到這兒，菜全吃完，酒也喝殘，時間已晚，梁肅戎站起身來，擎起酒杯道：「今天就謝謝啦，來，大家門前清，把酒喝乾了。老陸，保重啊，善有善報，惡有惡報，那蔡辰洲空頭支票開多了，已經被台北地方法院，判了十幾二十年有期徒刑，他下半輩子吃公家飯，恐怕吃不完了。」

陸潤康走向大套間門口，站在入口處，與諸立委一一握手作別。他邊握手，邊對梁肅戎道：「你們中央政策會還不知道嗎？票據政策變了，上頭有話了，說是台灣從南到北，監獄人滿為患，關的絕大多數都是票據犯。因而，現在已經有話傳下來，一兩年之內，就要修正票據法，取消支票刑責。這法律修正之後，牢裡關的票據犯，全要放出來。用空頭支票罪關蔡辰洲，關不久的，得由法院另外判他背信、侵佔、偽造文書等其他罪名，才能關得久遠。」

把客人全送走了，陸潤康招招手，要政次李洪鰲、主祕連龍輝、參事吳燦輝，跟著他進入小套間。外頭，總務司人員忙著善後，與世華銀行招待所結算餐飲費用。

眾人進了小套間，陸潤康揮揮手，要三人坐下，隨即，緩緩言道：「很抱歉，我要離開財政部了。下午行政、監察兩院同時公布十信案調查報告，行政院報告還好，監察院報告辭句嚴厲，那意思就是要我下台。我聽說監察院已著手準備彈劾案，彈劾對象超過十人，我要是不走，他們就要提出彈劾案。果真提出彈劾案，上頭對不起俞院長，下頭對不起財政部主管同仁。因而，我經過考慮，決定馬上辭職。」

「待會兒，請李次長就在這兒，給報館和電視台打電話，通知新聞界，我辭去財政部長職務。今天晚上，我機要祕書陳智立會把明天上午行政院院會資料，送到我家，到時候，我會請他把資料轉送給李次長。明天，就請李次長代表財政部，去參加行政院院會。」

「我實在很抱歉，對不起大家，沒能給各位一個交代，事前給各位安排好去路。大家同事一場，時間很短，一年兩個多月，但我很感謝各位幫忙。緣份已盡，大家散了吧，明天起，我就不是財政部長了！」

26

財政大樓

台北天氣，有其定律，每年五月下旬到六月上旬之間，滴滴答答鬧大半個月梅雨。梅雨期之後，天氣漸熱，上午豔陽高照，午後烏雲密布，隨即下起午後雷陣雨，暴雨之後，天氣轉涼。午後雷陣雨時期之後，正式入夏，蟬鳴不已，一路要死熱到九月中旬。

今天，民國七十四年八月二十六日，台北天氣卻頗異常，一整天不見日頭，難得陰涼。今天是大日子，財政部新舊任部長交接。陸潤康八月十四日夜裡辭官後，行政院長俞國華終於打出王牌，指派俞門大弟子、中央銀行副總裁錢純，接下財政部長職位。十信風暴，打完了上半場，就此進入下半場。在陸潤康手上，十信壓驚止血；現在錢純接手，求的是收口癒合。

對新聞記者而言，部長交接可是大事，得親自在場，親眼目睹，寫出生動流程。若不在現場，只憑旁人轉述，寫出來稿件總是隔了一層，味道大打折扣。為了這個，《工商時報》財政記者小方，今天起了個大早，八點鐘就趕到財政部。實在要命，日報記者都是晚上在報社寫新聞稿，小方昨天晚上十點半才下班，回到家裡，時辰頗晚，已近午夜。今天一大早七點不到就起床，睡眠不足，哈欠連天，卻還是硬挺著，趕到財政部。

不單小方如此，其他各媒體記者亦然，才過八點，財政部記者室即已人聲鼎沸，進進出出，訊息不斷。《中國時報》記者俞允之當門而立，右手夾著個塑膠公事包，對眾人宣布道：「新部長作風特異，錢純今天不是從家裡搭車到財政部，他今天竟然先以央行副總裁身分，先到央行上班，然後，才到財政部就任。」

此話一出，眾記者嘩然，有人就問：「俞長官，此事當真？從沒聽過這種事，都要當部長了，今天就要上任了，還去原單位上班。」

小方與俞允之在同一個報系底下不同報社任職，平常各跑各的新聞，碰到大事，則相互支援。小方聞言，對眾同業道：「中央銀行就在隔壁，是真是假，咱們過去瞧瞧，即見分曉。」

於是，一缸子十幾名記者魚貫而出，都往中央銀行走去。包括財政部、經濟部、內政部、交通部在內，一般中央部會，記者行動自由，在辦公大樓裡上下走動，四處竄遊，不受限制。而中央銀行與經建會，當初都由俞國華坐鎮，規矩嚴明，記者不許亂走亂動。中央銀行，只准登記有案央行記者進入，小方這批財政記者，到了央行外頭，即為央行警衛擋駕，只好站在央行鐵柵欄外頭，羅斯福路人行道上，伸著腦袋往裡頭窺探，等著錢純現身。

等到九點，果然見到錢純走出央行大門，央行另一位副總裁郭婉容陪在身旁，後頭跟著一群央行主管，安步當車，離開了錢純任職十五年又八個月的中央銀行，在八月難得的陰涼天中，走向財政部。這群央行大員身後，又跟著小方等十幾名財政記者。這一大群人，走著羅斯福路人行道，左轉進入愛國西路人行道，隨即進了財政部大樓。

這財政大樓，一樓穿堂不算大，一共只有兩部電梯，容量更是小兒科，塞進五、六個人，就擠得轉不過身。因而，眾人都謙讓，先讓總務人員陪著錢純搭電梯上去，餘人則擠另外一部電梯，喧喧嚷嚷，到了五樓政務次長李洪鰲辦公室。這李洪鰲，當了十幾天代理部長，仍在自己政次辦公室辦公，今天還得代表陸潤康，交出財政部大印。

這政務次長辦公室，與部長室一樣，外頭兩張桌子，男女兩祕書在此辦公。裡頭則是政次辦公套間，面積不算小，但今天賀客實在太多，人流不斷。前幾天，李洪鰲機要祕書莊展祥、女祕書楊柟，已經將辦公室收拾妥當，將李洪鰲私人物件打包運走，此時辦公室已經成了空城，交接典禮之後，李洪鰲就此走人。李政次機要祕書莊展祥，還是小方大學一年級時，微積分與統計學助教。

小方這一夥記者到了政次辦公室，隨即為新聞室梁祕書攔住：「各位，各位，幫幫忙，今天大家都忙，裡面都擠滿了，拜託各位就別進去了。待會兒，馬上在八樓禮堂舉行交接典禮，各位去八樓等候吧。」

記者哪肯聽話，不讓進，就堵在外頭走廊上看風景，就見財政部與中央銀行各司、署、局、處首長，都到這政務次長辦公室，向新任部長錢純、卸任政次李洪鰲致意。

政次辦公室外頭走廊上，眾記者交頭接耳，談論人事變局，說是李洪鰲今天也要離職，幸好，他原本就兼任中小企業信用保證基金董事長，現在，離開財政部，就專任中小信保基金董事長。至於新任政次，則是台北市銀行董事長何顯重。這何顯重，當年在上海也當過記者，來台後，先跟了徐柏園，後來徐柏園因吳振瑞金盤金碗案倒台，何顯重改投俞國華，歷任台灣銀行總經理、中國國際商業銀行總經理，也是金融一霸。

這時，就見政次辦公室機要祕書莊展祥，從門裡走了出來，打算要上廁所，半道上被小方攔住道：「助教，聽說李政次要去中小信保，專任董事長，你是否也跟著去？」

莊展祥皺皺眉頭道：「沒有咧，我留下來，新任何政次已經點名，要我留任原職，繼續當他機要祕書。倒是楊枏，會回金融司，新任政次會帶女祕書過來。」

小方道：「聽說，這新主子是個霸王，唉，恐怕不好伺候啊！」

莊展祥聞言，沒敢搭碴，勾著頭，走向男廁。

十點，在財政部八樓禮堂，財政部新舊任部長交接典禮，小方等十幾名記者，擠在台下人群裡，看著財政部代理部長李洪鰲，將財政部大印，交給監交人行政院政務委員馬紀壯，再由馬紀壯轉交給新任部長錢純。馬與李，都是推崇原任與新任部長，錢純講話則四平八穩，無甚新意。典禮結束後，財經金官員、民間團體代表、企業界領袖紛紛湧入部長室，除禮貌性祝賀拜會之外，並簽名留念。

小方擠在現場，見工商協進會理事長兼工業總會理事長辜振甫、商業總會理事長王又曾，到了現場，拉著錢純，一陣交頭接耳，這才離去。小方慢慢後退，貼著八樓禮堂牆壁，掏出記事本，拿筆寫了些摘要，免得晚上寫新聞時，漏了重點。才低頭寫著，就覺得有人推肩膀，小方抬頭一看，是《中國時報》記者俞允之。俞允之對小方低聲道：「張老師到了，我們過去打聲招呼吧！」

小方轉頭一看，電梯那兒顫顫巍巍，走來個老先生，手裡還提溜了本新書，朝這兒慢步行來。定眼一看，正是小方當年政大財稅系老師張則堯。

國民政府遷台後，成立「台灣省行政專科學校」，下設民政、財政、計政、地政四科，培植基層公務員。其中，財政科歷屆校友目前已是台灣財稅領域骨幹，各國稅局、稅捐處首長，多半出自行政專校。後來，民國四十年代末期，政大在台復校，成立財稅系，接力培植財稅人才。而台灣省行政專科學校，則升格改制為中興大學法商學院。

而這張則堯，先後參與創建台灣省行政專科學校財政科、國立政治大學財稅系，是為台灣財稅學界鼻祖大老，門生遍天下。這一天，財政部記者圈裡，《中國時報》記者俞允之出自中興財稅，《工商時報》記者小方則出自政大財稅，故而俞允之眼尖，見張則堯走出電梯，就拉著小方過去，與老師寒暄扯淡。

這老先生，不但稱霸台灣財稅學界，也執掌所有國家考試財政學命題，從高考、普考，到各種特考，凡是財政學，此老都參與命題。而命題張本，則是他所著《財政學原理》。他這書頗奇特，書本章節內容，萬年不變，但每隔一兩年，就在書本最後，添加「補篇」。無論政大財稅系期中考、期末考、研究所入學考試，抑或各級國家考試，此老所出財政學試題當中，必然有一題，出自最新版《財政學原理》補篇。就此，此書雖萬古而長新，銷路始終不墜。

這幾年，張老師退而不休，離開考試委員職位後，今年三月中旬，轉進財政部旗下「保險事業發展中心」任董事長，至今還不滿半年。今天，新部長上任，作此官，行此禮，此老自然得過來應卯站班，點綴點綴。小方與俞允之見著老師，寒暄幾句，簇擁著張則堯，送進了大禮堂，見張老師將那本寶貝著作獻給了錢純。這大禮堂裡，此時亂烘烘，人來人往，應酬不已，小方見不是路數，沒啥搞頭，就此離開，

中午時分，眾記者見錢純搭車離去，都說部長離開財政部，就離開了自己路線管區，與己無關，大家肚子餓了，該找地方祭五臟廟去了。有人發一聲喊，眾人咸同，裹成一團，往南門市場而去。這市場，原本是低矮違建群，後來經過改建，成了十層大樓。南門市場隔壁，另有一大樓，該大樓一樓那兒，有家台灣味小吃店，名為「金峰魯肉飯」，生意頗好，眾記者就去那兒吃午飯。

小方跟著眾人，去了「金峰」，滷肉飯、鼎邊銼、肉羹湯，把肚皮都撐圓。吃完了，眾人離開，小方拿根牙籤，邊剔牙，邊對身旁《中華日報》記者胡超群道：「小胡，你瞧瞧這金峰招牌，上頭寫的是『魯肉飯』，而非『滷肉飯』。這樣一搞，積非成是，明明是滷肉飯，卻變成了山東肉飯。」

胡超群答道：「對啊，台灣很多事情都是這樣，明明是黑的，結果卻變成白的，弄得黑白不分。

就說這十信案吧，小方，你知道嗎，現在已經確定了，只追商，不追官，檢調單位已經收手，不再追

查其他涉案人。現在，法院就是審理十信、國塑那一批起訴主管，外帶合庫幾個人，如此而已，所有財金高官、中官、低官，全都沒有刑事責任。還有，國泰信託也出事，風暴範疇不比十信小，窟窿還比十信大，檢調單位卻一個人也沒抓。」

胡超群這麼一說，立時，眾記者七嘴八舌，就講起了十信案。邊走邊講，走回財政部記者室，這話題繼續揮發，沒完沒了，十幾個記者各抒己見，講起各自見聞。這時候，正是午休時間，財政部各單位陷入午睡狀態，有人上五樓問明白了，錢純現在還沒回來，下午兩點後會回來，邀集所有一級主管，召開部務會報。因而，這當口眾記者無事可幹，就在記者室扯起十信話題。

這群記者，全以財政部為主跑路線，並非司法記者，但每天回到報社，自會與報社其他路線記者，彼此交換訊息，談天扯地，故而對十信案司法審判過程並不陌生。記者天生就有反骨，張口就是批判，講起話來，總是不滿現狀。因而，講到十信案，口氣總也離不了批判抨擊。中廣記者趙虹先開了張，扯出前一陣子鬧得滿城風雨之事。

這山東哥兒們，點了根煙，忿忿不平道：「真是有鬼啊，蔡辰洲都收押禁見，關進台北看守所蹲苦窯了，居然還能發號施令，在牢裡繼續當十信理事主席。他還真不怕穿幫，在監獄裡批公文，發布國泰塑膠公司人事命令，調整組織編制，取消國塑關係企業總管理處、將稽核室改為法務室、其他單位則合併為財務部、管理部、營業部。」

「另外，又發布人事命令，將稽核室主任萬家聲升任為協理，仍兼副董事長特別助理，並為營業、管理部最高主管，任命黃哲男為生產單位最高主管。這兩份公文，署名都是『副董事長蔡辰洲』，旁邊蓋有私章。此外，要求員工傳閱。」

小方聞言接碴道：「這的確很奇怪，要知道，倘若是批了祕密公文，不對外公布，倒也罷了，但他所批那些公文，後來都在國塑集團公布。蔡辰洲還真是天不怕，地不怕，明知道會公布，會穿幫，還是硬幹。到底，他心裡在想啥?實在很耐人尋味。他這樣一搞，台北看守所一腦袋稀泥，滿臉豆花，真是糗大了。」

《台灣時報》記者謝志鵬一旁接腔道：「是啊，台北看守所所長朱光軍死不認帳，說這些公文命令絕對不可能由台北看守所流出去。他說，蔡辰洲目前因案羈押，禁止接見，即使出庭、借提，都要搜身，不可能從看守所帶出去。更何況，人事命令還要蓋國塑公司印章。朱光軍說，蔡曾被借提，律師團也曾接見，人事命令如何發布，無法查出確切管道，但絕對不可能由看守所流出。」

小方一旁加了段註解：「這朱光軍，也夠倒楣的了。四年前，李敖坐牢，本來該去桃園龜山台北監獄，不知為何，司法當局竟然把他塞到台北看守所。本來，看守所只關收押被告，若被告審判定讞，就該移送龜山台北監獄，但李敖卻在台北看守所坐監。李敖刑滿出去之後，寫了篇長文，叫『天下沒有白坐的黑牢』，登在他自己每個月發行的《千秋評論雜誌》上，大掀台北看守所內幕，朱光軍被修理慘了，十分糗大。」

謝志鵬接著補充道：「後來，台北看守所查過記錄，說蔡辰洲曾被調查單位借提，經檢察官批准，上午外出，下午才回看守所，進出都搜身，看守所、調查局都封閉嚴密，囚車也嚴密。朱光軍的結論，是蔡辰洲到台北地方法院開庭時，有國塑人員坐在附近，與蔡辰洲交頭接耳密商，應該是這種場合把公文傳出去。」

不提台北地方法院還好，一提到這衙門，眾記者立時掀翻舊帳，罵起了台北地方法院禮遇優待蔡辰洲，出庭不上手銬之事。這件事情，之前在各媒體上喧騰一時，鬧過一陣子，現在，眾記者想起這事，大家心裡都不服，眾口齊罵。

這舊帳，小方其實並不清楚，因為，那一陣子他休長假，十信案新聞跑累、跑疲了，出國去轉了趟。在國外，一來訊息不是那樣靈通，二來自己存心切斷雜務聯繫，壓根不管台灣之事，因而就沒聽說此事。等回國銷假上班，蔡辰洲不戴手銬之事，風頭已經過去，故而小方只風聞其事，卻不知其中三昧。眼前，諸同行七嘴八舌議論，小方有點丈二和尚摸不著頭腦，乃詢問眾人，請同業把這事情講清楚。

身旁《新生報》記者吳克剛聞言，打開隨身公事包，從裡頭掏出一本剪報集，翻了翻，指著其中一頁剪報，遞給小方道：「小方，我這本子，專貼十信案剪報。哪，這一頁就專門講這事情。」

小方隨即埋頭細讀這份剪報，才曉得此事來龍去脈。原來，一開始蔡辰洲出庭應訊時，與其他十信案被告一樣，都戴手銬。並且，還用一件外衣遮住手銬。後來，漸漸地，他被提出庭時，就不上手銬了。此外，蔡辰洲在臺北地方法院板橋分院出庭時，也沒上手銬。司法記者不是瞎子，十信案一缸子被告到法院過堂，大家都上手銬，獨獨蔡辰洲豁免，晃蕩著兩手，格外顯眼。因而，這事情就上了報。

事情上報之後，司法記者繼續追查內情，先去問值班法警。法警吞吞吐吐，欲言又止，含混其詞，說是給蔡辰洲上了手銬，遭上級斥責。誰是上級，卻問不出來。事發之後，蔡辰洲出庭，依舊故我，其他二十人，都是兩人一組，合銬在一起，就他一個，獨自走在最後，兩手晃蕩，沒上手銬。這下子，惹翻了媒體。都已經有報導，點出蔡辰洲獨享特權了，情勢卻依然故我，仍舊不上手銬，媒體自然火大，繼續聲討，用力往上追查。

底下問不出答案，就往上頭問，去問台北地方法院院長吳樹立。吳院長說，十信案被告蔡辰洲出庭時，沒有戴手銬，應該是法警認為，蔡辰洲沒有安全上顧慮，也不至於逃亡，所以，未上手銬，並不是對蔡辰洲特別優待。這話，說得更糊塗了，基本邏輯都站不住腳。被告出庭上手銬，是體制，也是規定，豈能由法警自行認定「有沒有安全顧慮」？更何況，其他二十名十信案被告都上了手銬，獨獨蔡辰洲兩手晃蕩，這不是「特別優待」，什麼是「特別優待」？

眾家報紙用力齊吠，使勁聲討，社會大眾自然一片罵聲，大官兒們坐不住了，司法院、台北地方法院都說，人二室已經派員調查。小方翻閱剪報，見《聯合報》一篇報導，揭露了真相。

根據聯合報報導，所謂「上級」，是臺北地方法院法警室副警長范國炤。法警指稱，是范國炤斥責他們，下令不能讓蔡辰洲戴手銬。法警說，之前，蔡辰洲與另外三名被告，被台北地檢處借提時，法警室副警長范國炤就以電話，指示候審室帶班法警，蔡辰洲不必上手銬。

法警在提庭時，見其他三名被告都上手銬，只有蔡辰洲一人沒上手銬，擔心其他三人抱怨，也避免影響觀瞻，所以，還是把蔡辰洲上了手銬。事後，有人向范報告這事情，范就打電話斥責帶班法警，質問他，為何違背指示，銬了蔡辰洲？為了這事情，電話裡，帶班法警與范吵了起來。

《聯合報》記者拿這事情去問范國炤，范說，他沒有斥責法警，是蔡辰洲沒有安全顧慮，所以，不必上手銬。記者又問，其他二十名被告卻戴手銬，是否有安全顧慮？范又改口，說是這是因為當天手銬不夠，所以，就沒銬蔡辰洲。

小方邊翻剪報，就聽見身旁《新生報》記者吳克剛說：「各位同業，蔡辰洲那本事，可是有夠大啊！他都關進牢裡了，還能批公文，發布國泰塑膠人事命令。大家一起坐牢，其他人出庭都得戴手銬，只有他是例外。都收押禁見了，還有這樣大特權，可以想見他以前在十信當家作主時，有多違法濫權，多少大官聽他使喚。」

小方邊聽吳克剛發讜論，邊繼續往下翻閱這本十信案剪報，看到十信案審訊新聞，不禁出聲，對左右同業感嘆道：「哇咧，我看這些被告，全都該去當法官了。這審案法官，官銜叫『推事』，但我看這十信案審理新聞，發現這些被告把事情推得一乾二淨，他們才是『推事』咧！」

小方就著這本剪報，撿重點大聲唸出，讓財政記者同業分享十信案諸被告『推事』本領：

授信部襄理高崑王承認，他負責不動產擔保品估價審核，但辯稱一切放款手續都很正常。他否認抵押品低值高估，他說，起訴書拿公告地價，與放款時估價做比較，當然相差較大。事實上，如照時價估計，估價不算偏高。

十信總經理陳澤生則說，十信有分層負責制度，放款主要是授信部處理。他認為，授信部對擔保品，是照市價估價，並非故意偏高。

大享建設總經理陳澄晴則表示，他只負責建築規劃、設計、施工，以及市場調查。財務調度之事，則由總管理處林宗源負責，他對吸收社員一事，完全不知情。

國塑總經理李超倫說，他主管工廠生產效率，國塑員工及部屬加入十信為會員，不是他一個人招募的。至於抵押品價值高估之事，他不知道。

長春分社經理林茂輝，也否認將抵押品低值高估，他說，放款前都經中華徵信社調查，再經自己判斷估價，並沒有高估。

十信副理方鏡煌、長春分社放款科長蘇嘉榮、吳永春、民權分社經理陳文良、副理許正宏、放款科長章永和、松江分社副理翁嘉松、襄理許金龍、放款科長趙敏捷、張清萬等人，都說放款是照正常手續，由總社授信部審核後，再指示分社放款，抵押品估價也由總社去做，分社只是聽命行動。

小方唸到這兒，就聽見有人說：「他們這些人，主僕一場，其實彼此還是有感情的。」

小方聽這聲音挺熟，抬頭一看，是《工商時報》攝影記者黃有儀。報社有幾十名文字記者，但攝影記者只有兩人，要支援所有路線，機動調派，到現場拍照。因而，攝影記者見多識廣，見聞遠比文字記者豐富。今天上午部長交接、下午召開部務會報，報社必然會調派攝影記者，到財政部拍攝現場照片。

聽黃有儀如此說，其他記者都感興趣，要黃有儀細說詳情。

黃有儀道：「碰到新聞事件，你們文字記者可以事後追查，慢慢找人問內情。我們攝影記者卻不能如此，到了現場，必須緊貼新聞事件當事人。所以，那天法院開庭，我一直緊緊跟著被告拍攝照片。你們應該都知道，蔡辰洲在十信有個親信，授信部經理余壯勇。」

這話一說，旁邊馬上有人接腔道：「對啊，十信事件爆發那天，這人早上上班，被火車撞了，送到榮總去動手術。當時，有人說他是畏罪自殺，但他和他家人都否認，說是單純車禍。」

黃有儀接著往下說：「那天，余壯勇坐在輪椅上出庭，在法庭上見了蔡辰洲，兩個人都有點激動。庭訊完畢之後，余壯勇當庭向法官提出一個特別要求，說他要向蔡辰洲講一句話。因為是當場講話，無虞串供，法官就准了。當場，余壯勇轉過頭，鄭重其事，一個字一個字慢慢講，對蔡辰洲說，他在十信工作那樣久，從來沒有坑過蔡辰洲一毛錢，也沒有拿過任何不法的利益，希望蔡辰洲能體諒他。」

「蔡辰洲聽了，漲紅了臉，沉默許久，向余壯勇做了一個安慰手勢說道：『這樣就好，這樣就好。謝謝，謝謝……。』一時之間，余壯勇、蔡辰洲、以及兩人身旁親友，全都眼眶濕潤。」

記者室裡，十幾名記者閒扯之際，就聽見記者室外頭走廊上，響起上班鈴聲。午休時間結束，財政部所有辦公室又回魂活過來，開始辦公。此時，有人推開記者室門扉，朝裡頭喊道：「別再瞎聊了，上頭五樓會議室已經開部務會報了，新任部長錢純點將閱兵，咱們上去瞧瞧吧。」

眾記者魚貫而出，小方也跟出去，卻沒跟著眾人搭電梯去五樓，而是一個人悄然爬樓梯，去了六樓。六樓這兒，是關政司辦公室，以及參事室。這會兒工夫，關政司長賴英照已經去五樓，參加部務會報。小方到此，是探望十信災官戴立寧。

小方踅進參事室內，就見戴立寧正搗弄一架二八六型電腦，將主機、螢幕、鍵盤慢慢組合。小方見狀，出聲喝采道：「厲害啊，不當金融司長，成了電腦專家了。怎麼樣？打算寫大塊文章嗎？」

戴立寧抬起頭來，招呼小方坐下。這參事室，小得可以，就是一張辦公桌、一張座椅，外帶一張小沙發與茶几。小方在沙發上落座，有一搭沒一搭，與戴立寧閒扯：「怎麼樣？人事公文批下來了沒有？」

戴立寧道：「剛才我問過了，小方，你想都想不到，錢純接印視事，出任財政部長之後，第一件批核公文，竟然就是派我當參事的人事命令。」

小方邊放眼環視這參事室，邊隨口言道：「那倒是好，名正言順，就成了參事。不過，你這參事，是幹啥的？參的是啥事？」

參事這職位，十一職等簡任官，職等比司長低一級，可紅可黑。陸潤康當財政部長時，身邊有個參事叫吳燦輝，深受陸潤康重用，倚為親信，極受重用，紅得發紫。那時候，如果財政部有重要人事異動，記者都削尖了腦袋，往吳燦輝辦公室鑽，因為，吳參與密笏，無事不知。至於戴立寧，十信傷兵一個，退下來當參事，顯然是個黑參事。

戴立寧聞言，放下手上電腦活兒，轉過身來，對小方道：「老實說，我也不知道。我想，他們也不放心把事情交給我。所以，我看我這參事頭銜，可以有不同組合。可以是『無事不參』，可以是『參無不事』，也可以『不參無事』，或者『事無不參』，反正，我這參事沒有指定職務，可能什麼事情都參上一份，也可能什麼事情都參不了。小方，你看，現在有幾個人用電腦打字?大家都還在用筆寫字，我已經開始練電腦倉頡輸入法了。電腦打字，遲早會取代用筆書寫。對許多事情，我很有把握，自己還是有點遠見的。」

小方聞言，抬頭看了看牆壁上掛的那幅《盲鬥圖》，對戴立寧道：「呃，這幅《盲鬥圖》，跟著你從司長辦公室遷移到這兒來了。沒問題啦，你文筆好，思緒清楚，以後在報紙上寫點方塊，寫點雜文，然後集結成書，保證暢銷。不過，說真的，我聽你講話，隱隱約約覺得有點酸味，什麼無事不參、參無不事的，好像心裡還有點火氣塊壘，沒消化乾淨。」

小方這話抛過去，果然有激將效果，戴立寧霍地一下站直了身子，順手一摸，從桌上不知哪個書籍堆裡，摸出一份公文，扔給小方。小方接著那公文，定眼一看，是行政院十信責任調查報告，小方邊翻開這份報告，邊問戴立寧道：「怎麼，這裡面有什麼內容，讓你不服氣的?」

戴立寧坐了下來，伸手指著那份報告，對小方道：「小方，你記者當久，看公文應該有點眼力，你去仔細比較這份報告裡，有關金融司前後任司長，與財政局前後任局長處分。」

行政院與監察院兩份調查報告，小方手上都有，也曾在報社仔細看過。不過，主要就是了解兩院對財政部、財政局、合作金庫各級主管處分，並未比較其間關係。眼下，聽戴立寧抱怨，要他認真比較前後任處分，小方就屏氣凝神，認真翻閱。一下子，翻翻前面；一下子，翻翻後面，不但兩手翻著報告紙頁，腦子裡也跟著複誦記憶。漸漸地，小方也看出了名堂。

這行政院十信行政責任調查報告裡，財政部金融司司長部份，前任金融司長王志道，任期六十九年三月到七十一年元月，記申誡一次；前任金融司長許遠東，任期七十一年元月到七十三年九月，記過一次；現任金融司長戴立寧，任期七十三年九月迄今，記過兩次。

台北市財政局局長部份，前任局長葛培保，任期六十八年元月到七十三年七月，記大過兩次；現任財政局長林振國，任期七十三年七月迄今，記申誡一次。

小方反覆再三，把這份報告看了又看，抬起頭來，對戴立寧道：「對喔，這裡頭好像有點矛盾，有點不太對頭。怎麼會這樣呢？」

戴立寧略顯激動道：「小方，自從調查報告公布後，我這點委屈，從來不曾對人講過，今天忍不住了，要你自己仔細看這份調查報告，對不對？你也看出來了。」

「我們可以用七十三年九月做分界點，在那之前，金融司兩位司長，分別記一次申誡、記一次過，而台北市財政局長卻記了兩個大過。在那之後，金融司長記兩個過，而財政局長卻只記一次申誡。這不是很奇怪嗎？同一個時段，金融司與財政局卻是輕重相反，前一段期間，金融司長處分輕，財政局長處分重；後一段期間，金融司長處分重，財政局長處分卻很輕。」

「中央政府財政部金融司，地方政府台北市財政局，都與十信有關係，因而，同一個時段裡，處分應該中央、地方一致。要重，司長與局長一樣重；要輕，司長與局長一樣輕。哪有這樣，同一個時段裡，處分卻不一致？你說，我怎麼會服氣？」

「更何況，十信案爆發時機都有鬼。在那之前，蔡辰洲胡作非為，十信違規氾濫，連年如此，都沒處理，為何，偏偏選在今年元月間，戳破這個大膿包？小方，你還記不記得，今年元月間，發生了什麼事情？我可清楚記得，元月十日，強人總統下令，逮捕國防部情報局局長汪希苓、副局長胡儀敏、第三處副處長陳虎門；元月十三日，中央社發了消息，政府承認國防部情報局捲入江南命案。」

「這不是很巧嗎？什麼時候不戳十信膿包，偏偏要在江南案包子露餡、人犯現形那當口，搞出十信案？這明明是圍趙救魏嘛！國防部闖了禍，要我們財政部當墊背。軍方局長、處長、副處長殺人放火，卻拉著財經部門部長、次長、司長、局長陪葬，跟著一鍋煮。不管是財政部，還是財政局、合作金庫，我們這都是正巧趕上，背了倒楣黑鍋。」

小方見戴立寧火氣漸漸上來，乃亂以他言道：「唉，這真是福兮禍之所伏啊，幾前年徐立德當財政部長時，你當金融司副司長，不受徐部長重用，都已經動手申請學校，打算去美國讀書了。沒想到，內閣改組，陸潤康當了部長，提拔你當金融司長。當時看來，這是福氣，沒想到，後來跑出十信案，卻成了禍事。這樣吧，說不定否極泰來，禍兮福之所倚，你會因禍得福。」

戴立寧嘆了口氣道：「是福是禍，這就不去說它了，橫豎，我打算找機會再去美國，讀個法學博士。」

小方想起，《聯合報》副刊上頭「極短篇」小說園地裡，曾刊載過戴立寧作品，乃問道：「怎麼樣，想不想重拾小說生涯，再寫些『極短篇』？」

戴立寧道：「曾經滄海難為水，除卻巫山不是雲，那個時期已經過去，現在早沒了那種心境，再說吧！」

兩人閒扯到這兒，小方正想起身離開，沒想到，戴立寧又把話題拉回十信：「小方，這場金融風暴，真讓我看透了官場爾虞我詐。就說那通電話，我明明沒打，合庫總經理陳曉鰲卻硬說我打了。」

小方聞言，就說了原本不願說的話：「可是，我們報社跑合庫記者說，合庫上下有一種講法。那講法指出，倘若你沒打那通電話，沒有取消前一天會議紀錄，沒指示合庫別管前一天會議約束條件，繼續放款給十信，那麼，十信擅自作主，繼續放款給十信，就等於是抗命，事後必然財政部會嚴懲。可是，事後財政部並沒有責備十信，也沒有大驚小怪，陸部長還一直說陳總經理作法正確。」

戴立寧說：「我也有我的說法，小方，你想，那天開了會，做成了會議紀錄。那會議紀錄，財政部授權合庫，由合庫轉發給財政局、十信、以及合庫其他下屬單位。如果說，我打過那電話，口頭指示合庫，取消前一天會議所達成限制放款決議，那麼，合庫接到我電話指示之後，必須向財政局、十信、合庫下屬單位，追回會議紀錄。如果追不回來，最起碼，要口頭轉告這些受文單位，前一天會議紀錄不算數，放款不受限制。」

「可是，監察院調查整件事情，台北市財政局、十信、合庫下屬單位，卻從來沒提過，合庫總行下令追回限制放款會議紀錄。沒有嘛！就是沒有嘛！為什麼不向這些受文單位，追回那份會議紀錄？或者口頭通知廢除會議紀錄？因為，根本沒這事情嘛！我根本就沒打過這通電話嘛！」

小方聞言，仔細想想，戴立寧所言的確有理。這真是筆糊塗帳，陳曉鰲、戴立寧兩方面，都有邏輯堅強論據，證明自己說法正確，到底誰是誰非，小方想破腦袋也斷不出是非。小方頭大之餘，想起了國劇《蘇三起解》。

這齣平劇裡，有個衙門差官，叫崇公道，押解女犯人蘇三去太原打官司。路上，蘇三滴滴答答，說自己吃了冤枉。對此，崇公道不置可否，僅是高聲嘆道：「你說你公道，我說我公道，到底誰公道，只有天知道！」

想到這兒，小方嘆了口氣，站起身來，將手裡那本行政院十信案行政責任調查報告，擺回戴立寧桌上，向戴立寧告辭道：「該走了，得去跑錢部長到任後第一次部務會報新聞。閩南語有句話，叫『人生海海』，依我看，政治時勢會變，經濟景氣會變，潮流風向會變，法律條文會變，人脈起伏會變，眼下，十信事件也該收口了，這一大批十信災官，包括你在內，將來總有復起之日。你就委屈點，蟄伏個幾年吧，脖子伸長點，慢慢熬，慢慢等，總有鹹魚翻生之日。」

戴立寧火氣不歇，哼了一聲道：「翻生，翻什麼生？鹹魚不管翻幾次生，到頭來，還是一條鹹魚。」

27
新生南路

這條路，原本地形奇特，中間是條南北流向寬闊溝渠，兩旁則是柏油馬路，兩條馬路之間，則有若干小橋，跨越溝渠，連接馬路。後來，到了民國六十一年，台北市政府拆了諸橋，在溝渠上全面加蓋，鋪上路面，就成了台北市少見寬闊大馬路。這兩年，這條路介於和平東路、信義路之間這一段路面，東側人行道旁，蔓延出無數啤酒屋。這新生南路東側，本來就是大量低矮違建，塞滿了汽車修理廠、洗車店，一到黃昏，就擺出綿延攤位，做起啤酒屋營生。

這一天，七十六年五月十六日星期六，晚上七點半左右，《工商時報》財金記者小方早早在報社對付完差使，騎著野狼一二五，趕到這兒，停好車，行至一家啤酒屋落座。其實，名稱叫啤酒屋，實際上就是個攤子，隔著新生南路，與金華國中遙遙相對。小方才落座沒多久，大學同班同學黃斯達也搭計程車趕至。

黃斯達坐定，掏出一包駱駝牌香菸，自己刁一根，又敬了小方一根。小方信手翻著菜牌子，吐了口煙道：「這幾年，變化真大啊！洋菸、洋酒全面開放進口。台灣對美國連年都是鉅額貿易逆差，老美不高興，壓著台灣開放市場，逼著我們持續拉抬台幣兌換美元匯率，還開放保險市場、金融市場、菸酒市場。抽了那麼多年國產長壽菸，大家現在都改抽美國進口菸了。」

黃斯達道：「可不是，距離我們上次見面，都兩年多了。兩年之間，變化真是大，我都離開國泰信託，到外面自己作小生意去了。兩年前，我們在京兆尹碰面，後來，你把蔡辰男偽造文書事情寫了，登在《獨家報導》雜誌上。登出來，什麼也沒改變，事情還是照舊。不過，前天他弟弟蔡辰洲倒是亡故了，這世界上的事情，真是難說得緊。」

小方接碴道：「去年十二月，合庫把十信總社與十七家分社，全部吃下去，併入合庫，成了合庫分行。現在，就剩下國泰信託，還由銀行團代為經營，死拖活拉，不知要鬧到哪年哪月，才算完事。」

說到這兒，小方邊招手，喊店家過來，邊對黃斯達道：「說到蔡辰洲亡故，今天就是為了這事情，約你來聚聚。待會兒，還有個人要來，咱們今天晚上有精彩故事可以聽了。」

黃斯達正要問，有啥精彩故事可聽，店家卻走了過來，打斷二人談話。小方照著菜牌子，點了六樣熱炒，外加兩缸啤酒，又關照店家，多拿個菸灰缸過來，這桌上才一個菸灰缸，待會兒不夠裝菸屁股。

打發了店家，小方掐熄了駱駝菸，對黃斯達言道：「這不是，前天蔡辰洲沒了，外頭不相信他死了，都說這是障眼法，他沒死，已經化妝潛逃南美洲去了。為了這個，法務部還開了記者會，部長施啟揚都跳出來說明。結果，竟然愈描愈黑，外頭認定了，說是蔡辰洲本事大，以前搞五鬼搬運，現在瞞天過海，早就跑了。」

「幾年前，咱們大學畢業，服預備軍官役，你在高雄，我在花蓮。那時，我在花蓮一個後勤單位，有個老士官，碰上麻煩，我幫他解決。一個多月前，碰到雨季，我就沒騎車，都是搭公車上下班。那天也是星期六，晚上稿子多，寫得晚了，快半夜才下班，沒公車了，出去招計程車，巧咧，就搭到這老士官車子。」

「他今年六十多吧，還不到六十五，早就退役了，帶著老婆孩子，搬到萬華。他週一到週六，在龜山台北監獄當公務車司機，住台北監獄宿舍，週六中午搭車回台北，週六晚上就兼差開計程車。就這樣，留了電話號碼，昨天晚上，他打電話到報社，說是整個蔡辰洲亡故過程，他都跟在旁邊，親眼目睹，要講給我聽。於是，我就約了今天晚上這攤聚會。」

兩人說說講講，時候不大，就見一輛破舊計程車倏然而至，就緊緊停靠在這啤酒攤旁邊。司機下車，咧著嘴朝小方打招呼。這人個頭不高，剃著平頭，臉龐黑裡透紅，一看就知道平日經常在外奔波。這漢子走了過來，拉張椅子坐下，還沒等他開口，小方搶先言道：「老靳，不好意思啊，為了聽你說故事，害得你今天晚上幾個小時不能作生意。」

繼而，小方一指身旁黃斯達道：「哪，這位先生姓黃，是我大學同學，我找他一起來聽故事，你不介意吧？」

老靳操著四川話答道：「哪裡，哪裡，要不是方少尉當年救我，格老子的，我一定判軍法，關個幾年。出來之後，終身俸都沒了，日他龜兒子先人板板的，我女人、我孩子，都要喝西北風了。」

老靳一張口，四川省省罵出籠，黃斯達聞言，一臉問號。小方從自己隨身包裡，掏出一包Lucky Strike香菸，派了一回菸，然後，與老靳就你一言我一語，講起六年前，民國七十年間，花蓮一樁舊事。

小方服預官役，經理官科，抽籤抽中陸軍後勤司令部。陸勤部在花蓮有個後勤指揮部，下頭有幾個單位，其中有一個經理補給庫。這補給庫，庫本部在花蓮美崙坡上，另外在整個花蓮、台東地區，有大量糧秣、被服、油料、裝備倉庫。小方當時被陸勤部發配至花蓮後勤指揮部，然後下放至經理補給庫。最後，則是下放到花蓮清水山油庫。

那地方，山頭外表看起來綠油油，其實山肚子裡頭都挖空了，山窟窿裡擺著幾百桶五十三加侖汽油，供花蓮地區各軍事機關、部隊所需。小方才二十三歲，年紀輕輕，少不更事，就成了這清水山油庫主管，當了山大王，責任自然重大。這地方，警衛事宜由花東野戰師派一個排兵力駐守，不虞小方操心。至於油庫管理，小方倒也有心眼，曉得「擒賊擒王」道理，很快就發現，士官長老靳嫻熟諸般業務細節。因而，小方特別籠絡老靳，靠著老靳，這才穩住局面，當著太平主管。

靠山吃山，靠水吃水，老靳自然也不例外。他有一輛不知哪兒弄來的拼裝摩托車，經常騎著這破車，進進出出，來來往往。那破摩托車所用燃料，自然就地取材，盜用軍油。所有倉庫都一樣，帳目所列存貨與庫房實際存貨之間，常有伸縮餘地，老靳深諳油庫管理，摩托車那點用油，自然輕易可得。時候一久，大家都知道，老靳那摩托車用的是軍用汽油。

凡人難免都有仇人，老靳也不例外。那油庫裡，除了經理補給庫人馬外，尚有花東野戰師一個支援警衛排。那警衛排裡，也有個老兵士官長，與老靳素來不對盤，有次酒後吵架，撕破臉鬧翻，那警衛排老士官長越過花蓮經理補給庫與後勤指揮部，一狀告到桃園陸軍後勤司令部。一天，陸勤部政戰處政三監察官、政四保防官，毫無徵兆突襲掩至，檢查老靳摩托車用油。小方事前毫無所悉，趕鴨子上架，只好把老靳拉到一邊，勸老靳打開摩托車油箱。

軍用汽油，也是中油供應。不過，民間汽油顏色偏藍，軍油卻是另外添加了顏料，成了紅色。那天，老靳摩托車油箱蓋打開，誰都看得出來，裡頭存油一片豔紅。當下，陸勤部政戰官調派兩噸半卡車，把這摩托車運到花蓮憲兵隊存放。並且，通知陸勤部，行文花蓮東區警備司令部軍法組，以軍法處置此事。這事情，不是什麼犯上作亂大罪，因而，老靳沒有收押，留在原單位，等著軍法審判。

盜用軍油，雖不是犯上作亂大罪，但罪行也不輕，儘管也就是一輛摩托車，還是能把老靳送上軍事法庭。一旦送軍法，加上鐵證如山，牢獄之災絕對難免。為了這個，老靳鬧死鬧活，不吃不喝，就是躺在床上裝死。老靳不管事，油庫亂了套，小方日子也不好過。上頭補給庫、後勤指揮部，也翻了鍋，那些校級軍官深怕這事情影響日後升遷。

就在這關頭，有天小方與高中同學通信，講了近日發生之事，說是為這事情頗傷腦筋。那高中同學，東海化工系畢業，當時在八軍團下屬台南後勤單位服役。這信寄出去幾天之後，小方這高中同學寄來一個包裹，裡頭有一包粉末，外加一封短信。軍方郵件常有檢查，小方這同學乖覺，信中壓根沒提油料之事，只簡短指出，這粉末可以解決小方問題。

小方如獲至寶，悄然告訴老靳，兩人決定先試驗這法寶，看看到底靈或不靈。老靳弄來一小杯軍用紅色汽油，挑了點粉末，倒進汽油，沒過多久，粉末自動溶化，汽油顏色轉為微藍，與外頭加油站所售汽油一模一樣。

於是，老靳也不裝死了，花了點氣力，與花蓮憲兵隊老士官長打交道，用一桶五十三加侖汽油，換得憲兵隊老士官長協助，把這一包粉末，倒入憲兵隊所扣押老靳摩托車油箱。就這樣，後來東區警備司令部軍法組開庭審理此案，軍事檢察官到花蓮憲兵隊勘查證物，摩托車油箱蓋一打開，裡面那汽油一片湛藍，壓根就是中油加油站所售民間汽油，而非軍用汽油。

東警部、憲兵隊當然知道有人搞花樣，但這事情本來就不大，如往下追查是誰搞鬼，曠日費時，雞犬不寧，誰都沒好處。故而，後來這件事情不了了之，就此淹了，老靳又活轉過來。這四川漢子感恩戴德，不忘小方恩情，在萬華重逢後，還是一口一個「方少尉」，喊得親熱。蔡辰洲之死，老靳從頭到尾現場目擊，他曉得小方現在幹記者行當，因而，昨晚主動打電話，說是有精彩故事，要向小方報告。

這時，老靳猛灌一口冰啤酒，夾了一筷子三杯小卷，清了清喉嚨，操起四川話道：「咳，方少尉，黃少尉，你們不知道哇，這蔡辰洲，就是活生生給耽誤死的。」

黃斯達聞言，趕忙攔阻道：「靳先生別這樣，你喊他方少尉就好了，別喊我黃少尉。」

老靳漲紅了臉道：「不成，禮數要顧到，您是方少尉大學同學，後來一定也是預官，我就喊一聲黃少尉，也是應該。我沒讀過書，大字識不了一籮筐，我十四歲就跟著劉湘，拉起隊伍出川打日本鬼子去了，那時候，我個頭還沒中正式步槍高哪！」

黃斯達問小方道：「誰是劉湘？」

小方先朝黃斯達小聲回道：「四川軍閥，別多問，你要再問，他就會擺起龍門陣，講當年事情，耽誤時間。」隨即，小方轉頭對老靳道：「老靳，待會兒再說你那些英雄光榮史，現在先說蔡辰洲是怎麼死的。」

老靳又灌了一口冰啤酒，扯著喉嚨道：「兩年多之前，我有個老鄉，在萬華盤了一戶小公寓，說是附近還有便宜房，要我過去。所以我就請人事官幫我打報告退役，帶著老婆孩子，到萬華來。退撫會安排，讓我去龜山台北監獄開公務車，我平常住在龜山宿舍，星期六才回台北。我在台北監獄開公務車，跟著到處走，蔡辰洲轉來轉去，搭救護車，但監獄裡都有人搭我車跟著，從旁監視，就是怕蔡辰洲搞鬼。」

「我司機一個，照理說，只管開車，到了地頭，把車看好就成。不過，我好看熱鬧，停好車後，也跟著監獄裡長官四處走動，他們也不禁止，所以，我就從頭跟到尾。這蔡辰洲，真是被耽誤死的。不過，他會被耽誤，也是他以前搞鬼太多，上頭防著他作假搞鬼，沒讓他早早治病。」

「我記得很清楚，我是前年八月一日，到台北監獄當公務車司機，到了八月二十六日，蔡辰洲被判刑確定，從土城台北看守所，移送龜山台北監獄，開始服刑。之後大半年，好幾次啦，台北地方法院與台灣高等法院，都把蔡辰洲提出去，送回台北看守所，暫時關在那兒，方便提審。每一次，我都開公務車，載台北監獄長官，跟著囚車，把蔡辰洲送去台北看守所。」

老靳娓娓而言，細述此後諸事。根據老靳說法，去年十月間，蔡辰洲在台北看守所暈眩不適，獄醫檢測，發現血糖值竟然高達三百八十三。於是，台北看守所立刻向法務部申請獲准，將蔡辰洲移送台北縣立板橋醫院診治。

黃斯達聞言道：「血糖三百八十三？老天，這很嚴重了啊！一般來說，空腹八小時飯前血糖不要超過一百，如果超過一百二十七，就是糖尿病了。飯後血糖，如果超過兩百，也是糖尿病了。這蔡辰洲，不過四十歲左右，前年三月送進台北看守所，坐牢不過一年半，血糖就衝到三百八十三，就算是飯後血糖，也很要命啊！」

老靳道：「可不是，你別看蔡辰洲在牢裡養得白白胖胖，身體可虛著哪！他臉色慘白慘白，看著就是有病。不過，在牢裡有病也沒法好好治。就說那次縣立板橋醫院，就是打了一針，把血糖降下來，拿了一些藥，就送回土城台北看守所了。到了今年元月，蔡家人說，蔡辰洲有嚴重糖尿病，提出保外就醫申請，台北看守所沒准。不但不准保外就醫，台北看守所還對記者說，蔡辰洲健康狀況良好。」

「這樣拖拖拉拉，一直沒好好治病，拖了四個多月，拖到今年三月七日，又來了事情。那一天，蔡辰洲不在台北監獄，還是在土城台北看守所，他出事情，是我後來聽台北監獄長官說的。」

三月七日，蔡辰洲腹痛，發燒，看守所醫生給了藥，但不管用，壓不住症狀。鬧到第二天上午十點，蔡辰洲竟然吐血，台北看守所這才曉得，事情大條，但又不願擔責任，不肯送蔡辰洲去醫院，而是派人去看守所附近佑民診所，請診所醫師李文東，到看守所出診。這一天，從上午到下午，蔡辰洲病情始終沒好轉，到了黃昏，惡化為大吐血。這下子，再不處理會出人命，於是，台北看守所趕緊把人送醫院，又是縣立板橋醫院。

人送到醫院，診斷出問題，是消化道出血。不過，到底是食道出血？還是胃出血？一時之間還沒驗明，到了晚上十一點，蔡辰洲失血過多，板橋醫院發出病危通知，蔡辰洲命在旦夕。之後，板橋醫院卯足了力氣輸血，幾千ＣＣ鮮血打進蔡辰洲體內，這才穩住血壓，生命徵兆轉趨穩定。

講到這兒，老靳嘴上一根菸都快燒完了，又從菸盒裡掏出一根菸，塞進嘴裡，連打火機都不用，就拿殘菸湊著，點燃了新菸，深深吸進一口，緩緩吐出一蓬淡藍色煙霧，接著往下說：「方少尉，你想，一個人吐血吐到病危了，好不容易，輸了幾千ＣＣ血，把命救回來了，這不就該好好住院休養，把身體養好了，才能出院。」

「偏偏，蔡辰洲以前壞事作多了，社會大眾都不相信他。他住院新聞見報後，外頭都說他這是使詐。就這樣，蔡辰洲在板橋醫院住了十天左右，到了三月十八日，外頭壓力太大，法院與監獄都頂不住了。三月十八日那天中午，上頭通知我備車，載監獄長官，去了板橋醫院。」

「我聽他們說，那天上午，高等法院有個法官叫楊貴志，帶著書記官，去了板橋醫院，問主治醫師陳怡蒼，曉得蔡辰洲病情已經穩定，因而，裁定把蔡辰洲送回龜山台北監獄。我們去了板橋醫院，醫院另外派了救護車，把蔡辰洲接回去。」

「那天我就看出來，蔡辰洲臉色不對，身上一定有病，還沒治好，只是稍微有點起色，就送回監獄。回台北監獄之後，當然啦，監獄裡有診所，有醫生，但那都是鬼扯淡，只能治治感冒，沒法子對付重症。所以，蔡辰洲回台北監獄，等於又回了鬼門關。」

老靳說到這兒，在菸灰缸裡捺熄了菸頭，正伸手還要掏菸，就聽見啤酒攤店家高聲喊道：「警察過來開罰單了，店門口停放車輛車主，趕緊移車。」

老靳二話不說，抬屁股就走人，顛顛沛沛衝向那破舊計程車，把車開走，一溜煙轉眼不見。這會兒工夫，店家送上來一道菜，竟然是炸蟋蟀，黃斯達看了直皺眉頭：「這玩意兒也能吃？小時候沒東西玩，就抓蝴蝶、捕蟋蟀、捉螳螂玩，沒想到，現在蟋蟀這昆蟲還能吃？」

小方道：「你這就外行了，現在台北到處流行啤酒屋，新生南路這一片，還算小場面。天母那兒，整條街路邊都是啤酒屋，那才叫燈海銀花，熱鬧得緊。所有啤酒屋，現在都講究古怪菜式，其中最流行的，就是這炸蟋蟀。到啤酒屋而不點炸蟋蟀，就好像去了紐約沒去帝國大廈。炸蟋蟀算什麼，人家還有人吃炸蠍子呢！」

黃斯達奇道：「炸蟋蟀，我今天頭回見到，不過，之前已經聽過。至於炸蠍子，我還真沒聽過，哪家啤酒屋有這古怪菜色？」

小方壓低了聲音，悄然回道：「台灣沒有，大陸可多了，河南、山東、北京，炸蠍子這菜式到處可見。再過幾個月，民國七十七年元月一日，政府就要開放大陸探親，這也是被時勢所逼，因為，已經有太多老兵，私下從第三地轉赴大陸，抓不勝抓，禁不勝禁，所以，乾脆開放。我這也是聽人說的，有個同業，上個月私下跑了一趟大陸，說是好吃好玩之處可多了，尤其，價格超級便宜。」

黃斯達回應道：「七十七年元月一日開放的事情可多了，就說你們新聞界吧，解除報禁、解除限張。你們《中國時報》增加了《中時晚報》，他們《聯合報》也要推出《聯合晚報》，連《自立晚報》都要添加《自立早報》。而且，每一家報紙每日出版頁數，也都要翻倍。你們這一行，可熱鬧了！」

說到這兒，老靳氣喘吁吁小跑步衝了回來，喘幾口氣才道：「沒事，我把車挪到永康街裡頭，找個公園角落停了，沒事的。」

老靳接著往下講蔡辰洲故事，說是蔡辰洲經過大吐血，在板橋醫院住了十天，病情穩定之後，不待進一步治療，就急急忽忽，被押回了台北監獄。監獄裡診所與獄醫接手診斷，弄出來報告顯示，蔡辰洲就是身體虛弱，頭暈胃脹，其他大小便與血壓都正常，沒啥大不了的毛病。然而，蔡辰洲回台北監獄續蹲苦窯之後，只過了十二天，又跑出事來。

三月三十日晚間七時，蔡辰洲又開始吐血，台北監獄醫護人員拖了兩天，到了四月一日，還是壓不住陣腳，沒法子了，趕緊往上頭報，徵得法務部同意，臨時派車往外頭送。這一回，不去台北縣立板橋醫院了，直接改送省立桃園醫院。

說到這兒，老靳咂咂嘴，衝著店家道：「有飯嗎？我要大碗白飯。不吃飯，光喝酒、吃菜，總覺得不飽。」

店家送上一大碗白飯，老靳邊扒飯，邊嘆了口氣道：「咳，我老靳沒讀過書都懂，身體裡面有傷口，所以吐血。把血止住之後，得慢慢休養，把傷口養好了，才不會復發。蔡辰洲這簡直是活受罪嘛，吐血，送去板橋醫院，把血止住了，也不讓休養復原，又送回監獄裡關著。老樣子，不改變，十幾天之後，傷口又破了，當然會復發，再次吐血。」

蔡辰洲從三月七日吐血開始，病情反覆起伏，卻始終只治病徵，沒找病灶，拖了超過三個星期，拖到四月一日，送往省立桃園醫院，這才做了超音波掃描與胃鏡檢視，當下就發現了肝硬化、食道靜脈腫瘤、貧血等三大症狀。

顯然，不斷吐血是因食道腫瘤破裂。後來，桃園醫院出具診斷證明書，蔡辰洲被診斷出兩大疾病，病名為：一、肝硬化併下食道及賁門部靜脈瘤。二、肝腫大及血清胎兒蛋白升高，疑似肝腫瘤。簡單點說，蔡辰洲得了肝癌，而且，還是末期肝癌。

蔡辰洲到桃園醫院住院治病，報紙登出新聞，社會疑慮又起，於是，沒住幾天院，由醫院派救護車，又把他送回台北監獄。這一趟行程，老靳還是全程參與：「我開車，載台北監獄兩位長官，去桃園醫院接蔡辰洲。才一兩天時間，他整個人都變了樣，氣色很不好，抬上救護車時，整個人奄奄一息。回台北監獄路上，救護車在前面走，我這輛車跟在後面，車上，台北監獄兩位長官說，恐怕蔡辰洲拖不了多久了。」

小方聞言詫異道：「啊？台北監獄主管都看得出來，蔡辰洲日子不多了，怎麼不讓他繼續住院，又關回監獄了？」

老靳道：「方少尉，你不知道哇，蔡辰洲住院新聞登出來之後，許多老百姓打電話到台北監獄罵人，說台北監獄拿了好處，縱放人犯。我聽監獄長官說，法務部那兒也接了好多電話，都說不該上蔡辰洲的當，蔡辰洲一定是裝病。唉，這真是造孽啊，之前幹了那麼些壞事，騙了那麼多錢，搞得老百姓不相信他，結果，他真的病了，反而因為外頭不相信他，弄得他沒法子待在醫院治病。」

老靳腦袋清楚，日子記得分明，講起蔡辰洲最後時日內幕，有日期，有場景，人、事、時、物、地全都交代乾淨。他說，蔡辰洲肝癌末期確診後，還是送回台北監獄，住在監獄診所裡，一天一天往下拖日子，拖到四月二十日，吐血舊疾又告發作，從二十日晚上到二十一日清晨，又是連續大吐血，台北監獄醫師還是無法止住吐血，只好在二十二日上午，將蔡辰洲送往省立桃園醫院。

這一回，桃園醫院瞧著情況不對，拒絕收人，要求台北監獄將人轉至台北市大型醫院。此時，蔡辰洲妻子陳藤枝請求台北監獄，將人轉送台大醫院。當天下午四點半，蔡辰洲由台北監獄戒護，送至台大醫院，進入加護病房，施行緊急救治。四月二十二日與四月二十三日，共輸血超過五千CC。

老靳說到這兒，黃斯達插嘴問道：「慢點，老靳，我有個問題。一開始，蔡辰洲在土城看守所吐血，沒送醫院，而是找看守所外頭佑民診所醫生進監獄看診；後來，他在台北監獄吐血，就送板橋醫院；之後再犯病，是送桃園醫院；後來又犯病，送桃園醫院，被桃園醫院拒收，才送台大醫院。可看得出來，這醫院層級是逐步升高，為什麼不一開始，就把蔡辰洲送到台大醫院？」

老靳已經把一大碗白飯吃得乾淨，抹抹嘴，大約吃飽了，中氣比剛才更足，音量也顯著拔高：「對啊，黃少尉，你這問題問得好。就是這樣，一開始蔡辰洲老婆就要求，把人送到台大醫院。他們有錢人，人頭自然熟，一定認識大醫院大醫生，不過，台北監獄不肯，只願意往小醫院送。後來不行了，就往上送上面一層醫院；又不行了，就再提高醫院等級。等最後關頭，眼看著蔡辰洲命都快沒了，這才送台大醫院。」

黃斯達衝著小方道：「你聽聽，老靳說，兩天就輸血五千CC，那數量真是嚇死人。小方你看，我們讀大學時，去冰果店喝五百CC木瓜牛奶，就是一大玻璃杯。蔡辰洲那兩天輸進去的血液，竟然可以裝滿十大杯五百CC木瓜牛奶玻璃杯。老天，把一個人全身所有血液都抽乾了，也不到五千CC啊！」

蔡辰洲四月二十二日住進台大醫院，總算把吐血止住，後來轉往一般病房，住到五月十四日，病情沒有多大起色。這時候，蔡家人曉得，蔡辰洲時日不多，因而，就在五月十四日一大清早六點半，替他辦了出院手續，回家休養。這時，法務部與台北監獄都知道實情，曉得蔡辰洲拖不了幾天，也就讓他回家，免得人死在監獄裡，要擔責任。

老靳說起蔡辰洲最後一天，特別來勁：「蔡辰洲離開台大醫院回家，我並不知道，因為，這次台北監獄沒派人陪同監視戒護。台北監獄沒派人陪同監視，是因為前一天，五月十三日那天，上頭法務部已經核准，蔡辰洲保外就醫。既然已經保外就醫，台北監獄就不再過問蔡辰洲去醫院的事。當然，要是他性命不保，台北監獄當然要瞭解情況。」

「我是前天，五月十四日中午，臨時接到通知，說是蔡辰洲不成了，就快死了，上頭要派人去察看，由我開車，載兩位長官去國泰醫院。我是事後聽他們說，才曉得那一天早上的事情。」

老靳說，五月十四日，也就是前天，蔡辰洲一大早離開台大醫院，臨走前，台大醫院檢查過蔡辰洲情況，說是意識狀態清醒，血壓穩定，沒有明顯吐血或便血。不過，心跳與脈搏過速，呼吸急促，病情仍然危急。他回家之後，還得繼續輸血，注射血漿。上午七點左右，蔡家人打電話給國泰醫院主治醫師邱恆正，詢問血漿注射事宜。邱恆正接到電話，立即趕往蔡家，發現蔡辰洲呼吸急促，手指末端泛紫，並且腹部積水嚴重。

聽到這兒，小方與黃斯達互望一眼，兩人都知道，肝癌病人出現嚴重腹水，大限之期近在眼前。

邱恆正在蔡家審視蔡辰洲病情，蔡辰洲此時神智清醒，但體力虛弱，對於邱恆正詢問，只能簡短回答，甚至只能點頭、搖頭，有時候只能揮一揮手，已經沒力氣好好講話。邱恆正認為蔡辰洲病況危急，必須送往醫院急救，於是，在八點十分，將蔡辰洲送往國泰醫院急救，住進六〇〇病房。此時，蔡家人都曉得，蔡辰洲命在旦夕，因而，家人齊聚，都跟著去了國泰醫院。這批人，包括蔡辰洲妻子、女兒、岳母、兩個弟弟蔡辰威、蔡辰洋。沒多久，哥哥蔡辰男也趕到醫院。

邱恆正醫師找來國泰醫院腸胃科主任醫師吳啟華，共同給蔡辰洲輸血、投藥治療。到了上午十點出頭，蔡辰洲陷入肝昏迷，神智逐漸模糊，血壓慢慢下降。中午十一點五十分，蔡辰洲完全失去神智，拖到十二點二十五分，心臟停止跳動，醫院宣布死亡。

然而，蔡辰洲死訊息外傳後，卻是謠言四起，都說蔡辰洲這是假死，國泰醫院配合作假，蔡辰洲真身已經化妝遁逃，溜到南美洲去。

對此，老靳頗為憤恨不平：「我們中國人都說，人死為大，不管活著時候做了什麼事情，一旦死了，一了百了。蔡辰洲以前神氣時，騙了很多錢，我也知道，不過，他最後那幾個月，我卻常見到他，他真的病得很慘。結果，人死了還挨罵，說他假死，逃之夭夭，溜之大吉。要知道，前天上午還不到十一點，我們台北監獄就知道情況不妙，上頭馬上派人，要我開公務車，到國泰醫院。」

「前天車上坐兩位長官，一個是監獄衛生科科長張祝明，另一個是人二室科員許承麟。從龜山監獄到台北國泰醫院，路不好走啊，路窄車多，我一路開快車，衝到國泰醫院時，已經十二點四十分。我放下兩位長官，把車隨便停在醫院路旁，追著兩位長官進去，他們急著辦事，就沒擋著我。先去副院長辦公室，就聽說蔡辰洲已經去世了。」

「接著，我隨兩位長官去四樓病房，就見蔡辰洲躺在病床上，穿黑色西裝，打領帶，身子上沒有蓋被子，就這樣仰躺著，手腳四肢平平放著，眼睛緊閉，臉上、手上都白得沒血色。奇怪的是，他嘴裡含了塊棉花，不曉得是什麼規矩。張科長弄清楚了情況，就打電話回台北監獄，是黃榮瑞祕書接的電話。黃祕書告訴張科長，這事情事關重大，一定要確認死者是蔡辰洲無誤，還要國泰醫院開具死亡證明，由張科長帶回去。」

「其實，還有什麼好確認的。蔡辰洲我看過許多次，沒錯，就是躺在病床上那人，絕對不會假。不過，張科長還是很謹慎，來來回回看過之後，才帶著許科員和我，去了三樓院長室，拿了龔國祥醫師開立的病例摘要。至於死亡證明，則是後來台大醫院開的。後來，我們轉去台大醫院，由醫務主任王正一開了死亡證明。」

就這樣，十信案關鍵人物蔡辰洲，以四十一歲英年，魂歸離恨天，撒手人寰。要命的是，蔡辰洲逝世訊息經廣播新聞透露後，立即謠言四起，包括國泰醫院醫師邱恆正、台大醫院醫務主任王正一，都飽受困擾，查詢電話如潮水般湧至。起初，邱恆正還對外辯解澄清，說他與蔡辰洲是舊識，怎麼可能認不出死者是誰？到了後來，邱恆正索性不接電話。王正一也接到大量騷擾電話，煩不勝煩。

老靳故事說到這兒，總算說完，小方看看手錶，都快十點了，於是伸了個懶腰，招招手，要店家拿帳單來。小方邊掏出裝錢皮夾子，邊對二人言道：「唉，這蔡辰洲，今年才四十一歲，要是他不生在蔡家，不當十信老闆，說不定，還能快快樂樂多活幾十年呢！這十信案，風風火火鬧了兩年多，去年底，合庫把十信給併了，現在，蔡辰洲又死了，這下子，十信案才算真正了事。」

28 第一殯儀館

這地方，是大台北地區居民人生終點站。最早，日據時代，台北市役所下頭，設立了「葬儀堂」，位於中山北路附近，是為地區殯葬管理機構。在台日本人過世後，埋葬於今日南京東路、林森北路口一帶。那地方，現在是一大片亂七八糟違章建築群，低矮房舍蜿蜒崎嶇，全蓋在日本亡者墳墓上。台灣光復後，國民政府延續日本殖民地政府體制，接收日本政府「葬儀堂」，還在原址營運，改名為「極樂殯儀館」，墓地則改到和平東路六張犁那一帶。

到了民國五十四年，台北市殯葬體制又有更動，市政府在民權東路、建國北路口，建成「市立殯儀館」。殯葬之事，陰氣太重，台北市政府特別挑了這位子，隔壁就是行天宮。行天宮拜關帝聖君，關公號稱「武聖」，陽氣暢旺，與市立殯儀館比鄰，正好壓壓殯儀館陰氣，取其陰陽調和。

後來，到了民國六十七年，台北市政府又在辛亥隧道西端出口那兒，興建一座殯儀館，稱為「市立第二殯儀館」。這樣，民權東路這殯儀館，就改稱為「市立第一殯儀館」。

民國七十六年五月二十八日，晚上十一點鐘，夜已深沉。五月下旬，已是初夏時分，台北盆地白天略有燥熱，到了晚上，卻是夜涼如水。民權東路第一殯儀館這兒，廳堂空蕩，不見人影，日光燈管慘白慘白光線，照得大廳有若白晝。這會兒工夫，來了個年輕男人，面帶哀戚之色，走進第一殯儀館大廳，直奔值班室。

這人來的時機，的確古怪。蓋因無論是祭拜亡靈，抑或探視遺體，都是大白天為之，沒哪個二百五，三更半夜逛殯儀館的。值班室工友覺得古怪，問這人來意。此人自道姓林，說是有個楊姓好友，最近亡故，想探視儀容，但因自己諸事冗忙，白天沒空，只能這時候抽空到此。

這事情的確古怪，但殯儀館並未明確訂定探視遺容時段，因而，也不能禁止訪客此時探視亡友遺體。工友心裡覺得蹊蹺，還是領著林某，去了遺體冷凍室管理員那兒。到了冷凍室，自有管理員接著，工友掉頭，返回值班室。林某向管理員再度道明來意，管理員指著牆上一塊黑板，要林某察看亡友姓名。

這林某，其實是個雜誌編輯。動員戡亂時期，戒嚴令限制新聞事業，電視、報紙、廣播電台，執照數量固定，難以增設。雜誌社，則不受限制，可以自由申請設立。唯，雜誌社外勤採訪人員，只能稱「編輯」，不能稱「記者」。這林某，實質上就是個雜誌社記者，但名義上，卻是「雜誌編輯」。他這家雜誌，名為《獨家報導》。

這家雜誌，老闆叫沈野，在台北傳播界，也算一號人物。民國六十八年七月七日，他以「沈光秀」之名，聯合勞政武、李勝峰、雷渝齊等人，成立《疾風雜誌》，協助國民黨，對抗新興黨外勢力。這雜誌成立兩個月後，民國六十八年九月八日，黨外陣營創辦《美麗島雜誌》，在台北市敦化北路中泰賓館，舉辦創刊酒會。那天，《疾風雜誌》成員全體出動，在中泰賓館門外，舉行「聲討國賊陳婉真行動大會」。結果，兩方衝突，大打出手，轟動一時，是為「中泰賓館事件」。

「中泰賓館事件」之後，過了多年，沈野成立了《獨家報導》雙週刊。這雜誌，尺寸大小、編輯模式、報導內容，都緊追中時報系底下《時報週刊》。市面上，以其尺寸，稱這類雜誌為「大八開雜誌」。

七十六年五月十四日，蔡辰洲死於國泰醫院。蔡辰洲死後，遺體送到民權東路第一殯儀館，蔡家人並在彼處設立靈堂，但未久又將靈堂移往信義路「十方禪林」。一連串行動，蔡家都嚴密防備，甚至雇用彪形大漢把關，阻擋記者，此舉頗令外界起疑。台灣民眾普遍不信蔡辰洲已死，各種傳言紛至沓來，不一而足。

種種傳言，荒誕離奇，不足為訓，但社會大眾就是偏聽偏信，都說蔡辰洲金蟬脫殼，已經搭機潛逃離境。為此，國民黨立委趙少康、李勝峰提出聯合質詢，呼籲政府鄭重澄清蔡辰洲死亡後，漫天飛舞傳言，以消弭政府與民間信任差距。

蔡辰洲病死後，一連十多天，許多人仍不相信蔡辰洲真的死去，有人竟認為，蔡某以「死遁」潛逃國外，這對於政府當局公信力，是個莫大嘲諷。儘管蔡辰洲「詐死」謠言滿天飛，有關方面卻始終不讓蔡辰洲屍體公開亮相，更使謠言火上加油。當然，政府當局也有其顧忌，人死為大，就算外頭謠言滿天飛，政府衙門總不能硬幹，不顧蔡家感受，不顧蔡家隱私，悍然公佈蔡辰洲死後屍身照片。更何況，屍身、亡靈，事屬不祥忌諱之事，兒童更是不宜，政府怎麼可能公佈照片？

這當口，《獨家報導》老闆沈野，聞出了新聞味道，曉得若能甘冒大不諱，將蔡辰洲屍身照片公諸於世，必定是天大新聞，可以響名號、促銷量。方向已定，接著籌劃計策，決定直搗黃龍，派人進入殯儀館停屍間，拍攝蔡辰洲遺體模樣，登出照片。若真能如此，保證轟動。至於拍攝屍體方式，則是先禮後兵，先文後武。亦即，先提口頭要求，若遭拒絕，再採非常手段。

七十六年五月二十八日，一大早《獨家報導》就派人到第一殯儀館，找上館長張放之，好聲好氣，懇請張放之點頭，讓《獨家報導》編輯，進入冷藏室，目睹蔡辰洲遺體。為取信張館長，《獨家報導》編輯甚至主動交出相機，把相機交給張館長，保證不拍照，就是目視遺體，驗明正身。張放之腦袋清楚，曉得輕重，死活不答應，說是未經家屬同意，無法擅自作主。

不過，張放之倒是透露了點訊息，說是蔡辰洲遺體在凌晨六點左右，送到殯儀館。那時，他還沒上班，沒有目睹蔡辰洲遺體，而是他的祕書王金年代為處理。

於是，《獨家報導》編輯又去問祕書王金年。王祕書則說，蔡辰洲遺體送到時，只見到屍體覆蓋一條沾滿血跡白色床單，肚子鼓得相當大，送到冷凍室時，還特地用乾冰處理，鼓脹部分才漸漸消減。

最多，就是如此，再也挖不出更多內幕。文路走不通，就改走武路；光明正大問不出結果，就偷矇拐騙，拿出非常手段，闖進去偷拍。恰好，雜誌社老闆沈野曉得，有個朋友的朋友，楊姓男子，最近剛去世，還沒下葬，停屍第一殯儀館。因而，到了晚上，就派遣林姓編輯，夜探殯儀館，過關斬將，總算到了停屍間。這編輯，新聞科班出身，生性機靈，能跑能鑽，本事頗大，雜誌社裡，大家都喊他「小林」。

這會兒，管理員指著停屍間外頭牆上，一塊黑板，問小林道：「你朋友叫什麼名字?在不在這上面？」

小林先不答話，仔仔細細察看黑板上亡者姓名。這黑板上，載明停屍亡者姓名與停放位置，蔡辰洲三字赫然在列。然而，其他遺體都載明停放位置，寫明了冷凍櫃號碼，獨獨蔡辰洲名字下頭，位置欄卻畫了個大圓圈，並未標明遺體冷凍櫃號碼。小林心裡正盤算著，看看想個什麼辦法，偷拍蔡辰洲遺體，耳邊卻聽見管理員催促道：「我問你啊，你朋友叫什麼名字?在不在這上面？」

無奈之餘，小林只好抬手點指，指著楊姓男子姓名道：「這人，是我朋友。」

於是，管理員在前領路，帶著小林，進了冷凍室，到了楊姓男子停屍冷凍櫃前，掀開蓋子，一股濃烈防腐劑氣息猛然衝出，刺得小林眼睛生痛，淚水奪眶而出。小林對著素未謀面楊姓男子遺體，內心有些愧疚，但為達成任務，也只能在心底默唸歉意。一旁，管理員見小林流淚，不禁安慰道：「節哀啊！別太難過了。」

這冷凍室管理員，始終跟在身旁，小林變不出花樣，只好無功而返，夜裡一點多，離開殯儀館。時過午夜，小林不方便打電話吵了老闆沈野，故而，就沒報告壯志未酬之事。

第二天，五月二十九日，一大早，小林就到雜誌社，面見老闆，詳述昨天夜裡諸事。沈野沉吟片刻，抬起頭來，一臉堅毅顏色道：「量小非君子，無毒不丈夫。我這兒先來個大量之舉，哪，小林，你去出納那兒，就說是我講的，領兩萬塊錢現金，趕緊去博愛路，找家攝影器材行，買個高級照相機，兩萬塊錢，夠買個好貨了。接著，我下個毒招，使個『特殊辦法』，去殯儀館裡頭，弄個內應。」

小林聽了，狐疑問道：「社長，你怎麼找內應？」

沈野道：「那你就別管了，火到豬頭爛，錢到公事辦，只要有心，沒有走不通的路子。」

這天晚上，小林又重回民權東路台北市立第一殯儀館。這一回，他身上帶了一架迷你相機。這相機體積小，靈敏度高，十分精緻，適合偷拍。事前，老闆沈野透過呼叫器，呼叫小林，告訴他，晚上到了殯儀館之後，如此如此，這般這般，自然會有人接應。

果然這天夜裡，又是深更半夜，十一點多，小林第二度夜探殯儀館。這一回，有個殯儀館員工當內線，帶著小林在冷凍停屍間梭巡。那殯儀館內線使計，引開殯儀館值夜管理員，爭取了三分鐘時間。就靠這三分鐘，小林連揭兩個冷凍櫃。

第一個冷凍櫃，不是蔡辰洲。運氣好，第二個冷凍櫃裡躺著蔡辰洲。時間寶貴，小林壓根沒工夫細看蔡辰洲面容，趕緊抓起相機就拍，才按了兩下快門，內線即告示警，於是，小林只好住手。原本以為，就此大功告成，沒想到，還是功虧一簣。小林興致沖沖跑出殯儀館，趕緊衝回雜誌社，立刻進暗房，取出底片，沖洗照片。照片洗出一看，小林大失所望，新相機難搞，光圈、快門、焦距都不對勁，一片模糊。

於是，小林翻身便走，第三度勇闖民權東路第一殯儀館。這時候，都已經半夜三點多了，還是由同一個內線接應，再度進了冷凍室，如入無人之境。夜深人靜，殯儀館日光燈慘白慘白，這停屍間裡冷颼颼讓人直豎寒毛。小林逮住監管人員接電話機會，與殯儀館內線合作，那內線動手，拉開冷凍櫃，小林負責拍照。冷凍櫃拉出來，小林仔細看個分明，就見蔡辰洲屍體上覆蓋一襲金黃色綢質、間雜梵語卍字佛誌浮印佛裟，身著深褐色西裝，打紅色領帶，頸下枕著一個紅、藍花格相間凹枕。

殯儀館內線繼而掀開蔡辰洲身上所覆蓋金紅色佛裟，又拿掉臉部所覆蓋白布，赫然發現死者臉部自額頭以下覆蓋一層薄霜，烏黑五分頭短髮，略顯怒髮衝冠。這死者，臉部已經稍顯臃腫，但從寬厚飽滿天庭、大鼻子、厚實雙唇等明顯特徵，看得出來正是蔡辰洲。於是，小林連按三次快門。這一回，成了，照片清晰。

《獨家報導》雜誌推出專題，刊載蔡辰洲陳屍冰櫃照片，並佐以文字敘述。雜誌製版印刷，尚未鋪貨問世之際，正逢蔡辰洲清洗屍身之日，於是，《獨家報導》再接再厲，還是由內線引導，小林第四度潛入殯儀館。他化妝為洗屍工人，夾雜在眾洗屍工人間，拍下蔡辰洲入殮前清洗屍體照片。

那一期獨家報導，第一版只有停屍間冷凍櫃照片，還來不及放上洗屍間照片。雜誌問世後，洛陽紙貴，銷售一空。不過，還是有讀者打電話到雜誌社，說是《獨家報導》上了蔡家的當，拍到的是蔡辰洲偽屍照片。於是，《獨家報導》立刻跟進，加印第二版，放進了洗屍間照片。這第二版，刊出蔡辰洲胸膛以上照片，蔡辰洲躺在洗屍台上，光著身子，兩眼緊閉，上下唇微張，頭髮有點凌亂。

如此這般，驗明正身，社會大眾這才相信，蔡辰洲的確去世，不在人間。十信風暴，這才真正落幕。

29 餘緒

光陰似箭，時光荏苒，自蔡辰洲屍骨枯寒，倏然之間，白駒過隙一般，地球已然公轉三十三週，桑海滄田之間，台灣走入了民國一〇九年，已是另外一番風貌。十信、國信雙風暴當事人，過半已不在人間，尚在世者也垂垂老矣。年輕一代，對於十信案，或者從未聽聞，或者道聽途說，瞎子摸象，印象偏頗。

譬如，中文維基百科網，對於十信事件竟有如此文字描述：「十信案的爆發嚴重傷害臺灣投資人的信心，臺北十信各分社都受到嚴重的擠兌，數千存款戶一生的積蓄血本無歸。十信案受害者達十萬人以上，六十多家企業面臨破產，民眾對銀行不信任，也對國民黨政府公權力感到失望，十信案對政府權威造成打擊。」

不過三十多年，史蹟斑斑之事，竟然被如此胡說八道，如此扭曲造謠。寫這文字之人，或者無知充作有知；或者，壓根就是故意顛倒黑白。要知道，台灣無論哪個黨執政，這「保障存款戶權益」，一直是至高無上標竿。比方說，一家上市銀行出了事，政府不會保障購買這家銀行股票的投資人，但絕對會動用國庫資金，百分之百保障這家銀行所有存款戶權益。

事實上，十信之所以會鬧出大亂子，就是因為政府要保障十信存款戶，不讓存戶有一毛錢損失，所以，合作金庫才動用三十億元，肉包子打狗一般，讓蔡辰洲耍弄。整個十信案，受害的，是貪圖高利息，把錢借給國泰塑膠集團那批債權人，他們才是血本無歸。至於十信存款戶，一毛錢都沒少。

尤其，維基百科網竟然說，十信案受害者達十萬人以上，更是荒誕無稽。十信案受害人，就是國泰塑膠集團債權人、以及國泰塑膠集團員工人頭，加起來幾千人了不起，哪裡來的十萬人？

十信、國信雙風暴，案情千頭萬緒，之後發展，則是千奇百怪。比方說，國信老闆蔡辰男，比起他弟弟蔡辰洲，就幸運許多。當時他被銀行團逼著湊錢還債，本來山窮水盡，眼看著就榨不出油水了，正巧，碰到台灣經濟起飛，股票、土地價格暴漲，因而，他全身而退，雖然剝了皮，但還留得大量土地，後來才東山再起。當然，他東山再起之後，企業規模、版圖，遠遜於當年。想當年，國泰信託外加二十幾個關係企業，還有總管理處，手底下還有美術館，那聲勢，絕非現在可比。

三十幾年前，人治重於法治，當局關了他弟弟蔡辰洲，卻刻意把他放在外面，逼他籌錢還債，倘若他籌不出錢，一定是關進牢去。如果他關進去，那麼，國泰信託集團幾十名幹部，恐怕也都難免牢獄之災。所以說，人生際遇實在難說得緊，蔡辰男國信窟窿不比蔡辰洲十信小，但弟弟蔡辰洲卻關進牢去，還送了性命，而哥哥蔡辰男現在還在台北，開著「海峽會」餐廳。

民國七十四年十信案爆發，隨即國信也出事，那時，真的是舉國震動，案情有如炸彈開花，一天一個劇本。就此，把江南案聲勢給壓了下去，所以，當時大家普遍相信，十信案是當局刻意引爆，拿來遮蓋江南案醜聞。那時，好像天要塌下來，十信、國信就是兩個無底洞，幾十億、上百億丟進去，都填不滿這兩個狗洞。可是，後來發展卻是意想不到。

這兩件金融弊案爆發後，不過三、四年工夫，台灣經濟邁入新境界，資金流竄，鈔票四溢，遂有「台灣錢淹腳目」之說。下焉者，瘋狂下注，買「大家樂」，逼得政府停發愛國獎券，堵塞「大家樂」淵藪。中焉者，以軍公教退休人員為大宗，大舉投入地下投資公司，其中翹楚為「鴻源」，其他知名者，包括「永安」、「龍祥」、「永逢」。上焉者，則是炒股炒房，弄得股票指數衝破萬點，土地價格暴漲，捅出「無殼蝸牛夜宿忠孝東路」事件。

倘若蔡辰洲能再撐久一點，多撐兩年，十信那些抵押土地，國信蔡辰男那些土地與股票，全都價格飛漲。若是那樣，所有的問題全都不是問題，也不會鬧出這樣大風波。另一方面，當年政府派合作金庫去頂十信，被人罵死，都說合庫這下慘了，投入資金全要泡湯，黨國大老余井塘還當場氣死。民國七十五年十二月，合庫併吞十信，還被省議會罵得賊死，說吃下這個爛攤子，合庫死定了。

誰也想不到，後來台灣經濟爆發，原先十信十七個分社、一個總社、一個營業部，全成了合庫黃金營業據點，不但本業業績往上猛竄，那些營業據點房地產，更是屁股上綁了火箭，一飛沖天。此外，當年蔡辰洲五鬼搬運，拿不值錢股票、土地當抵押品，低價高報，掏空十信。等合庫接手後，碰到台灣經濟起飛，這些股票、土地價格暴漲，本來是毒藥，現在卻是大補丸，合庫吃下去，就此紅光滿面，財源廣進。

這種事情，不只十信、國信事件，類似情況可多了。每次股市崩跌，出現股災，政府就派各路基金進場護盤。那些基金，一進場就被套牢，愈護盤愈套牢。可是，不出兩年，全都賺得盆滿缽溢，肥得要死。合庫吃下十信，就是這樣。

十信出事四年多以後，民國七十九年，台北股票市場上萬點，國泰人壽股價竟然高達一千九百七十五元，一張國泰人壽股票，價格就將近兩百萬元。那時，大台北地區以外地方，一百多萬元就可以買一戶四十坪公寓。換句話說，那時一張國泰人壽股票，買一戶公寓足足有餘。

蔡家第一代，主要就是蔡萬春、蔡萬霖、蔡萬才。其中，蔡萬春一支受十信、國信事件拖累，子嗣蔡辰洲四十一歲就死於獄中，其餘蔡辰男、蔡辰洋、蔡辰威等，後來雖然在商場上仍有成就，但幅度都屬有限，遠遜於其他兩支家族。蔡萬霖家族，目前掌握國泰金控集團；蔡萬才家族，則掌握富邦金控集團。若三十五年前沒有十信、國信事件，蔡萬春一支必然在股市大潮中，乘勢而起，成了大型金融控股集團，身價絕不在國泰金、富邦金之下。最起碼，可以三分天下，鼎足而立。誰知道，就出了事，十信併入合庫，而國泰信託後來被三陽工業黃世惠買下。

鬧十信案時，全台灣沸沸揚揚，都說十信案是官商勾結，蔣經國總統憤怒，下令徹查，要嚴辦貪官汙吏。不過，後來卻並無大官因此入獄。整個風暴分成十信、國信兩大案件，司法當局只辦十信，起訴了八十幾人，判了五十幾人有罪。不過，後來這些人許多都被判緩刑，事情有點不了了之。至於政府官員，具有公務員身分的，一共就是合作金庫兩個人，外加台北市財政局一個科長。就這樣，其他沒了。至於國信案，一個都沒辦，沒人因此吃上官司。

雖然沒有法院刑事官司，但一大堆政府高官，還是受了行政處分，不過，除了銀行團總經理張天林、財政部長陸潤康之外，其餘諸「十信災官」，後來全都官運大發，連升三級。

蔣彥士，十信案爆發前，就被蔣經國總統撤職，改派為總統府國策顧問。按官場行情，國民黨祕書長下來，好歹也值個總統府資政。蔣彥士下台後，改派國策顧問，而非資政，等於是一種羞辱。然而，蔣經國總統去世後，李登輝扶正，李與蔣彥士素有淵源，當年蔣在農復會對李多所提拔，故而李任總統後，又拔擢蔣彥士，重作馮婦，再任總統府祕書長。民國七十九年總統大選，國民黨出現流派之爭，主流派李登輝大戰林洋港、蔣緯國等非主流派，蔣彥士居間穿梭，成功說服非主流派退讓。

徐立德，十信案被蔣經國總統撤換後，黯然赴美，進哈佛大學甘迺迪學院。後來回台，任私立聯合工專董事長，展開官場復甦之旅。此後十餘年，浴火鳳凰一般，重生而起，官運亨通，屢創新高，先後出任國民黨財委會主委、副祕書長、經建會主委、行政院副院長、總統府資政。

他明明在十信案裡，被打了下去，暗無天日，全都沒了。沒想到，後來竟然有那樣大作為，他在連戰內閣當行政院副院長，是台灣大半世紀以來，僅見最具實權副院長。他當國民黨財委會主委，也是大權在握，睥睨群雄。後來年紀大了，七老八十之際，不能免俗，臨老入花叢，走了一段桃花路。

徐立德原配民國九十八年去世，過了四年，到了一〇二年，八十二歲時，就有了新歡，小他三十五歲，兩人訂婚。為了嫩妻，徐立德還在三重買了間將近四千萬元豪宅。不過，後來徐立德心生狐疑，向陳姓女子父母，查詢其女交友狀態。因徐立德懷疑，陳姓女子婚前交友關係不單純，尤其與前新黨立委馮滬祥關係交代不清。

幾年後，網路訊息指稱，護家盟祕書長張守一外遇生女。隨後，《壹週刊》緊接爆料，說是張的外遇對象陳姓女子，是高齡八十五歲國民黨大老徐立德再婚妻。《壹週刊》報導指出，徐是陳姓女子第四任丈夫。徐立德接受《蘋果》獨家專訪時稱，目前在兒子家養病，已數月未見妻子，也沒聯絡，儘管在婚前已知妻子的婚姻紀錄，但妻子與張守一之事真假難辨，他不會多問，怕刺激妻子，也擔心爆料會讓妻子想不開。

網路上，徐立德婚變新聞頗多。有一則訊息指出，一〇二年六月，徐立德八十二歲，迎娶四十七歲陳姓女子。不過一年半時間，徐立德就在一〇四年年初，搬離兩人住處。到了一〇五年，徐立德向台北地方法院訴請離婚，此時，距離結婚不過三年左右。徐立德宣稱，他與陳女結婚後，生活習慣、價值觀念都差距頗大，尤其，陳女婚前私事在媒體曝光後，出現自殘行為，對徐立德「情緒勒索」。

徐立德說，他年事已高，難以承受此等折磨，不堪驚擾，因此訴請離婚。這離婚官司，一審判下來，徐立德敗訴，法官說，徐立德理由不足，還算不上「無法維持婚姻」，離婚之訴竟被駁回。徐立德不屈不撓，堅此百忍，繼續上訴。二審官司，終於打贏，徐立德如願，准許離婚，這時，他已高齡八十八歲。

當年十信案時，徐立德就是個硬氣梟雄，作風霸道，當時，恁誰也想不到，三十多年後，他竟然捲進紅粉官司，八十八歲了，還打離婚官司。相較之下，陸潤康境遇就比較平凡。

陸潤康宣佈辭職第二天，也就是七十四年八月十五日星期四，就不再上班，那天上午行政院院會，由政務次長李洪鰲出席。院會之間，行政院祕書長王章清接到數通來自監察院電話，監委一直追問王章清：「陸潤康說他要辭職，辭呈送到行政院沒有？光說不能算數，要送了辭呈才是真辭職。」

事後，陸潤康聞訊十分光火，他自己前一晚上才決定辭職，還有許多事情要料理，怎麼可能連夜趕辦辭呈，一大早送到行政院？

前一天還是炙手可熱財政部長，第二天卻成了平頭百姓，這種滋味肯定不好受。陸潤康當年出自東吳法律系，東吳法律研究所所長王紹堉，是他老友，邀他去東吳法研當兼任教授，工作總算有了著落。王與陸都出自東吳法律，又同在李國鼎門下任職，皆被歸為「ＫＴ派」門人。

王當年曾在財政部當常務次長，因決行鹽糧政策不當，被行政院長蔣經國下令免職。當年下台次長伸出援手，請如今下台部長擔任講座，倒是相濡以沫，蔚為官場佳話。光當講座不成，還得另外有辦公室，成為對外聯絡窗口。陸在羅斯福路仰德大樓一個財團法人裡，找到一間辦公室。不過，監察院裡有人不同意，理由是：「仰德大樓和財政部只有一箭之遙，恐怕陸潤康在仰德大樓設址辦公以後，天天看到財政部，會想不開。」

陸潤康辭職後，俞國華曾有所表示，他對無法保護陸潤康，表示歉然，並送了陸潤康四個字：「塞翁失馬」。想到了這四個字，陸潤康不禁悲從中來，心想，這四個字後頭，通常都跟著「焉知非福」。陸潤康找不著辦公室，實在看不出，他的「福」在哪裡。蹇困之際，中央銀行總裁張繼正伸出援手，說是中華經濟研究院那兒，有間屋子空在那裡，可以借陸潤康使用。

張繼正帶著陸潤康去中華經研院，院長蔣碩傑親自接待。蔣告訴陸，拿這裡當自己家，一切不要客氣。那房間，空置多年，除了書架、桌子、椅子之外，別無他物。中華經濟研究院弄來了一只熱水瓶，幾只杯子，又補充了一些文具，還接通了一具電話。從此，陸潤康每天一大早出門，就像當初在財政部上班一樣，趕到中華經研院。只不過，很多事情都不一樣了。

打從民國六十年，在財政部擔任一級主管開始，陸潤康身邊就有祕書、工友、司機跟著。十四年之後，這些全沒了。要打電話，得自己動手；要寄點東西，得自己找郵票、自己拿到樓下去寄。有人來探望，得自己動手端茶倒水。也沒多少人來看他，官場打滾這麼多年，「朋友」多到車載斗量，可是一旦退下來，肯來拜訪的，多半只是自己的學生。

行政院副祕書長吳祺芳動了惻隱之心，向農民銀行借了一輛公務車給陸潤康。車子不怎麼樣，既老且舊，難得的是一併撥了司機，方便不少。這種日子一共過了一年多，支撐陸潤康挺下去的原因，是他民國六十二年間，出版了一本《美國聯邦憲法新論》，事隔十二年，也該修訂了。這一年多裡，他在中華經濟研究院，就把這本書給修訂了。

修完了書，陸潤康才復出，成立「康德律師事務所」，後來，又籌設大安銀行。這樣，才慢慢走出一條道路。

陸潤康在財政部長任內，忍受十信案煎熬之餘，另外還有一件事情，對他折磨甚大。那時候，行政院成立經濟革新委員會，簡稱經革會，匯集產官學三界菁英，下設數個組，給政府提供興革建言。這裡頭，經濟部常務次長王建煊在財稅組，奔走呼號，死命力推兩稅合一體制。

王建煊能說會道，聲音大，中氣足，火力甚強，陸潤康招架不住，十分苦惱。當時，財政部賦稅署第一組主管所得稅，副組長黃春生都已經上了辭職報告，要離開政府單位，去外頭當會計師。為了兩稅合一與王建煊，陸潤康特別拜託黃春生，把辭呈拿回去，延後幾個月再辭職，先幫財政部打這一仗。

陸潤康當時強調，如果實施兩稅合一，要損失天文數字稅收。他說，王建煊這是見人挑擔不吃力，有朝一日，若是王建煊當了財政部長，當家才知柴米貴，也不敢實施兩稅合一。後來，王建煊果然當了財政部長，果然不敢推動兩稅合一。

王當財政部長後，記者不斷追問，問他何時實施兩稅合一？王聖人倒也會推托，簡簡單單，就說實施兩稅合一最佳時機已經過去。那意思彷彿說，陸潤康那時候時機正好，就該實施；現在換到他當部長了，就時機不對，不適宜實施了。後來，還是俞國華死忠老部下邱正雄當了財政部長，才咬緊牙關，推動實施了兩稅合一。

當初，陸潤康擔任財政部長，重用金融司長戴立寧，合力處理十信案。陸潤康下去之後，錢純接任財政部長，戴立寧改調參事，一陣子之後，他決定去美國讀書，到德州南美以美大學，去攻讀法學博士。這學校，當初也是陸潤康母校。戴立寧出國前，去部長室，向錢純告辭，錢純還特別送了一筆美金，算是程儀。對此，戴立寧頗樂，對記者說，錢純挺照顧他。然而，後來記者拿此事去問錢純，錢純說法卻很不堪，錢純說，送錢之舉純粹是「送鬼出門」。

戴立寧在美國待了一陣子，又重回財政部，繼續當黑參事，一當就是六年多，熬過錢純、郭婉容、王建煊、白培英等四位部長。要等到林振國當財政部長，戴立寧這才跳出泥沼，一飛沖天。林振國也是十信災官，十信案爆發時，他是台北市財政局長，也受了行政處分。十信案之後，林振國升任台灣省財政廳長，然後再翻回台北，升任財政部長。林、戴二人俱是十信災官，當初同病相憐，有難同當；如今，林振國當了財政部長，有福同享，於是，就大力提拔戴立寧，讓戴立寧當十二職等保險司司長。

林振國對戴立寧，極夠意思。戴立寧這保險司長，當了還不滿三個月，僅僅八十四天，林振國又升他官，升去當十三職等證管會主委。更神奇的是，他當十三職等證管會主委，當了一年多，兩年左右，林振國又升他官，這一回，升任為十四職等常務次長。

民國八十五年元月，「公務人員迴避條款」即將實施，財政部高官管著金融機構，下去之後，幾年內不能去金融機構任職。戴立寧就趕在這迴避條款實施前夕，趕緊離開財政部，去華僑銀行當董事長。幾年後，華僑銀行大股東財政部說，要把華僑銀行併入世華商銀，但戴立寧不答應。後來，華僑銀行突然對外宣佈，說是董事長戴立寧辭職，但戴立寧卻對媒體說，他沒辭職。反正，後來鬧得很不愉快。

林振國當財政部長，短短一兩年之內，就補償戴立寧八年黑參事冷板凳冤屈。林振國是連戰心腹，極受連戰重用。連戰當行政院長，身邊副院長徐立德、財政部長林振國，都是「十信災官」。民國八十五年春天，李登輝、連戰當選總統、副總統，連戰繼續兼任行政院長。當時，各路報紙都說，財政部長要換人，但連戰還是支持林振國續任部長，林振國也堅守財政部，召見手下，部署未來工作，絲毫看不出去職端倪。

果然，媒體消息準確，連戰也保不住林振國。最後，李登輝拍板，當年五月，總統、副總統就職後，更動內閣，調升央行副總裁邱正雄為財政部長，林振國則調任行政院政務委員。

行政院十信案行政責任調查報告當中，點名前任金融司長許遠東有責任，記過一次。許遠東，年輕時與李登輝曾共事過，十信案爆發時，許遠東是土地銀行董事長。後來，李登輝當總統，大力提拔許遠東，提升為台灣銀行董事長，又升任為中央銀行總裁，成了金融總司令。民國八十七年二月，許遠東帶著代表團去印尼巴里島開會，開完會，搭華航班機回台灣，飛機降落時墜毀，是為「大園空難」，不但許遠東殉職，央行一級主管也大量犧牲。

十信案爆發後，財政部指派合作金庫進駐代管。當時，合庫總經理為陳曉鰲，副總經理為廖和璧，而合庫經理李文雄則派去十信當總經理。合庫合併十信、十信案徹底結束半年之後，民國七十六年六月，合庫總經理陳曉鰲升官，勇奪第一銀行董事長寶座。當初，為了金援十信，陳曉鰲成了嫌疑人，被調查局約談，還移送台北地檢處。不過幾年工夫，就鳥槍換炮大升官。

至於十信風暴時期，陳曉鰲與戴立寧之間，所爆發「電話羅生門」，至今沒有結果，成了世紀之謎。後來，無論行政院、監察院，抑或調查局、地檢處，都沒有查出這羅生門真相。

十信風暴期間合庫副總廖和璧，後來先後升任合庫總經理、董事長。李文雄，則是當完十信總經理之後，升任合庫副總經理，之後，則是升任合庫總經理、台灣銀行總經理、繼續升任合庫董事長。總結來說，當年合庫參與處理十信事件諸大員，後來無不官運亨通，扶搖直上。

李文雄有個兒子，後來在蔡英文政府裡出任閣員。民國一〇五年五月，蔡英文政府成立，林全當行政院長，起用李世光當經濟部長，任期一年多，次年八月份下台。這李世光，就是李文雄兒子。

不但經濟部、財政部、財政局、合作金庫那批十信災官後來飛黃騰達，就連辦案檢察官陳聰明，後來也鴻圖大展。

陳聰明，一天法律系都沒讀過，全靠自己自修。早年，有公費師範專科學校，貧苦家庭子弟沒錢升學，但只要成績優秀，考入師專，由國家培植，免費教育，還有零用錢可拿，畢業後分發至小學當教員。此輩中人，後來頗多自學法律，成為出色檢察官、法官，陳聰明，即為其中佼佼者。當年他辦十信案，起訴七十多人，案情複雜，責任重大，擔起千鈞壓力。後來，他一路竄升，按部就班一步一步往上爬。

民國九十六年，總統陳水扁提名陳聰明當檢察總長，經立法院通過，他就此坐上台灣檢察體系龍頭寶座。不過，在那之後，他卻麻煩纏身，先是媒體爆料，說他與扁家親信黃芳彥醫師、立法院長王金平聚餐，被基層檢察官質疑。陳水扁國務機要費案爆發後，陳聰明亦捲入風波，始終未能擺脫暴風圈。民國九十九年元月間，監察院表決通過，彈劾檢察總長陳聰明，並要求法務部長王清峰，立刻對陳聰明做出「急速處分」。當天下午，陳聰明即自行提出辭職。

監察院功力遠在立法院之上，立法委員無論有多大罵功，都敵不過監察院彈劾神器。當年十信案，監察院發佈行政責任調查報告後，私下放話，說是如果財政部長陸潤康不自請辭職，監察院就要提彈劾案。陸潤康聽到風聲，曉得厲害，儘管心不甘情不願，也只好乖乖自請辭職。十信案後，過了二十五年，換成陳聰明吃了彈劾，然後，也是被迫自請辭職。

檢察官辦案，常由調查局協助，所以，現在媒體總以「檢調」一詞，把兩個單位綁在一起。那時，陳聰明是檢察官，而調查局參與辦案人員當中，有個要角叫翁祖焯，是當時調查局長翁文維兒子。民國七十八年間，台北市榮星花園案爆發，台北地檢署起訴周伯倫、陳俊源等七名市議員。法院審理期間，調查局出了大事，台北市調處科長翁祖焯，帶著收押禁見的周伯倫上酒家喝花酒。事發之後，翁祖焯調職了事，卻連累了老爸翁文維。翁文維，當時是調查局長，受兒子牽連，被迫提早退休。

回顧十信案，不能不提十三兄弟幫。當年這一大缸子立委，後來只剩王金平長青不朽，其他人早就退出政壇。並且，裡面有些人後來境遇很慘。蕭瑞徵，於七十六元月二十一日，被仇人持槍射殺，是台灣唯一被槍殺立委。蕭瑞徵元月二十一日被殺，蔡辰洲五月十四日去世，蕭比蔡早死三個多月。短短一百一十多天，十三兄弟幫接連亡故兩人。

劉松藩後來都當到立法院長，卻因「廣三超貸背信案」，被法院判刑，結果溜之大吉，流亡海外十幾年，最後死在洛杉磯。他外逃這十幾年期間，他弟弟、他妻子，先後在台灣過世，他都沒回來見最後一面。七老八十了，流浪異地，命喪他鄉，那日子過得夠嗆。

現在，隨便在網路上打上「十三兄弟」這四個字，跑出來的內容，可謂車載斗量，講的事情都很難聽。王金平後來成了中華民國歷史上任期最久立法院長，神功蓋世，絕地反攻，「關說案」一役，成功殺退馬英九。一〇九年元月，台灣選總統，整個一〇八年，台灣為選戰風雲籠罩。這當中，王金平使出踼天盪井之能，民調始終殺不出重圍，只好宣佈不參加黨內初選。後來，他又寄望宋楚瑜，希望老宋能保送他，讓他頂著親民黨招牌選總統。然而，宋楚瑜再度披掛親征，王金平沒了指望，只好下台一鞠躬，就此退出政壇。

當年鬧十信案、國信案之際，從報紙到雜誌，斗大標題，涉及王金平的，都不是什麼好事，也沒什麼好話。

十信、國信這「雙信風暴」裡，蔡家兄弟和軍方也有往來，把來來飯店俱樂部會員卡，送給金門防衛司令部高級將領，對方還回了謝函。不過，軍方與蔡家最主要的關係，還是政戰系統。

政戰系統，是國民政府退守台灣後，根據蘇聯紅軍體制所設，在正規軍事體系裡，另外成立政戰部門，以收監軍之效果。為了這個，還特別成立政工幹部學校，簡稱「政工幹校」，後來改制成「政戰學校」，如今，校名又往上翻了一番，成為「國防大學政治作戰學院」。蔣經國可謂國軍政工之父，他早年擔任國防部總政戰部主任，在他之後，歷任總政戰部主任也都是由他親手挑選。

政戰系統可謂蔣經國子弟兵，極受小蔣寵信，權柄所至，腐敗隨生。政工系統在軍隊裡囂張跋扈倒也罷了，要命的是，政工系統手伸得極長，人脈四散，無遠弗屆，無論哪個領域，政戰系統都要軋上一腳，抓權柄，攬利益。全盛時期，政戰系統成立「劉少康辦公室」，全面介入政府施政，號稱「小行政院」。很長一段時期，政戰系統以王昇馬首是瞻，此人權勢薰天，炙手可熱。

然而，蔣經國畢竟天威難測，自民國七十年十一月「馬璧事件」之後，蔣經國大力整頓政戰系統。七十二年五月，拔掉王昇總政戰部主任職位，打入「三軍聯合作戰訓練部」冷宮，四個多月後，將之外放，發配去巴拉圭當大使。

十信風暴那大半年，許多媒體都提到王昇，講得繪聲繪影，當然都不是什麼好話。可以確定的是，蔡辰洲加入國民黨，介紹人是蔣彥士與王昇。這兩人，一個是國民黨黨務系統大頭頭，一個是政戰系統大頭頭，而蔡辰洲那時候才三十多歲。僅僅是這個，裡面就有很大想像空間。不過，案情明白而確實的，則是蕭政之。

這人，可說是整個政戰系統，僅次於王昇大咖，當過金門防衛司令部政戰主任、憲兵司令部政戰主任、聯勤總司令部政戰主任，後來成為總政戰部副主任兼執行官，那可是響噹噹角色。不過，這人後來為蔡辰洲所籠絡，到蔡辰洲國泰塑膠集團裡頭任職，當理想工業董事長。十信案爆發後，這人當然捲入，吃了官司，後來關進牢去。當時蔣經國總統對這人深痛惡絕，這人入監過程，也挺有趣。

原來，十信案爆發後，地檢處檢察官陳聰明加速辦案，起訴十信與國塑幾十名相關幹部，主要罪名都是違犯票據法，開了空頭支票。不但檢察官加速起訴，法院也加速判決，幾個月後，就有一批人被判刑定讞，其中，就有蕭政之，被判有期徒刑七年七個月。七十四年八月中旬，蕭政之接到台北地檢處公文，要他八月二十七日，赴台北地檢處報到，轉送龜山監獄服刑。

蕭政之收到傳票後，覺得自己還沒準備好入獄服刑，於是，就在八月二十一日，前往台北地檢處，想與檢察官商量商量，看看能不能延後入監。沒想到，他到了台北地檢處之後，檢察官見他親自送上門來，當場開庭偵訊，驗明正身，當場收押，裝入囚車，送往龜山台北監獄服刑。他還沒作好入獄準備，只是去打個商量，不想，就被抓進監獄，堂堂國防部總政戰部副主任兼執行官，竟落得如此下場。

然而，十信風暴之後，僅僅一年半時間，立法院就在七十五年六月二十日，三讀通過票據法修正案，自七十六年元旦起，廢除支票刑責。所有官司未定讞在押票據犯、所有已定讞服刑票據犯，全都放了出來。因而，十信風暴裡，凡以「違反票據法，開立空頭支票」罪名判刑人等，後來在牢裡沒待多久，都放了出來。這裡頭，就包括蕭政之。

俞國華擔任行政院長不過半年多，就爆發十信事件。那一大批十信災官，後來升官的升官，發財的發財。俞國華並非「十信災官」，但其結局，卻遠比「十信災官」沒落淒涼。

俞國華，集溫良恭儉讓於一身，大半輩子跟在兩蔣身邊辦事，深受兩位強人重用。論本質，這人根本不適合從政，當央行總裁，弄弄財經金事務還成；當了行政院長，純粹就是靠蔣經國背後撐著。民國七十七年元月十三日，蔣經國逝世，李登輝繼承大統，俞國華頓失倚靠，國民黨內豺狼虎豹蜂擁而起，就惦記著趕走俞國華，拿下行政院長寶座。

當年七月間，國民黨召開第十三屆全國代表大會，選舉中央委員。多少年來都是這樣，行政院長在國民黨中央委員排行榜上，絕對是名列前茅，名次不會低於第五名。那次國民黨全會，李煥、宋楚瑜強力運作，中央委員當選名單開出來，俞國華竟然名列第三十五名。蔣經國屍骨未寒，俞國華就被踩在腳下，事後，李登輝對俞國華頗表不平，說是他都不知道，為何黨部會這樣搞，把俞國華弄得這樣難看？

接下來，黨務系統不斷給俞國華這老實人穿小鞋，藉由「吳勇雄贈金案」，逼走了行政院祕書長王章清，斷了俞國華肱股。於是，俞國華趕緊將俞門大弟子，財政部長錢純，調到行政院，接替王章清擔任祕書長，擋在前面，給自己保駕。這種苦日子，也沒撐太久，不到一年，七十八年五月，俞國華自請辭職下台。下台前夕，俞妻董梅真在電視上感嘆道：「政治啊，實在太可怕了！」

俞國華下台後，李煥如願，當上行政院長。不過，為期甚短，一年不到，十一個多月，就被李登輝趕下台去。俞國華下去之後，李登輝給了他一個總統府資政名義。他回到老東家中國國際商業銀行，中國商銀大安分行撥了後頭幾間房舍，給俞國華當辦公室。

俞國華追隨兩蔣逾半世紀，經歷極多精彩內幕。俞國華晚年，接受訪談，講起內幕，瞬間就是一個甲子。前一分鐘，他還說西安事變時，他住在蔣委員長隔壁房間，被東北軍抓去，關進牢裡，以為要被張學良槍斃了。後一分鐘，他會說國民黨大掌櫃劉泰英，如何接受工商業者招待，上酒廊夜店宴飲作樂。

外界對俞國華印象，就是保守持重，一口奉化腔，外人很難聽懂他言語。其實，在關鍵時刻，俞國華偶爾也會爆料。一旦爆料，就是超級大新聞。

有次，俞國華接受私下訪談時，沒什麼表情，語氣也很平淡，好像不經意而言說道：「行政院院長連戰出國訪問，今天早上回國，一堆屬下去中正機場接機，卻獨獨不見台灣省長宋楚瑜。奇怪啊，我今天上午，還在淡水高爾夫球場，看見宋楚瑜在那兒打高爾夫，怎麼不去接機呢？」

這新聞第二天登出來，轟動台北政壇，大家這才曉得，宋楚瑜寧可去打高爾夫，也不去接連戰的機。

俞國華修為很深，不顯山，不顯水，平平淡淡，不經意一般，就爆出了大內幕。顯然，他心裡面對宋楚瑜很不諒解。蔣經國死後，國民黨開第十三屆全國代表大會，之後開一中全會選中央委員，國民黨祕書長宋楚瑜強力運作，把俞國華踢到第三十五名。這口氣，俞國華顯然咽不下去，所以故意爆宋楚瑜的料。

還有一回，俞國華彷彿不經意，閒閒然，淡淡然，對中國時報記者透露：「李登輝孫女因為高中沒考好，考輸了連戰女兒，心情不好，就跑到瑞士去讀書了。」

第二天新聞登出來，總統府大怒，李登輝親信蘇志誠打電話到《中國時報》，追問新聞來源，並說李登輝對這新聞很生氣，要追查是誰洩密。李登輝怎麼想，都不會猜到，這是俞國華爆的料。

俞國華那樣一個人，受蔣家兩代強人極度信任，總攬國家財經金大權，竟然在台灣沒有片土寸瓦，完全沒有私人房舍，就是一直住著台銀宿舍。他死後，台銀收回房舍，他家裡一大堆紀念文物、照片、檔案，就往垃圾場一扔了事。他有兩個兒子，都在美國當電腦工程師，上班族，在台灣也沒有房子。因而，兩個兒子回台奔喪，只能帶走極少數一部份遺物。俞家絕大多數其他家當，都就此扔掉。

當年十信、國信「雙信風暴」，埋下無數線頭，日後無遠弗屆，四面八方無窮無盡伸展蔓延。譬如，當年《聯合報》、《中國時報》，這兩個死對頭報紙，旗下記者跑新聞時，竟然看對了眼，跑出了「十信姻緣」，後來結為連理，成了夫婦。女方，是《聯合報》經濟組記者；男方，是《中國時報》社會組記者。

這位女記者頗優秀，苦幹實幹，後來歷任《聯合報》、《經濟日報》採訪主任、總編輯等要職，為《聯合報》賣命四十年，人稱「《聯合報》阿信」。

至於《獨家報導》雜誌，目前依舊健在。回溯歷史，其實《獨家報導》雜誌才是台灣狗仔隊鼻祖，早在《壹週刊》創刊前十四年，就有勇闖殯儀館、拍下蔡辰洲屍身照片壯舉。後來，這雜誌因璩美鳳光碟事件而聲名大噪，但就事論事，光碟事件實屬下流，遠不及夜探殯儀館英勇神武。

十信、國信「雙信風暴」時，台灣已有若干財經專業雜誌，然而，若論內容之詳實、尺度之開放、角度之廣泛，首推《財訊》月刊。當時，戒嚴年代已經走到末端，所有管制即將開放，管制力道已經較前大幅鬆動，但依舊還是有管制。那是個新聞管制年代，媒體家數、報紙張數、新聞內容，都受管制。就在這種氛圍裡，《財訊》月刊獨樹一幟，全方位綿密報導「雙信風暴」內幕，文字與圖片都頗精彩，極有看頭。

「雙信風暴」迄今三十五年，《財訊》月刊風生水起，壯大為媒體集團，又衍生出《今週刊》等相關刊物，這與謝金河大有關係。當時，《財訊》月刊由謝金河主持編務，老謝與大批財政、金融、產業記者互動綿密，針對台灣財經產官學三界，搜尋內幕，尺度無限，悉數曝光。

當時，《財訊》月刊外型獨特，每一期雜誌，都是厚厚一本書，造型獨步全台。民國七十四年、七十五年，兩年之間，二十四本「《財訊》月刊書」，多少十信、國信內幕在其間。任何人若對這「雙信風暴」有興趣，只要走進圖書館，搜尋風暴期間《財訊》月刊，就會有驚喜收穫。

進一步而言，自民國七十年代初期，以迄今日，逾三十五年期間，台灣財經、產業、證券界所有重要事件，都能在《財訊》雜誌裡，找到內幕報導。

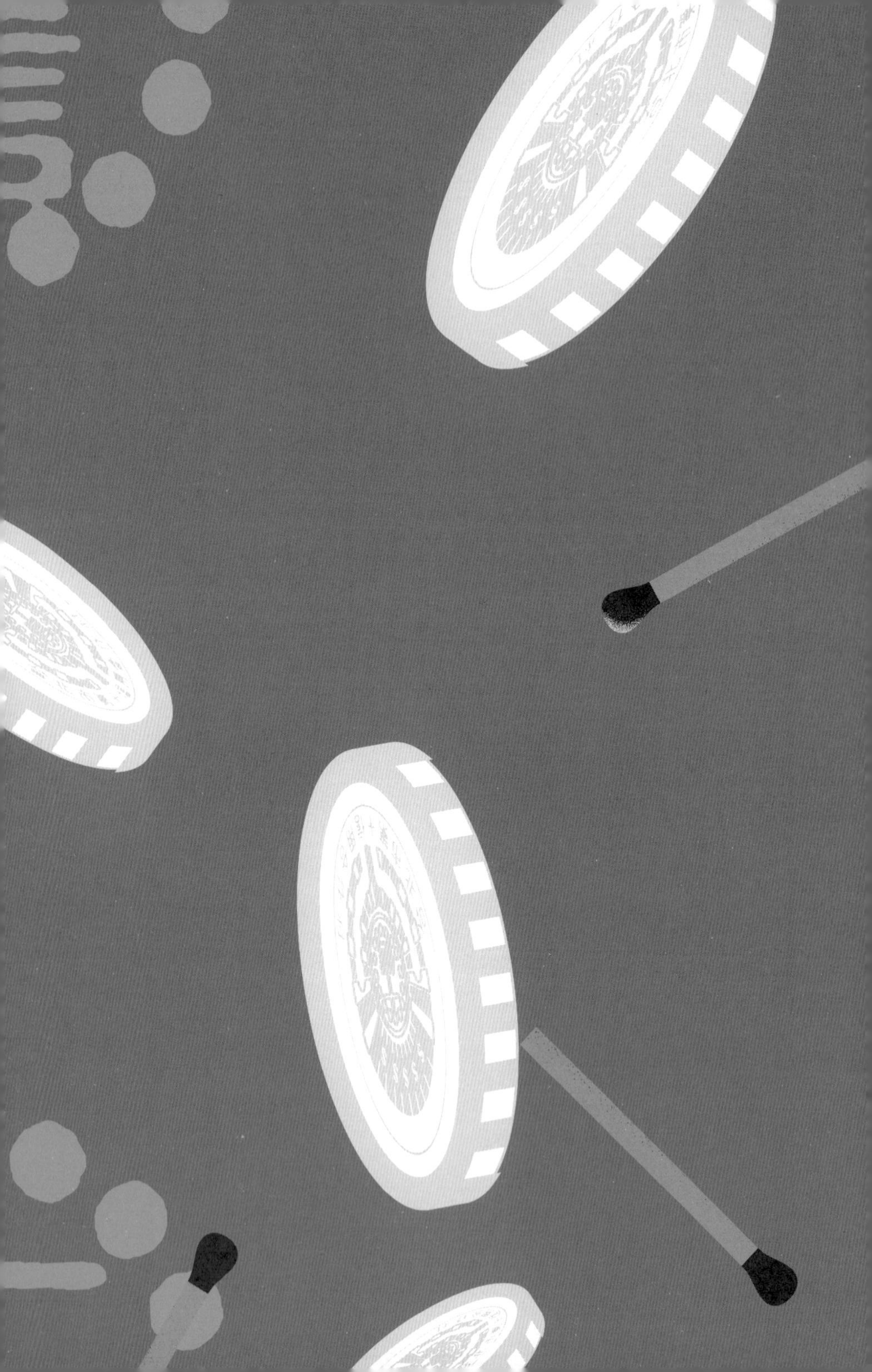

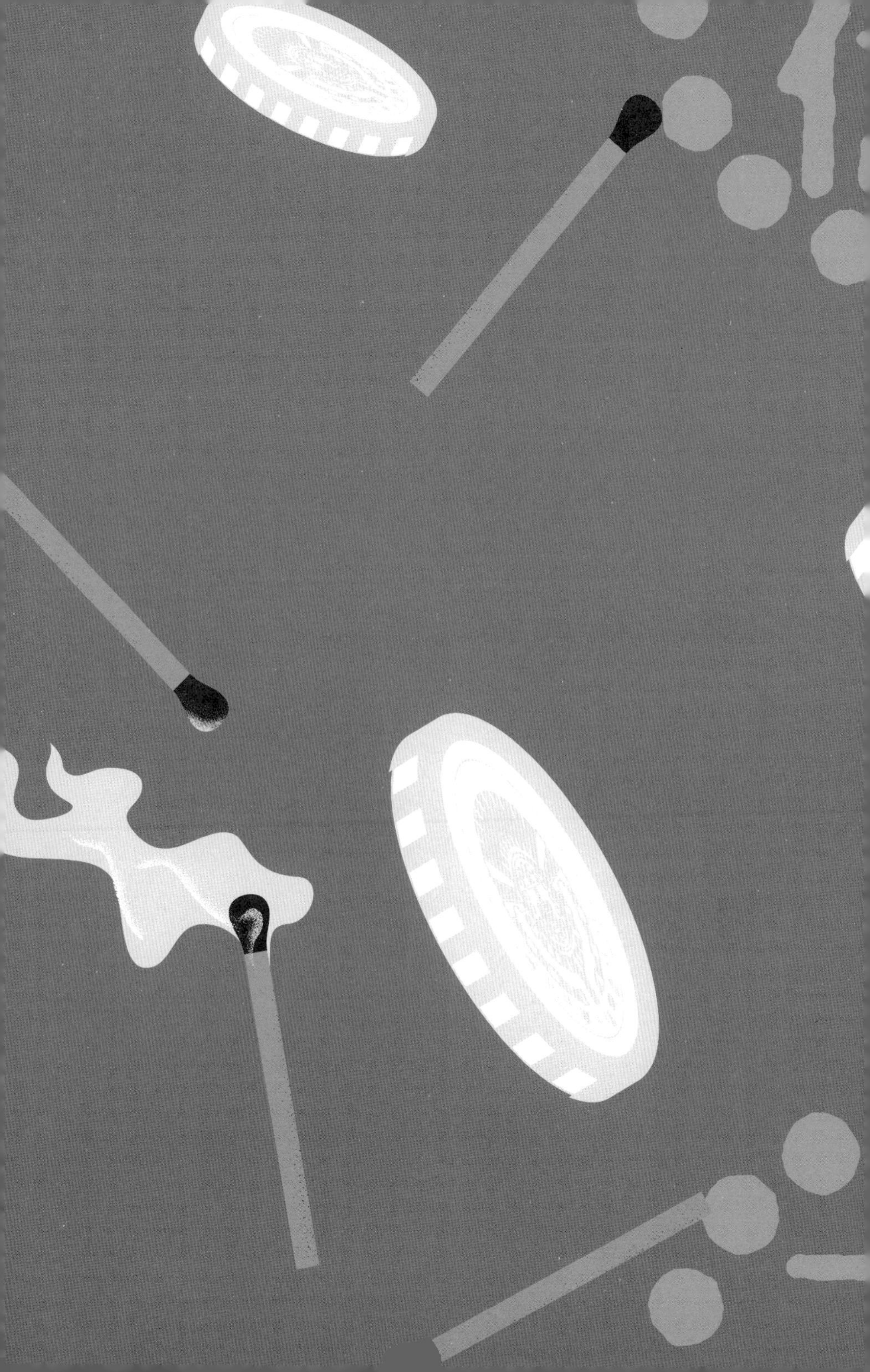

十信風暴

作　　者：王駿
責任編輯：王君宇
責任企劃：劉凱瑛
行銷策略總監：簡雪如

主　　編：劉璞
副總編輯：林毓瑜
總 編 輯：董成瑜
發 行 人：裴偉

裝幀設計：木木 Lin
內頁排版：宸遠彩藝

出　　版：鏡文學股份有限公司
114066 台北市內湖區堤頂大道一段 365 號 7 樓
電　　話：02-6633-3500
傳　　真：02-6633-3544
讀者服務信箱：MF.Publication@mirrorfiction.com

總 經 銷：大和書報圖書股份有限公司
242 新北市新莊區五工五路 2 號
電　　話：02-8990-2588
傳　　真：02-2299-7900

印　　刷：漾格科技股份有限公司
出版日期：2020 年 07 月 初版一刷
2022 年 07 月 初版六刷
I S B N：978-986-98868-4-0
定　　價：420 元

國家圖書館出版品預行編目 (CIP) 資料

十信風暴 / 王駿作. -- 初版. -- 臺北市 : 鏡文學, 2020.07
面 ; 14.8×21 公分 . -- (鏡小說 ; 34)
ISBN 978-986-98868-4-0(平裝)
1. 經濟犯罪 2. 金融犯罪 3. 報導文學
548.545　　109007751